Les leçons de l'éducation chrétienne pour les jeunes et pour les jeunes adultes

CLiQUEZ

CONNECTEZ-VOUS AVEC JESUS ET SA PAROIE

Il contient 52 leçons, des ressources pour l'enseignement de chaque leçon et les réponses aux activités des feuilles de travail des élèves!

LIVRE 4

ENTRAÎNEUR

Cliquez - Connectez-Vous Avec Jésus et Sa Parole
Leçons d'éducation chrétienne pour les jeunes et les jeunes adultes
Livre #4

Le Titre original est en Espagnol: Clic
Connecté à Christ et à sa Parole

Leçons d'éducation chrétienne pour les adolescents et les jeunes

Droit d'auteur © 2018

Traduit par: Dezama Jeudi

Cette edition est publiée par les Ministères de la Formation de Disciples - Région Mésoamérique Eglise du Nazaréen

www.MedfdiRessources.MesoamericaRegion.org

discipleship@mesoamericaregion.org

ISBN: 978-1-63580-025-8

Publié aux Etats-Unis

Table des Matières

Présentation

Nous nous ressentons affrontés de savoir que des personnes comme vous ont acquis ce livre. La tâche d'éduquer les adolescents et les jeunes n'est pas facile et nous devons faire de très attention lorsque nous cherchons le matériel pour le faire. Cela vous aidera à savoir que ce matériel est basé sur des enseignements bibliques et a été préparé par une équipe internationale de personnes formées dans différentes disciplines mais avec le dénominateur commun de connaître et d'aimer les adolescents et les jeunes de vos églises. Les 52 leçons ont été divisées en sept unités thématiques. Toutes les unités n'ont pas le même nombre de leçons, car elles varient en fonction des sujets traités. Compte tenu des caractéristiques et des besoins des stades de l'adolescence et de la jeunesse, ce livre a été conçu pour deux groupes d'âge: 12 à 17 ans et 18 à 23 ans. Vous êtes libre de l'adapter aux besoins de votre classe d'école dominicale ou de votre groupe d'étude biblique dans votre église locale. Le livre contient le développement des leçons et dans chacune d'elles, vous trouverez les sections suivantes:

L'**objectif**, qui indique ce que vous voulez réaliser chez l'élève.

La section **Connecter**, correspond à l'introduction de la leçon et des activités d'introduction sont proposées aux sujets proposés.

Télécharger. C'est la section où la leçon elle-même est développée.

Enfin, **Avertissement** est un avis qui apparaît au début et à la fin de chaque leçon. Le début vous aidera à vous rappeler que vous devez commencer la classe en vous rappelant ce qui a été discuté la semaine précédente. Le suivi est fondamental pour la conformité de l'unité. La fenêtre finale d'avertissement vous rappellera de travailler avec la section **Défi**.

Nous espérons que ce matériel sera très utile pour votre ministère auprès des adolescents et des jeunes de votre église locale. Vous pouvez les guider dans l'apprentissage des enseignements de Jésus, des exemples de personnages bibliques, des dix commandements, entre autres sujets.

Finalement nous vous demandons de bien vouloir remplir le formulaire d'enquête qui apparaît à la fin du livre et de nous l'envoyer. Vos appréciations nous aideront à être plus efficaces dans la préparation des matériaux futurs et dans la tâche de relier cette génération à la Parole de Dieu!

Patricia Picavea

Rédactrice en chef, Publications Ministérielles

Aides A

Être enseignant est un grand privilège et une grande responsabilité. Éphésiens 4: 11-12 nous dit: "Et il a donné les uns comme apôtres, les autres comme prophètes, les autres comme évangélistes, les autres comme pasteurs et docteurs, pour le perfectionnement des saints en vue de l'œuvre du ministère et de l'édification du corps de Christ". En tant qu'enseignants d'adolescents et de jeunes, nous pouvons être utilisés par Dieu pour les guider à être saints aujourd'hui. C'est pourquoi chaque enseignement doit être basé sur la Parole de Dieu, qui est la seule qui, comme "l'épée à deux tranchants", peut pénétrer au plus profond de notre être et transformer nos vies. Lorsque vous préparez la leçon, vous êtes celui qui en profite le plus. Vous aurez l'occasion d'aborder la Parole de Dieu et d'abord, d'appliquer le passage à l'étude dans votre vie et de transmettre ensuite un enseignement nouveau et vivant à vos élèves. Voici quelques suggestions pour vous aider à préparer la leçon et à la présenter.

La préparation de la leçon

1. Mettez à la disponibilité un moment de prière personnelle pour vous et pour vos élèves. Demandez de la sagesse et discernement à Dieu pour comprendre le passage biblique et l'appliquer dans votre vie. Priez aussi pour vos élèves pour qu'ils reçoivent le message de Dieu pour leurs vies.

2. Essayez de trouver un lieu et un moment approprié à des distractions pour pouvoir étudier la leçon. Ayez en mains les matériaux que vous aurez besoin: La Bible, si c'est possible, qu'elle soit de versions différentes, le livre cliquez, dictionnaire, dictionnaire biblique, quelque commentaire biblique et des outils d'écran, comme plume, crayon, frottoir, papier, entre autres.

3. Cherchez les textes bibliques qui seront étudiés et lisez-les plusieurs fois et dans des différentes versions. Mémorisez le verset biblique. Vous devez être l'exemple de ce que vous allez enseigner.

4. Lisez l'objectif de la leçon et soyez certain que vous comprenez ce que vous voulez réaliser dans la vie des élèves avec le développement du terme.

5. Lisez tout le développement de la leçon, en appliquant les passages bibliques. Soyez certain que vous comprenez le contenu. Il est utile que vous prépariez votre propre résumé de la leçon. Peut-être vous pouvez inclure quelques exemples de situations actuelles entre vos élèves ou de votre propre expérience.

6. Cherchez dans le dictionnaire, la signification des mots que vous ne connaissez pas.

7. Signalez les textes que vous utiliserez dans votre Bible pour que cela te soit plus facile à trouver. Vous pouvez placer des papiers dans les pages indiquées, et signaler l'ordre des citations d'accord à la leçon.

8. Révisez les dynamiques introductoires pour le groupe correspondant à l'âge de vos élèves (12 à 17 et 18 à 23 ans).

9. Pratiquez l'activité et si cela est nécessaire utiliser matériel additionnel, rassemblez-le avec anticipation. Révisez et développez les activités des élèves pour être familiarisé avec les réponses.

10. Révisez le défi pour la semaine. Dans la feuille du travail pour les élèves.

11. Pensez à des manières créatives de le présenter à votre classe pour les animer à l'accomplir.

Présentation de la leçon

1. Arrivez à l'avance au lieu de rendez-vous. Vérifiez que tout est propre et bien arrangé. Vous pouvez définir le lieu d'une manière différente pour chaque unité d'étude. Créez une atmosphère agréable pour votre classe.

2. Commencez la classe à l'heure indiquée. Même si vous avez peu d'étudiants, cela incitera les autres à arriver à temps.

3. Chaque dimanche, saluez chacun par son nom et accueillez les nouveaux.

4. Commencez toujours la classe par la prière. Que vos élèves sachent qu'à travers de leur exemple la communication avec Dieu est fondamentale à l'approche de leur parole.

5. Présentez la dynamique d'introduction pour la leçon. Essayez de ne pas l'étendre. Le but de la dynamique est de motiver l'attention des étudiants.

6. Écrivez le titre et les sous-titres de chaque point du développement de la leçon lorsque vous les expliquez. Écrivez également les nouveaux mots et phrases qui mettent en évidence ce que vous expliquez.

7. Générez un cours dynamique avec la participation de la majorité de vos élèves. Lorsque vous préparez votre classe, vous pouvez poser des questions à vos élèves pour vous aider dans le développement de la leçon. Demandez-leur de lire les Écritures et de partager ce qu'ils comprennent à leur sujet. Encouragez-les à donner leur avis, ne les critiquez pas et évitez les discussions difficiles. Guidez tous les commentaires avec une base biblique.

8. Essayez d'appliquer les vérités bibliques à la vie pratique. Vous pouvez utiliser des exemples adaptés à l'âge de vos élèves ou à leurs expériences. Aidez-les à réfléchir à ce que la Bible leur enseigne et à prendre une décision et à s'engager devant Dieu.

9. Présentez le défi de la semaine, et encouragez vos élèves à le faire. N'oubliez pas d'en parler lorsque vous commencez chaque cours.

10. Encouragez vos élèves à inviter d'autres adolescents et jeunes à la prochaine classe. De manière créative, vous pouvez leur dire de quoi il s'agit pour qu'ils puissent s'attendre.

11. Terminez toujours le cours par une prière.

12. Rappelez-vous que certains de vos élèves n'ont peut-être pas encore accepté Jésus comme leur Sauveur, ou peut-être doivent-ils être réconciliés avec lui, ne ratez pas l'occasion et invitez-les à accepter le Christ ou à se réconcilier avec lui.

Autres suggestions

1. Encouragez vos élèves à:
   - Mémorisent des textes bibliques.
   - Assistent rapidement.
   - Amènent les invités.

2. Mémorisation. Cet aspect est très important dans le processus d'enseignement-apprentissage. Les versets de mémorisation expriment la vérité biblique enseignée dans chaque matière. Expliquez la signification du verset biblique, les mots difficiles, comment cela s'applique à leur vie quotidienne et utilisez différentes techniques de mémorisation. Nous présentons ici des idées que vous pouvez choisir et appliquer en fonction de leur réalité:
   - Écrivez les mots du texte sur un grand morceau de papier. Coupez le papier en différentes formes, de sorte qu'il ressemble à un puzzle. Distribuez les pièces mixtes à commander à vos élèves. Préparez suffisamment de puzzles pour chaque groupe qui se forme.
   - Donnez des papiers et des couleurs à chaque groupe ou étudiant et rédigez un graphique du texte.
   - Aussi, écrivez-le et décorez-le à votre goût.
   - Former deux groupes et leur demander de revoir le texte. Localisez une chaise pour chaque groupe à une distance régulière d'eux. Chaque membre du groupe doit se présenter à la chaise et écrire (en écriture lisible) sur le papier le mot qui correspond au texte. Le groupe qui a fini d'écrire correctement le texte sera le gagnant.
   - Formez des groupes et demandez à chacun de créer une chanson avec le texte biblique. Puis leur demander de chanter devant toute la classe.

La pauvreté qui enrichit

Objectif: Que l'élève entende l'importance d'être pauvre en esprit pour jouir du faveur de Dieu.

Pour mémoriser: "Heureux les pauvres en esprit, car le royaume des cieux est à eux" Matthieu 5:3.

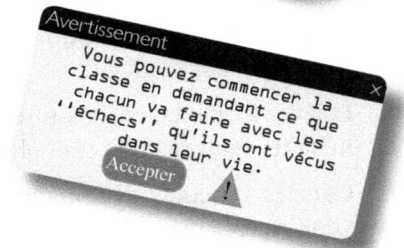

> **Avertissement**
> Vous pouvez commencer la classe en demandant ce que chacun va faire avec les "échecs" qu'ils ont vécus dans leur vie.
> Accepter

Connecter | Télécharger

Dynamique d'introduction (12 a 17 ans).

- Matériaux: Journaux et magazines, y compris les images liées aux personnes qui souffrent des déficiences physiques, ou avec des manques économiques, par exemple les habitants des quartiers marginaux, les enfants (1 à 3 ans) et les entrepreneurs, dirigeants ou les artistes.
- Instructions: Placez le matériel sur une table et donnez un peu de temps pour l'observation. Demandez ensuite si certaines des images vues pourraient être liées à l'expression biblique "pauvre en esprit". Dans le cas où les étudiants font une élection, demandez-leur d'expliquer pourquoi ils l'ont choisi.
- Application: Être pauvre en esprit n'a rien à voir avec notre apparence extérieure, la classe sociale ou l'une des personnes représentées (riches ou pauvres), pourraient posséder cette caractéristique spirituelle. Cependant, les enfants ont les caractéristiques nécessaires pour être pauvres en esprit.

Dynamique d'introduction (18 a 23 ans).

- Materiales: Matériaux: Écrire ces proverbes sur un tableau ou des papiers bristol (ou d'autres qui manifestent certaines contradictions) Par exemple: "Les mots sont nains, les exemples sont des géants", "Celui qui cherche un ami sans défauts, n'aura pas d'amis » "La pire décision est l'indécision", "Toute fin est un nouveau commencement".
- Instructions: Demandez aux élèves d'essayer d'expliquer ce qui est intéressant au sujet des proverbes.
  En général, ce sont les contradictions qu'ils présentent et comment ils nous enseignent des choses importantes. Comme les proverbes ci-dessus, la Bible dans la leçon aujourd'hui nous enseigne que les pauvres (en esprit) sont heureux. Une contradiction apparente, mais son enseignement dure une éternité.

Connecter | Télécharger

Le thème d'aujourd'hui enseigne qu'il existe une pauvreté qui rend une personne heureuse. Il est facile de relier le mot pauvreté à une série d'adjectifs et de situations qui ne sont pas souhaitables du tout. Les effets et résultats sont observés quotidiennement les blessures de la pauvreté économique dans la plupart des pays du monde et nous pourrions parler pendant des heures de ces réalités. Ils peuvent même être trouvés dans des familles connues ou l'église. Les signes de la pauvreté sont évidents, ils sont visibles et malheureusement ils abondent et ne distinguent pas les âges ou les langues. Cependant, la pauvreté de l'esprit est quelque chose qui est produit dans notre être intérieur par l'œuvre du Saint-Esprit. Il a aussi des manifestations extérieures, mais loin de dévaloriser et de conditionner la vie, de l'enrichir, de la promouvoir et de la revaloriser. Il est une promenade quotidienne dans l'humilité, non humilié avec un regard sensible et non pas avec des yeux en défaits (Esaïe 66: 2; Psaume 138: 6; Proverbes 3:34).

1. Que les enfants nous enseignent!

A maintes reprises, la Bible nous rappelle que nous devons cultiver l'humilité dans la vie comme une valeur caractéristique du vrai chrétien, c'est-à-dire du vrai disciple. Dans cette intention, c'est que Jésus a enseigné les premiers disciples à ce sujet (Matthieu 18: 1-4). Ils ne comprennent pas beaucoup de choses non plus que JÉSUS disait, tout simplement, ils savaient qu'ils marchaient à côté de quelqu'un de très spécial qui là il a passé, se produisaient des choses spectaculaires, et les gens affluaient pour le voir et le toucher et d'autres l'ont posé des questions difficiles.

Pour eux, marcher avec Jésus signifiait atteindre un endroit de prestige, après tout, il allait être le roi d'Israël! Cela impliquerait la renommée et la reconnaissance.

Le seul détail est que Jésus leur a mentionné plus d'une fois qu'il allait mourir et que les valeurs de son Royaume étaient différentes de celles du monde. Mais ils n'ont pas compris ces mots. Alors Jésus a appelé un enfant qui marchait là et leur a donné une leçon (Matthieu 18: 3). Encore une fois Jésus a utilisé une contradiction apparente pour expliquer la question: "... soyez comme des enfants et ainsi vous serez plus grand" comprenant que dans ce contexte, un enfant n'avait tant de reconnaissance comme aujourd'hui reconnu.

Demandez: Quelle est la "coïncidence" de Matthieu 5: 3 et 18: 3? Dans les deux, il se réfère à la façon d'hériter la vie éternelle. Évidemment, il y a une relation entre devenir comme des enfants et chercher à être pauvre en esprit.

Demandez: Y a-t-il un petit frère, un neveu près de chez vous? Quelles caractéristiques les enfants ont-ils qui nous aident à comprendre le sujet?

"Ce qui distingue les enfants, c'est qu'ils n'ont pas encore intégré les conjectures complexes ou les expressions embrouillées de la ruse caractéristique des adultes. La perspective d'entre eux a une innocence et la liberté qui est l'endroit idéal pour le développement de la foi" (Dieu dans les Sandales Christian Christopher Shaw. Développement Chrétien, l'Argentine : 2008, p.322). Les enfants nous enseignent sur la confiance et la dépendance. Ils savent, même sans parler, où et de qui viennent leur nourriture et leur abri. Ils savent se laisser tomber sur les mêmes bras qui appliquent parfois une discipline ou une correction. Ils savent se divertir avec des choses simples et partager ce moment avec un autre enfant / pauvre ou riche, blanc ou couleur, pas fixé sur la marque de sa couchette ou le bruit de son ami.

Toutes ces "astuces" sont acquises au fil du temps, et parfois malheureusement, même à un jeune âge. Donc entre être un enfant ou pauvre en esprit la caractéristique principale est la même: HUMILITÉ

2. Si nous sommes, c'est visible ... et si nous ne le sommes pas, ça se voit encore plus!

L'arrogance de l'esprit, avec ses proches "arrogance" et "orgueil", sont très visibles dans la vie des gens.

C'était le problème du pharisien, l'un des protagonistes du passage de Luc 18: 10-14.

A cette occasion, non seulement Jésus a parlé pour les "mondains" ou des artistes de la télévision ou des athlètes, mais valent la peine pour eux aussi, Jésus a décrit une situation en mettant en évidence un chef religieux en ce moment. Cela signifie qu'au sein de l'église, quelqu'un pourrait, avec son don, son talent ou son ministère, être aussi manifestement cru et arrogant que ce pharisien des temps bibliques.

"Alors que nous traversons la vie, nous tomberons encore et encore dans des positions d'arrogance et de hauteur qui sont contraires à l'esprit du Royaume. Le seul espoir pour nous dans ces occasions sera de revoir notre vraie conscience spirituelle" God in Sandals, Christopher Shaw, Développement du Chrétien, Argentine: 2008, p.147).

Par distinction, le pharisien qui était si près de l'autel du temple était spirituellement loin du Dieu à qui il priait. Le publicain (collecteur d'impôts) qui ne voulait pas s'approcher physiquement, ni lever les yeux au ciel, a réalisé ce qu'il voulait (Luc 18:13). Le Seigneur a eu et a de la compassion pour tous ceux qui reconnaissent leurs misères et leur petitesse face à sa splendeur. "La hache ne peut se vanter des arbres qu'elle a coupés. Je ne pouvais rien faire si ce n'était par le bûcheron. Il l'a fait, il l'a aiguisé et il l'a utilisé ... Au moment où il le met de côté, il ne devient qu'un vieux fer. "(Lidership spirituel. J. Osald Sanders. Portevoix, EE.UU : 1995, p.63).

3. Garantie du fabricant

La garantie est une sorte d'assurance. Le commerce ou le fabricant est d'accord avec l'acheteur pour que l'objet acheté conserve sa qualité, au moins pendant un certain temps. La pauvreté mentionnée dans cette leçon a une garantie éternelle. Pour les "pauvres en esprit", une place est réservée dans le royaume des cieux. Le chrétien doit chercher sincèrement ce type de pauvreté, c'est-à-dire cette humilité pour sa vie (Jacques

4: 6,10), parce que c'est la pauvreté qui enrichit. C'est le sentiment de ceux qui sont conscients qu'ils ne sont pas les propriétaires du monde, mais les enfants du propriétaire.

La femme veuve de Luc 7: 13 était au milieu d'une foule et Jésus vit aussi la femme qui oint les pieds de Jésus avec des larmes et des parfums (Luc 7: 37-48) Ces exemples et bien d'autres enregistrés dans les évangiles, permettent de comprendre plus la question de la pauvreté de l'esprit. L'histoire de l'annonce de la naissance de Jésus est un autre exemple.

Les anges auraient pu faire son annonce d'abord aux rois, princes, médecins, pharisiens, philosophes ou autres, mais Dieu a choisi d'humbles bergers pour donner les plus grandes nouvelles dans l'histoire de l'humanité (Luc 2: 8-20).

Révisez / Application

Donnez un intervalle de temps pour qu'ils les personnages correspondant à la pauvreté d'esprit. (Vrai ou faux)

1. Roi Saül (1 Samuel 18:6-9) - Faux   2. Apôtre Paul (1 Timothée 1-15) - Vrai

3. La femme du parfum (Luc 7 :36-50) - Vrai   4. L'église de Laodicée (Apocalypse 3 :14-18) - Faux

5. Daniel (Daniel 2 :10-19) - Vrai

Défi: Encourage ta classe à organiser une bonne inauguration de l'école du dimanche sur ce sujet, ou une représentation pour un mois de culte spécial. De cette manière, ils partageront avec toute la congrégation l'importance de cet enseignement.

Ceux qui pleurent

Natalia Pesado • EE.UU.

Leçon 2

Objectif: Que l'élève entende la nécessité d'une vraie repentance pour être consolé par Dieu.

Pour mémoriser: "Heureux les affligés, car ils seront consolés!" Matthieu 5 :4.

Avertissement

Avant de commencer, rappelezvous de demander si, durant la semaine, ils pourraient réfléchir à la pauvreté de l'esprit dans leur vie.

Accepter

Connecter | **Télécharger**

Dynamique d'introduction (12 a 17 ans).

- Matériaux: Copies d'une feuille pour chaque élève avec le dessin d'un cœur vide intitulé "Qu'y a-t-il dans ton cœur?" Et des crayons de couleur. Par exemple:

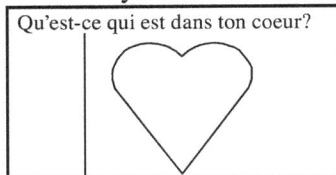

Qu'est-ce qui est dans ton coeur?

- Instructions: Écrivez une liste sur les cinq émotions les plus communes et attribuez une couleur à chaqu'un, rouge = colère, orange = bonheur, bleu = tristesse, vert = peur, violet = inquiétude. Donnez à chaque élève la feuille et les couleurs. Demandez-leur de colorier le cœur avec la couleur appropriée aux sentiments qu'ils éprouvent. La proportion de couleur symbolise l'intensité de l'émotion, c'est-à-dire que si vous ressentez beaucoup de bonheur, vous pouvez peindre la moitié ou plus de votre cœur en orange. Écoutez et appréciez les explications de chaque élève.

Dynamique d'introduction (18 a 23 ans).

- Matériaux: un dictionnaire, tableau, craie ou marqueurs, six grands ballons de couleurs différentes.
- Instructions: Avec l'aide de vos élèves et selon le dictionnaire, écrivez au tableau la définition de six émotions communes à l'aide du dictionnaire (colère, bonheur, tristesse, peur, inquiétude et confusion). Puis souffle six ballons, un de chaque couleur et attribuer à chaque ballon une émotion (rouge = colère, orange = bonheur, bleu = tristesse, vert = peur, violet = inquiétude et café = confusion). Demandez-leur d'écrire sur le ballon une chose qu'ils font pour atténuer l'émotion que le ballon représente et ensuite le transmettre à leur partenaire sur la droite. (Par exemple "écouter de la musique", "prier", "demander un câlin à quelqu'un de ma famille"). Lorsque chaque élève a eu l'occasion d'écrire sur chaque ballon, continuez à lire à haute voix chaque option qu'il a écrite.

Connecter | **Télécharger**

1. Pleurer par la tristesse

Dans 2 Corinthiens 7:10, l'apôtre Paul fait une distinction très importante entre deux types de tristesse, "celle qui est selon Dieu" et "celle du monde". C'est intéressant de souligner que beaucoup de gens ne reconnaissent pas cette différence, et que ce phénomène de confusion peut se produire même chez les chrétiens eux-mêmes. Chez les humains, chrétiens et non-chrétiens, il existe une tendance naturelle à refuser et / ou à éviter tout sentiment négatif douloureux, tel que la tristesse. En général, nous pensons que "la tristesse est mauvaise" et qu'on n'aimerait pas le ressentir. En conséquence, l'homme fait de grands efforts pour éviter les situations de tristesse ou au moins diminuer la souffrance.

Il y a une tristesse qui est "celle du monde" et qui "produit la mort" (2 Corinthiens 7:10) et il est compréhensible que vous vouliez éviter cette expérience. Apparemment, l'affirmation selon laquelle il y a une tristesse qui produit la mort peut sembler exagérée. Aujourd'hui, la tristesse de certaines personnes provoque des pensées suicidaires ou d'autres comportements négatifs et des risques qui peuvent détruire leur vie dans une des conséquences graves plus lentes mais égales. Certains de ces comportements comprennent l'usage de drogues ou d'alcool, des rapports sexuels désordonnés, la conduite à grande vitesse d'une voiture ou d'une motocyclette ou la participation avec des amitiés violentes. Dans ces cas, il est indéniable que la tristesse peut causer la mort et il est très important d'éviter toutes sortes d'influences ou des comportements qui peuvent éventuellement causer ce genre de tristesse et de conséquences dans nos vies. Nous devons être clairs que le péché produit des conséquences et, parfois, produit plus de péchés avec plus de conséquences. C'est le genre de tristesse que l'apôtre Paul a mis en garde contre les chrétiens dans la ville de Corinthe.

Au contraire, Paul parle aussi d'une certaine sorte de tristesse, "celle qui est selon Dieu" et qui "produit la repentance pour le salut". Cette sorte de tristesse, bien que tout aussi difficile à éprouver que la tristesse décrite plus haut, n'a pas pour fin la destruction. En revanche, c'est une tristesse qui motive à changer toute attitude ou comportement qui a causé la conséquence de la souffrance. La tristesse, accompagnée par le confort et la direction de Dieu, peut faire croître dans la vie des qualités inattendues, merveilleuses et extraordinaires. Il est semblable au processus de la graine qui tombe sur le sol, et doit être dans les ténèbres et doit même mourir, de sorte qu'il puisse alors germer et s'épanouir:

2. Pleurer par la repentance

Luc 6: 36-50 raconte l'histoire de la visite de Jésus chez le pharisien nommé Simon, pour partager un repas. Soudainement une femme est entrée et a commencé à pleurer et à laver les pieds de Jésus avec les larmes dans ses yeux. Luc l'a décrit comme "une femme de la ville, qui était une pécheresse" (Luc 7:38). Certains savants de la Bible ont dit que c'était peut-être une femme prostituée. La description suggère que tout le monde savait qu'elle avait commis certains péchés, son état n'était pas caché aux personnes présentes. Simon pensait que Jésus ne savait pas qui le touchait (Luc 7:39), mais Jésus n'ignorait pas cette femme et les pensées de jugement qui étaient dans le cœur de Simon. Alors Jésus a raconté la parabole des deux débiteurs (Luc 7:47). Il est essentiel de noter que Jésus s'est concentré sur l'attitude de la femme (Luc 7: 44b, 45b et 46b) pour ensuite déclarer le pardon (Luc 7: 48.50). Cette femme a démontré "la tristesse qui est selon Dieu". La femme se mit à genoux devant Jésus, dans une position de soumission totale et l'humiliation, elle a beaucoup pleuré, tant qu' "arrosée" ou tremper les pieds de Jésus, et finalement lui essuya les pieds avec ses cheveux et les baigna avec un parfum très cher qui a rempli l'habitation avec une odeur très agréable. En étudiant les détails du comportement de cette femme, on apprécie une attitude qui reflète une véritable repentance et une reddition complète de soi à Jésus. La femme reconnut sa condition et se prosterna avec humilité, elle pleura en reconnaissant son péché.

C'est merveilleux de noter la réponse tendre, sensible et pardonnante de Jésus à cette femme sincèrement repentante par la tristesse "selon Dieu".

3. Pleurer par la compassion

Jean 11 raconte l'histoire de la mort de Lazare, un ami proche de Jésus. L'évangéliste n'a pas manqué de remarquer la réaction de Jésus à la tombe de son ami: "Jésus pleura" (Jean 11:35). Même le Seigneur a pleuré quand il s'est senti triste, non seulement à cause de la perte d'une personne si proche, mais aussi à cause de la situation que les autres vivaient. Dans ce cas, en considérant la situation des sœurs de Lazare qui ont perdu leur frère et peut-être sans défense de soin masculin, qui était si important à ce moment-là.

Ici, on peut apprécier le cœur de Dieu, à travers Jésus, qui se sentait désolé pour les situations que les êtres humains traversaient. On ne peut s'empêcher de reconnaître que Dieu lui-même, motivé par son amour parfait et infini, est un Dieu très miséricordieux et compatissant (Jacques 5:11), et qui souffre avec nous. Pour être saint comme Il est saint (1 Pierre 1:16), on doit aussi imiter son cœur et souffrir avec ceux qui souffrent et pleurer avec ceux qui pleurent (Romains 12:15). Cette compassion doit être motivée par l'exemple même que Jésus a donné et devrait être reçu par le réconfort du Saint-Esprit lorsque des difficultés sont rencontrées sur le chemin terrestre. C'est seulement alors que l'ordre de Galates 6: 2 et Matthieu 12:31 sera obéi. Lorsqu'on aime votre prochain réellement, on ressentit de la tristesse et de la compassion, surtout s'il est loin de Dieu. Cette tristesse est la même tristesse que Dieu ressent quand ses créatures s'éloignent de Lui et souffrent de la solitude, de l'amertume, de l'anxiété, de la douleur, etc. (Lamentations 2:11). Lorsque cette douleur est ressentie par la compassion, l'arme de la prière doit être prise vigoureusement (Éphésiens 6:18) afin d'intercéder pour les autres et rechercher leur véritable libération et restauration. Actuellement, il y a des chrétiens qui vivent dans l'affliction mais Jésus leur dit avoir confiance (Jean 16:33). Cette tristesse, qui est "selon Dieu", peut vraiment avoir des résultats extraordinaires dans la vie du croyant et dans la vie de ceux qui l'entourent!

Révisez / Application: Que dois-je faire? Demandez-leur de remplir les cases suivantes en écrivant ce qu'ils peuvent faire quand ils se sentent tristes en fonction de ce qu'ils ont appris dans la leçon d'aujourd'hui.

1. Quand je suis triste de mes propres péchés (Se repentir sincèrement, Cherchez le pardon de Dieu dans une prière fervente)
2. Quand je suis triste de ce qui arrive aux autres (Demander à Dieu la sagesse d'agir si nécessaire, Jeûner pour les autres avec compassion comme Jésus.)

Défi: Dis à ta classe: Souviens-tu d'une situation de profonde tristesse que tu as vécue dans ta vie? Penses-tu toujours que cette situation te cause de la tristesse ou de la détresse? Demande à Dieu de t'aider à expérimenter la "tristesse selon Dieu" et à pouvoir avancer grâce à son confort parfait, à sa guérison et à sa restauration. Rappel-toi que Dieu peut t'aider, il peut changer ta plainte en danse!

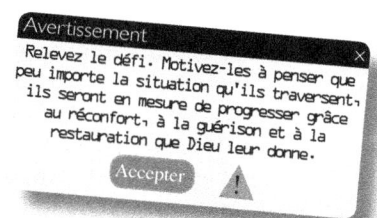

Avertissement

Relevez le défi. Motivez-les à penser que peu importe la situation qu'ils traversent, ils seront en mesure de progresser grâce au réconfort, à la guérison et à la restauration que Dieu leur donne.

Accepter

Puis-je être doux?

Objectif: Que l'élève entende l'importance d'être pauvre en esprit pour jouir de la faveur de Dieu.

Pour mémoriser: "Heureux les débonnaires, car ils hériteront la terre!" Matthieu 5:5.

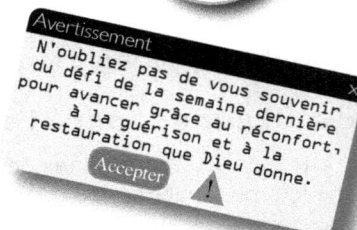

Avertissement
N'oubliez pas de vous souvenir du défi de la semaine dernière pour avancer grâce au réconfort, à la guérison et à la restauration que Dieu donne.
Accepter

Connecter | Télécharger

Dynamique d'introduction (12 a 17 ans).
- Matériaux: Préparez des affiches avec les phrases suivantes. (Ceux-ci forment le mot: MANSO = DOUX)
  Femme ou homme Aime Dieu avec tout son cœur. Il ne cherche pas son propre bien. Mais cela sert avec amour aux autres. Observez Jésus comme son exemple.
- Instructions: Donnez à chaque élève une affiche avec une phrase. Demandez-leur de former le mot caché avec la première lettre de chaque phrase. Puis parlez de la signification du mot généreux.

Dynamique d'introduction (18 a 23 ans).
- Matériaux: tableau et marqueurs ou craie.
- Instructions: Écrivez au tableau les mots suivants: Docile, calme, soumis, reposé, paisible, aimable, généreux, affable. Demandez-leur s'ils connaissent un mot qui contient tous ces mots. Si elles ne le trouvent pas, dites-leur que le mot doux est synonyme de tous ces mots. Lorsque vous avez terminé, laissez-les parler de la signification du mot doux.

Connecter | Télécharger

L'humilité est: "Sérénité et absence d'égoïsme qui sont possédées par ceux qui sont vraiment forts, et qui les libère du besoin de démontrer leur force" (Dictionnaire Théologique Beacon. MPN, USA: s / f, p.417). Clarifiez que bien que beaucoup de gens le relient à la faiblesse ou à la passivité, son sens véritable exprime le contraire. Par exemple: Un jeune homme qui, sachant qu'il est attaqué par ses collègues pour avoir défendu ses valeurs chrétiennes, continue d'être gentil, coopératif et volontaire.

Un jeune homme qui, bien qu'être injustement attaqué, ne cherche pas la justice de ses propres mains.

1. Les caractéristiques d'un doux

Partagez quelques faits saillants de la vie de Moïse (Exode 1 et 2). S'ils sont des élèves ayant des connaissances bibliques, encouragez-les à raconter les faits.

Le cœur et la vie de Moïse ont subi un énorme changement par rapport à la rencontre personnelle qu'il avait avec Dieu. Moïse a tenu une communion très intime avec Dieu.

Demandez à vos élèves de lire le passage de Nombres 12: 1-15 et demandez: Quelles étaient les plaintes des frères de Moïse? Les plaintes ont commencé avec sa femme, qui était un Cushite (une habitante de Cus) et parce que Dieu a parlé seulement à travers de lui et pas à travers d'eux. La Bible ne dit rien sur l'attitude ou la réponse de Moïse à ses frères, mais il clarifie que Moïse était très doux, plus que tous les hommes de la terre (Nombres 12: 3). C'est intéressant, que ce soit Dieu qui a pris des mesures pour défendre Moïse.

Dieu a indiqué à Aaron et à Marie l'importance du ministère de Moïse et a puni Marie avec la lèpre.

Demandez: Quelle était l'attitude de Moïse? Intercède devant Dieu pour Marie. Quelles caractéristiques peuvent être observées chez Moïse? Il ne s'est pas défendu contre la critique de ses frères. Il n'a pas cherché à se venger, mais a plutôt intercédé pour sa sœur quand elle a été punie. Moïse a donné l'exemple de la douceur. Bien que Moïse sache que Dieu l'a utilisé, il ne s'est pas défendu et n'a pas non plus combattu pour prouver son autorité. J'ai confiance en l'appel de Dieu. Il s'est également senti désolé pour la situation des autres. Bien que ce soit exactement ce que Marie a reçu, le cœur de Moïse a montré de la miséricorde en intercédant pour elle devant Dieu.

L'exemple de Jésus

Jésus est notre exemple en tout parce qu'il a vécu tout ce qu'il a prêché. Dans Matthieu 7: 28-29, il nous dit que les gens étaient étonnés de ses enseignements parce qu'il les enseignait comme quelqu'un qui a l'autorité et l'autorité leur a donné son propre témoignage: il a vécu ce qu'il a prêché et enseigné.

Dans Matthieu 11: 25-30, Jésus a indiqué que la simplicité de l'Evangile est telle que même les enfants peuvent le comprendre (v. 25-26). Il a continué à parler de sa divinité et a défié ses disciples à: "Prenez mon joug sur vous et recevez mes instructions, car je suis doux et humble de coeur; et vous trouverez du repos pour vos âmes... "(v.29).

Quand Jésus invitait ceux qui étaient travaillés et chargés, il ne se référait pas au travail physique. Les Juifs de l'époque n'avaient pas seulement les lois données par Moïse pour accomplir, mais aussi tout ce que la tradition ajoutait. Ils avaient beaucoup de fardeau à porter sur eux-mêmes afin de plaire à Dieu. C'est à eux que Jésus s'est dirigé parce que l'Évangile ne consiste pas à faire mais à être. Actuellement, certaines personnes ont ajouté au christianisme des choses (rituels, limitations, types de louanges, etc.) qui ne permettent pas d'avancer dans la vie chrétienne. Jésus a invité tous ceux qui pensaient que leurs vies étaient très chargées de choses extérieures à prendre leur joug et leur fardeau avec humilité et humilité de cœur en suivant son exemple (v.30).

Quelle est la clé pour avoir du repos pour l'âme? Apprenez de Lui, qui est doux et humble de cœur.

Dans Philippiens 2: 5-8, il est dit que Jésus s'est dépouillé de sa divinité, de sa grandeur de Dieu et de sa gloire seulement pour l'amour de l'humanité. Jésus ne s'est pas accroché à ses droits en tant que Dieu. Il est né dans une humble crèche, il a vécu comme un enfant normal et son ministère s'est développé parmi des gens qui n'étaient pas favoris. Jésus a approché les lépreux, femmes répudiées, les gens non appréciés par les gens, malades, etc. Tout au long de sa vie, il a montré un amour inconditionnel à ceux qui ne le méritaient pas. Jusqu'à la fin, Jésus a enduré la pire punition en mourant sur la croix. Combien il est difficile pour l'homme versé ce qu'ils croient être leur droit (par exemple vouloir être le premier d'une liste, les avantages, tout en reconnaissant, en sélectionnant nos amitiés pour la commodité ou popularité ne cèdent la place sur le bus quelqu'un qui a une déficience physique). Penser à nous débarrasser de nos droits n'est pas une chose agréable. Mais c'est l'exemple que Jésus a donné. Être doux est quelque chose qui doit venir de notre cœur. Pour cela, nous devons d'abord apprendre de Jésus, passer du temps avec Lui, laisser qu'Il nous enseigne les domaines dans nos vies qui ne montrent pas la douceur et de lui demander de nous aider à changer. Nous pouvons seulement apprendre de Jésus si nous avons une relation directe, personnelle et quotidienne avec Lui.

2. Les richesses de la douceur

Le Seigneur nous montre le prix et promet de nous le donner si nous nous y conformons. Nous savons qu'il ne manque jamais, alors cette promesse devient un stimulant pour continuer victorieusement (Matthieu 5: 5).

a. "Ils recevront la terre pour l'héritage"

Jésus, dans Matthieu 5: 5b, s'adressait aux Israélites et pour eux la terre était signifiée comme une grande bénédiction. Ils avaient rêvé pendant des années de venir à Canaan, après leur départ d'Egypte et aussi pendant la déportation. Au temps de Jésus, les Juifs aspiraient à la liberté de leur terre. Bien qu'ils aient vécu dans la terre promise, ils étaient sous l'Empire romain et aspiraient au gouvernement du Messie promis. Pour eux, cette promesse signifiait une très grande bénédiction. Mais Jésus ne se référait pas seulement à une terre physique, mais il représentait une plus grande bénédiction.

Jésus a dit que les doux, les gens qui se dépouillent pour se laisser enseigner par Lui auront de grandes bénédictions. Bénédictions sur la terre et bien sûr aussi au ciel, la vie éternelle.

Parlez avec vos élèves au sujet de ce que signifie faire partie d'une nation. Il y a une terre à vivre, un gouvernement avec des lois qui fournissent un abri, une histoire et un avenir à partager. Les chrétiens font partie du peuple de Dieu. C'est l'une des plus grandes richesses que nous avons. Cela signifie qu'Il est celui qui dirige et qui gouverne nos vies et qui donnera des bénédictions qui surabondent.

b. "Ils vont recréer avec une abondance de paix"

La signification de la paix pour les Israélites était lié au mot "Shalom" (Psaume 37:11). Cette signification de la paix embrasse tout l'être. C'est une paix totale pour la famille, la santé, le travail, etc. Le psalmiste a dit que ce genre de paix est ce qu'auraient les doux. Paix avec Dieu et en Dieu, comme Jésus l'a dit dans Jean 14:27. Vivre docilement est le résultat d'une vie intimement liée à Jésus. Dans un monde plein de conflits, jouir de la paix céleste est une promesse qui devrait nous encourager.

Il est très difficile de vivre et de montrer de la douceur. Ce n'est pas quelque chose que nous pouvons réaliser par nos propres moyens. C'est une vertu qui naîtra de nos cœurs alors que nous abandonnons nos vies à Jésus et que nous laissons son Saint-Esprit y travailler. La douceur est l'un des fruits du Saint-Esprit (Galates 5: 22-23) et tout fruit doit naître naturellement. Comme le chrétien suit Jésus, il sera plus comme lui, parce que par son Esprit Saint il peut nous aider à montrer la douceur.

Révisez / Application:

Guidez vos élèves pour répondre aux questions suivantes au fur et à mesure que la leçon se développe.
1. Quelle est la différence entre la douceur et l'humilité? (Le mot doux est attribué à une personne. Le mot humilité est attribué à l'attitude de la personne humble.)
2. Ecrivez un parallèle entre l'attitude d'Aaron et de Marie et de son frère Moïse. (Aaron et Marie ont critiqué Moïse. Ils étaient jaloux de son leadership. Moïse ne s'est pas défendu et, au contraire, a intercédé en faveur de sa sœur.)
3. Indiquez comment Jésus a donné l'exemple d'être doux. (Il ne s'est pas accroché à ses droits d'être un enfant de Dieu. Il a vécu dans l'humilité tout en étant le propriétaire de tout dans ce monde. Il a traité avec toutes sortes de personnes. Il a donné sa vie pour tous, même pour ceux qui le méprisaient.)
4. Expliquez le genre de paix que la Bible offre aux humbles. (Une paix dans tous les domaines de la vie. Une paix que seul le Christ peut donner.)

Défi: Dis à ta classe: Comment pouvons-nous montrer de la douceur dans notre monde pour que les gens puissent voir le Christ dans nos vies?

Faim et soif de la justice

Objectif: Que l'élève s'engage à promouvoir la justice dans son contexte familial, ecclésiastique et communautaire.

Pour mémoriser: *Heureux ceux qui ont faim et soif de la justice, car ils seront rassasiés!* Matthieu 5:6.

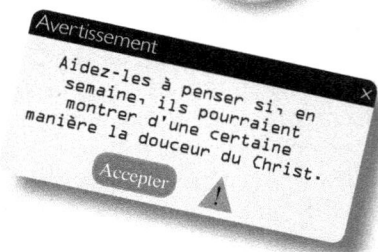

Avertissement

Aidez-les à penser si, en semaine, ils pourraient montrer d'une certaine manière la douceur du Christ.

Accepter

Connecter | Télécharger

Dynamique d'introduction (12 a 17 ans).

- Matériaux: tableau, craie, marqueurs.
- Instructions: Lisez Matthieu 22: 15-22. Divisez la classe en deux ou trois groupes et attribuez les questions suivantes (vous pouvez diviser les questions entre les groupes ou permettre à chaque groupe de répondre à chacun d'entre eux): Quels sont les personnages de l'histoire? Quelle était l'intention des pharisiens? Quelle était la question des Hérodiens? Quelle était la réponse de Jésus? En quoi cet événement est-il un enseignement sur la justice?

   Puis permettez-leur de partager les réponses. Mentionnez qu'il s'agit d'un enseignement sur notre responsabilité civile et notre responsabilité chrétienne et que nulle n'est sur l'autre ni ne doit pas non plus être réalisé. C'est un acte de justice d'agir de la sorte.

Dynamique d'introduction (18 a 23 ans).

- Matériaux: Cinq feuilles de papier, cinq marqueurs de couleurs différentes.
- Instructions: Formez des groupes et choisissez un leader dans chaque groupe pour diriger la lecture et présenter les idées à la classe. Demandez-leur de lire Jean 4: 1-15, identifiez au moins trois situations liées à la justice et écrivez-les sur les feuilles, puis commentez-les en classe. (1. Le fait d'être une femme et Jésus un homme élimine la discrimination de genre 2. Le fait d'être une Samaritaine et Jésus un Juif élimine la discrimination raciale 3. L'acte de Jésus d'offrir l'eau de la vie éternelle est une action de justice divine).

Connecter | Télécharger

Notre Amérique latine souffre de l'injustice sociale pendant des siècles. Une telle injustice se manifeste dans le mauvais traitement relationnel au sein des familles, la discrimination entre les riches et les pauvres, la mauvaise gestion des ressources naturelles et de la production par les dirigeants, l'abus des modèles économiques qui contribuent à la détérioration de la dignité de l'être humain.

Cette réalité est générée par un manque de compréhension de la justice divine, qui est à son tour une conséquence de l'ignorance des enseignements bibliques. Après avoir décrit le comportement des êtres humains dans les "derniers jours", qui seront "dangereux" (2 Timothée 3: 1), l'apôtre Paul conseille fortement persister dans les enseignements bibliques:

"Toi, demeure dans les choses que tu as apprises, et reconnues certaines, sachant de qui tu les as apprises; dès ton enfance, tu connais les saintes lettres, qui peuvent te rendre sage à salut par la foi en Jésus Christ. Toute Écriture est inspirée de Dieu, et utile pour enseigner, pour convaincre, pour corriger, pour instruire dans la justice, afin que l'homme de Dieu soit accompli et propre à toute bonne oeuvre" (2 Timothée 3: 14-17). Paul a écrit que la justice divine devient personnelle par le salut en Jésus-Christ, et que c'est de cette expérience que la justice peut être construite dans la famille, la communauté, la nation, le monde.

1. Heureux ceux qui ont faim et soif de la justice

a. Heureux

Jésus a commencé son discours du Sermon sur la montagne en insistant sur le caractère de ses disciples; ce caractère serait un terrain fertile pour cultiver les valeurs du Royaume, exprimées tout au long du sermon. Comme un compliment à un enseignant, reconnaissant la qualité de vie de ses disciples, Jésus les a encouragés avec l'expression "heureux". C'était une expression d'encouragement, de motivation, de reconnaissance pour ce qu'ils étaient et ce que leurs disciples allaient être. Ce bonheur qui produirait l'action chrétienne serait sans pareils, parce qu'ils auraient leur source dans la grâce de Dieu. C'est un privilège d'entendre de Jésus les mots "heureux". En tant que disciple de Jésus, le chrétien doit assumer cette reconnaissance du Maître comme un défi pour être meilleur.

b. Affamé et assoiffé

La faim est l'un des besoins fondamentaux de l'homme qui doivent être abordés sans surveillance. Être rassasier de la nourriture nous pouvons jouir de la santé et la beauté physique. Cependant, dans nos communautés pauvres, les êtres humains sont créés à l'image de Dieu qui subit l'injustice. Ces personnes sont peut-être faim et souffrent de la malnutrition dont ils ont besoin de quelqu'un pour les aider, leur fournir des ressources pertinentes pour les aider à sortir de leur misère. Ils vivent dans la détresse, dépendant de la faveur des autres, au mieux des autorités pertinentes, mais, ils ne parviennent pas les ressources attendues. La faim est accentuée, aggravée à chaque instant; Il y a une faim de nourriture.

La réalité décrite est une analogie de ce que le chrétien doit se sentir par rapport à la justice: faim, très faim pour la justice; Heureux sont ceux qui ont faim pour cela.

Comme nous avons une gamme d'aliments pour satisfaire notre faim, il y a aussi une justice divine pour l'être humain qui peut satisfaire l'injustice.

La soif est un autre besoin fondamental qui doit être résolu. D'ailleurs, l'eau c'est la vie car elle supprime la soif et prévient la déshydratation. Qui peut résister à une soif accompagnée de faim? Anxieux sont les expériences dominées par la soif; La déshydratation et même la famine peuvent être atteintes en raison du manque d'eau. C'est ce genre de soif que les chrétiens devraient avoir pour la justice. La femme samaritaine avait une soif de justice pour sa propre vie que seulement Jésus le pouvait satisfaire (Jean 4: 1-42).

c. Justice

Quel sorte de justice devrions-nous avoir faim et soif? Nous avons cité la femme samaritaine comme ayant soif de justice. Elle a été victime de la discrimination, femme portée préjudice, mal dans leur conception religieuse, totalement déréglée dans leurs relations conjugales. La femme avait besoin de la justice, le personnel de la justice libérée de tous ses tourments émotionnels, de son péché, sa mode de vie détériorée. Elle était assoiffée de la rédemption et tout à coup l'eau a calmé sa soif et ne l'avait guère. Cela avait été justifié par Dieu.

Mais la justice est aussi la dignité de la vie et que la dignité doive être construite, exige beaucoup de dévouement et de compromis, Matthieu 25: 37-39 indique que la justice doit être pratiquée en faveur de la nécessité, la faim, assoiffés, étrangers, sans défense, malades, incarcérés. La même chose dit Jacques 1:27 et ajoute "se tenir pur du monde". Cette dernière phrase a une implication éthique et morale. La justice n'exerce pas de comportement mondain.

La justice et la sainteté de la vie sont intimement liées, elles ne peuvent être séparées. L'église doit toujours réfléchir dans tous les domaines de la vie, sur la valeur de la justice et la sainteté, pour être "... saint, sans tache ni ride ..." (Ephésiens 5:27). C'est notre responsabilité et celle de chaque chrétien de vivre chaque jour selon la Parole de Dieu.

2. Heureux ceux et rassasiés de la justice

Heureux, ceux qui ont faim et soif de la justice, car ils seront rassasiés à la satiété. Les aventures ont été dites pour les disciples de Jésus. Pas seulement pour les disciples de ce temps, mais aussi pour les disciples d'aujourd'hui. Donc, la question est pourquoi tant d'injustice dans le monde? Peut-être les disciples de Jésus ne sont pas incarnés justice divine et n'a pas été libéré de sa peine. Peut-être les disciples de Jésus aujourd'hui, seul le contenu d'être justifié par Dieu, mais la faim et la soif de la justice au nom des autres. Si c'est une réalité, vous n'obéissez pas au message du Maître. Profitez cette leçon afin que ensemble avec vos élèves vous mettre à vérifier leur caractère en tant que chrétiens et de faire les ajustements nécessaires afin d'avoir faim et soif de la justice. Comme déjà mentionné, la justice doit être construite avec un sens de la mission et de l'engagement inébranlable. Les résultats sautent en vue: les chrétiens soient remplis, sera plein, complet, satisfait la demande de leur propre vie et la vie offriraient en raison de la faim et soif de la justice.

Il est important de nous engager à travailler dans le service aux autres d'être béni et satisfait. L'être humain a besoin d'obtenir de la dignité de la vie pour laquelle il a été créé. Nous devons prier le Seigneur de pardonner notre négligence et nous insuffle son pouvoir et la grâce pour accomplir notre mission selon sa volonté, comme Jésus l'a fait.

Révisez / Application: Au cours de la classe, il est temps de répondre aux questions suivantes:

1. Comment définiriez-vous la justice?
2. Comment la justice est-elle pratiquée aujourd'hui?
3. Qui pensez-vous ont faim et soif de la justice?
4. Que pourriez-vous faire pour changer cette réalité?

Défi: Dis à ta classe: Dans cette semaine, regarde autour de toi et écris lesquels de tes connaissances ont faim et soif de justice.

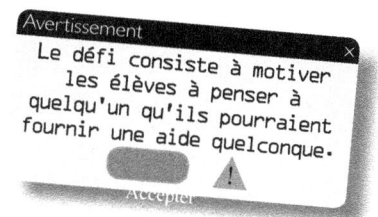

Avertissement
Le défi consiste à motiver les élèves à penser à quelqu'un qu'ils pourraient fournir une aide quelconque.

Soyons miséricordieux!

Objectif: Que l'élève comprenne qu'il doit être miséricordieux comme Dieu l'a été avec lui.

Pour mémoriser: *Heureux les miséricordieux, car ils obtiendront miséricorde* Matt 5: 7.

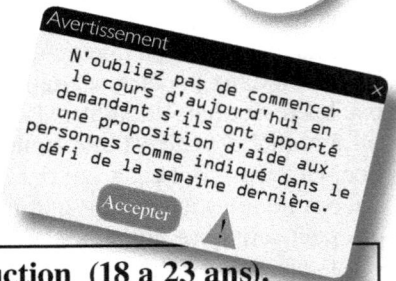

> **Avertissement**
> N'oubliez pas de commencer le cours d'aujourd'hui en demandant s'ils ont apporté une proposition d'aide aux personnes comme indiqué dans le défi de la semaine dernière.
>
> Accepter

Connecter — Télécharger

Dynamique d'introduction (12 a 17 ans).

- Instructions: Divisez la classe en deux groupes et donnez-leur le temps de préparer une dramatisation d'une minute du Bon Samaritain à l'heure actuelle en fonction de leur contexte (Luc 10: 30-37).

  Le Samaritain était méprisé par les Juifs, mais dans cette histoire, il était le seul à avoir pitié de son voisin juif. La miséricorde est une belle façon de mettre l'amour en pratique. Cela ne devrait pas seulement être exprimé avec des mots, mais plutôt avec des faits.

Dynamique d'introduction (18 a 23 ans).

- Matériaux: Grand papier ou tableau, craie ou marqueurs.
- Instructions: Écrire sur papier ou tableau

  Que signifie la miséricorde? Écris les définitions que la classe apporte. Le climat devrait favoriser la spontanéité, les idées ne devraient pas être censurées, critiquées ou corrigées. Terminer lorsque vous remarquez que vous n'avez plus de contributions.

  Formulez une définition à partir de ces affirmations

Connecter — Télécharger

Un mot miséricorde tombe en désuétude dans la langue espagnole d'aujourd'hui. C'est un terme peu commun dans les conversations quotidiennes. Il est probable qu'il ne soit pas entendu tous les jours ou ne soit jamais entendu dans les écoles ou dans les cercles de jeunes laïcs. Cependant, l'aspect le plus inquiétant de la question n'est pas ce que la linguistique se réfère à, mais au fait que la miséricorde disparaît de la société.

Le dictionnaire le définit comme une vertu qui motive la personne à avoir de la compassion pour la peine des autres. En d'autres termes, c'est la combinaison d'être sensible à la souffrance des autres, avec l'intention de les aider. Un détail intéressant est que la personne n'a pas à apitoyer et aider les autres, il est un acte libre et spontané de la volonté, qui est sans rapport avec les mérites de ceux qu'ils aident.

1. Le salut comme acte suprême de miséricorde

La tragédie du péché a contaminé toute l'humanité. Il est courant d'entendre des nouvelles sur les guerres, la violence, la terreur et la mort. Souvent, ceux qui ignorent les Écritures se demandent pourquoi Dieu n'intervient pas pour arrêter de tels événements regrettables. Cependant, la vraie cause de la tragédie est sous-estimée et c'est un péché. La semence du mal est semée dans l'être humain et les fruits peuvent être vus sans difficulté. Les programmes d'information quotidiens en sont un témoignage.

Il est vraiment merveilleux de savoir qu'entre la désobéissance humaine et la justice du père éternel, il se lève sur une croix, le Fils de Dieu. Christ a versé son sang comme unique offrande acceptable, pour réconcilier l'humain avec le divin (Tite 3: 5).

La miséricorde montre la compassion de Dieu qui a déplacé son coeur pour sauver sa chère création. "Mais Dieu, qui est riche en miséricorde, à cause du grand amour dont il nous a aimés, nous qui étions morts par nos offenses, nous a rendus à la vie avec Christ (c'est par grâce que vous êtes sauvés)" (Ephésiens 2: 5). La partie humaine avec la partie divine "nous a sauvés, non par les œuvres de justice que nous avons fait, mais selon sa miséricorde, par le lavage de la régénération et le renouvellement du Saint-Esprit" (Tite 3: 5).

La miséricorde montre la compassion de Dieu en sauvant sa création déchue bien-aimée (Éphésiens 2: 5).

2. Nous devons être miséricordieux

a. Être miséricordieux avec ce que nous possédons

Les mots miséricorde et compassion apparaissent comme des synonymes dans la plupart des dictionnaires. Le péché parmi d'autres choses terribles a semé l'avarice chez de nombreux êtres humains. Ceci, à son tour, a conduit à une répartition inégale des richesses, de sorte que les riches s'enrichissent, tandis que les pauvres s'appauvrissent. L'Amérique latine est une triste réalité de cette condition, l'inflation et le chômage abondent à l'extrême. Les chrétiens doivent partager ce que le Seigneur nous a donné, avec ceux qui n'ont pas de possibilités pour acquérir les produits nécessaires à la vie, tels que la subsistance et l'habillement. Il n'est pas nécessaire d'être riche pour être compatissant. Combien de paires de chaussures sont-elles qui ne sont plus utilisées? À quand remonte la dernière fois que tu as porté cette robe que tu ne t'étais même pas souvenue d'avoir? Et qu'en est-il des chemises qui ne sont pas utilisées parce qu'elles sont similaires aux autres? Même si les conditions mentionnées existent, plusieurs fois la personne n'est pas capable d'aider les autres. La Parole de Dieu nous montre que nous devons donner et non pas précisément parce que les choses nous débordent (Marc 12: 42-44, Luc 3:11). C'est précisément là que réside la différence entre partager et donner l'aumône. Nous ne parlons pas de donner ce qui n'est pas bon, cassé ou laid. Nous parlons d'avoir de la compassion envers ceux qui, pour des raisons indépendantes de leur volonté, n'ont pas accès à ce qui est nécessaire. Ce n'est pas seulement dans le domaine de la robe ou de la chaussure que nous pouvons montrer de la pitié, une Bible, un livre, un cahier, une offrande, un logement, des soins pour les malades et beaucoup d'autres choses peuvent devenir belles expressions de miséricorde envers les autres.

b. Être miséricordieux dans le spirituel

Je me souviens de quelque chose qui s'est passé il y a plusieurs années. Une jeune infirmière et moi avons partagé le quart de travail avec une certaine fréquence. Elle savait que j'étais chrétien. Six mois ont passé et il a reçu le Seigneur comme son Sauveur. Son premier mois de conversion était très beau, elle allait d'un endroit à l'autre à l'hôpital, avec un sourire serein, parlant à tout de Jésus. Quelques jours plus tard, d'un ton très sérieux, il me dit: Comment est-il possible que, chrétien, si longtemps, tu ne m'as pas parlé du plan du salut? Pourquoi ne m'as-tu jamais dit que le Christ m'aimait et qu'il y avait beaucoup plus dans ses voies qu'une religion peut offrir? Je ne savais pas quoi dire, je me suis excusé et je suis resté quelque peu stupéfait. À ce jour, je remercie Dieu pour cette conversation. Depuis lors, mon attitude a été différente. Il ne leur suffit pas de savoir que nous sommes chrétiens, il est de notre devoir de partager la bonne nouvelle de l'Évangile avec tous ceux avec qui nous communiquons. "Allez donc, et apprenez ce que cela signifie: je veux la miséricorde et non le sacrifice. Parce que je ne suis pas venu appeler les justes, mais les pécheurs, à la repentance. Le partage du Christ est aussi miséricorde "Soyez donc miséricordieux, comme votre Père est miséricordieux" (Luc 6:36).

Dans des différentes parties du monde, il existe diverses formes de religiosité, ce qui ne signifie évidemment pas que tous sont approuvés par Dieu et sa Parole. Dans notre contexte, il est courant de voir des gens accomplir des promesses extraordinaires. Beaucoup vont en pèlerinage à des différents endroits portant de grosses pierres au-dessus d'eux, d'autres s'habillent comme des sacs et certains arrivent avec des chaînes (littéralement). Santeria a inondé Cuba et partout les gens sont vêtus de blanc, portant d'innombrables colliers et pratiquant des rites et des sacrifices qui coûtent beaucoup d'argent. Beaucoup de ces gens (mais pas tous) sont donnés aux vices de toutes sortes, leurs mots et leur comportement laissent beaucoup à désirer. Ils croient que s'ils remplissent ce que leur a dit le santero (chef spirituel), ils réussiront dans leurs plans. Certains se demandent pourquoi ils sont prêts à faire de si grands sacrifices et ne peuvent pas donner leur vie au Seigneur. La réponse n'est pas difficile, ils ne le font pas, ils veulent mener une vie de changement et d'engagement. Ils ne sont pas intéressés à partager leur vie ou ce qu'ils ont avec les autres et ils persistent à continuer à se comporter, ce qui est souvent immoral et égoïste, pour lequel ils feront tout type de sacrifice afin de rester dans cette condition.

3. Le pardon comme l'œuvre incontestée de la miséricorde

Grâce à notre marche quotidienne, nous recevons des offenses de toutes sortes, même de la part de ceux qui sont nos frères dans la foi. Peu importe ce que Dieu est, Il nous a donné l'ordre de pardonner (Luc 6:37; Colossiens 3:13).

Souvent, les éléments fondamentaux du pardon sont déformés, ce qui constitue sans discussion un acte de miséricorde. Le plus grand exemple que nous avons de Dieu qui nous pardonne pour la miséricorde (Psaume 85: 6, 86: 13.15, Matthieu 9:13, Éphésiens 2: 4-6). Le pardon est un acte de volonté libre et spontané envers quelqu'un qui a fait du mal.

Lorsque la résolution de pardonner est activée dans l'être, un beau processus de guérison commence en nous. Ce processus signifie souvent qu'avec le temps, la mémoire n'est plus aussi latente dans nos vies. Le non-pardon est un obstacle à nos prières et aussi à notre relation avec Dieu (Matthieu 6: 14-15). Quand nous sommes capables de pardonner, la miséricorde triomphe de la vengeance et du jugement (Marc 11: 25-26).

Bien que deux mille ans se soient écoulés depuis l'adresse la plus variée et la plus magistrale donnée par le Seigneur Jésus, dans l'une des douze montagnes qui se trouvent dans les environs de la Galilée, ses paroles continuent d'être valables comme le journal d'aujourd'hui. Ses enseignements sont un défi pour ceux qui les entendent et de belles promesses pour tous ceux qui les mettent en pratique. Il est vraiment réconfortant de savoir que sa miséricorde durera au-delà de cette vie (Psaume 23: 6).

Révisez / Application: Au moment du développement de la leçon, octroyez un moment pour répondre aux questions suivantes:
1. Définissez la miséricorde. (C'est la vertu qui nous fait avoir de la compassion pour la peine des autres.)
2. Quel a été l'acte suprême de la miséricorde dans l'histoire de l'humanité? (Le Fils de Dieu, répandant son sang comme unique offrande acceptable, pour réconcilier l'humanité avec Dieu.)
3. Quel a été l'acte suprême de la miséricorde dans ta vie?
4. Comment pouvez-vous montrer la miséricorde envers les autres? (En partageant la bonne nouvelle de l'Evangile avec toutes les personnes avec qui nous communiquons et en aidant ceux qui ont besoin de nous d'une manière matérielle ou émotionnelle.)

Défi: Dis à ta classe: écris tout événement dans ta vie qui exige d'agir avec pitié. Reste à l'écoute et écris tes observations toutes les soirs. Compare les occasions dans lesquelles tu mets la compassion en pratique et celles dans lesquelles tu n'as rien fait. À la fin de la semaine, réfléchis sur chaque cas. Détecte et corrige autant que possible les facteurs qui t'ont empêché et apprécie leur influence sur ta communion avec Dieu.

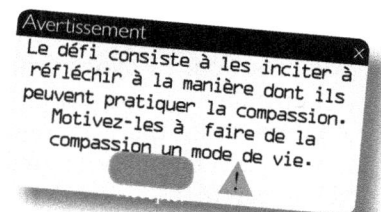

Avertissement
Le défi consiste à les inciter à réfléchir à la manière dont ils peuvent pratiquer la compassion. Motivez-les à faire de la compassion un mode de vie.

Le cœur pur

Eudo Prado • Venezuela

6

Objectif: Que l'élève comprenne que pour atteindre les objectifs de Dieu, nous devons vivre selon ses exigences.

Pour mémoriser: *Heureux ceux qui ont le cœur pur, car ils verront Dieu.* Matthieu 5: 8

Prévoyez un temps pour des commentaires sur les réflexions qui devraient être faites dans la semaine concernant la compassion.

Accepter

Connecter | Télécharger

Dynamique d'introduction (12 a 17 ans).
• Matériaux: Un miroir de taille moyenne.
• Instructions: Lisez Jérémie 17: 9. Puis passez le miroir et demandez à chacun de décrire ce qu'ils voient d'eux-mêmes. Ensuite, demandez si le miroir montrerait ce qui est dans votre cœur: seriez-vous prêt à partager ou dire aux autres ce que vous refléteriez?

Rappelez-leur que les gens ne peuvent pas voir ce qui est dans notre cœur mais Dieu le fait. La volonté de Dieu est de purifier nos coeurs de tout péché afin que nous puissions pleinement profiter de son projet.

Dynamique d'introduction (18 a 23 ans).
• Matériaux: Feuilles blanches de format moyen découpées en forme de coeur, marqueurs en deux couleurs.

• Instructions: Lisez Matthieu 15:19; Marc 7: 21-22 et 1 Jean 1: 7. Puis distribuez deux cœurs de papier à chacun et demandez d'écrire le titre avec un marqueur de couleur sur l'un d'eux "Coeur plein de ténèbres" et l'autre, avec un marqueur de couleur différente pour écrire "coeur plein de lumière". Dans le premier, ils doivent écrire les différentes mauvaises attitudes qui viennent du cœur qui n'ont pas été nettoyées par le Saint-Esprit et de l'autre, ces attitudes bienveillantes qui découlent d'un cœur qui a été purifié de tout péché par le sang du Christ. Donnez environ cinq minutes à chacun pour compléter son exercice. Demandez à chacun d'eux d'observer attentivement leurs deux coeurs et de réfléchir à leur propre expérience avec Dieu et aux attitudes qui viennent de leur cœur.

Expliquez le sens de la promesse de 1 Jean 1: 7.

Connecter | Télécharger

Oui, comme Dieu a créé chaque corps et les capacités physiques merveilleuses que les autres peuvent observer, Il a également créé la personne intérieure. Cela comprend : les désirs, les émotions, les pensées, le jugement, la capacité de croire ou de faire confiance et aussi, le don précieux de la volonté, qui détermine ce qu'est la personne et ce qu'elle fait. Pour cet être intérieur, la Bible l'appelle "le cœur". Il a été affecté par le péché, l'empêchant d'expérimenter la volonté de Dieu dans toute sa plénitude. Par conséquent, nous avons besoin que Dieu agisse en nous pour nous changer et se conformer à son but parfait.

1. Qu'est-ce que "la pureté du coeur"?

Le monde actuel accorde une grande importance à l'image personnelle que nous montrons aux autres. Cela devrait refléter notre façon de penser, nos convictions et nos valeurs morales. Cependant, la plupart du temps, cela n'arrive pas. Ce que les gens montrent aux autres n'est même pas à distance ce qu'il y a réellement dans leur être intérieur. Généralement, notre image est déterminée par la mode du moment, les exigences de notre groupe social, d'une personne en particulier ou de notre famille.

Plusieurs fois, nous pensons et faisons des choses en secret qui nous nuisent, nous et les autres. Ce que la Bible appelle, de manière figurée, "le cœur" en réalité, est souvent très différent du "masque" de notre image personnelle.

Peut-être, il vous est arrivé que l'image que vous avez entretenue des autres, ou que vous avez montrée aux gens depuis longtemps, se soit effondrée en un instant, lorsque les vraies dispositions contradictoires se sont manifestées. Même si nous essayons fort, nous ne pouvons pas cacher ce que nous avons dans nos cœurs.

Cependant, ce qui est en nous est ce qui finalement compte pour Dieu, parce que c'est ce que nous sommes réellement. La Bible enseigne que Dieu examine ce qui est dans le cœur de chacun de nous.

Nous ne lui pouvons rien cacher! (Jérémie 17: 9).

La "pureté du coeur" dont parle la sixième béatitude de Jésus dans Matthieu 5: 8, n'est rien d'autre que la puissance de Dieu agissant de la source de nos attitudes, le coeur. C'est permettre à Dieu de gouverner nos vies du centre même de notre volonté. Un cœur pur est un cœur plein de vérité, sans rien cacher ni honte, devant Dieu et les hommes, sans un plus grand intérêt que de faire la volonté de Dieu en tout, c'est une manière de vivre différemment.

Les jeunes reçoivent beaucoup de pressions du monde pour vivre une "double vie" et garder un cœur partagé entre les affections du monde et Dieu. Mais vous devez vous rappeler que les plaisirs humains sont éphémères (1 Jean 2:17). C'est pourquoi ils doivent placer leur confiance en Dieu, croyant qu'il est possible d'être intérieurement purifié de toute disposition charnelle.

2. Que doit-on faire

La Bible enseigne que Dieu a créé l'être humain à son image et à sa ressemblance (Genèse 1:26). Cette image inclut la ressemblance dans l'amour et la justice du caractère divin. Cela signifie aussi qu'à l'origine, Dieu a donné à l'être humain un cœur pur. Mais c'est de la désobéissance d'Adam que la race humaine a hérité de la tendance naturelle au mal. Cette inclination naturelle pécheresse détermine fortement notre volonté envers les choses qui peuvent nous détruire. À cause de cela, l'être humain est amené à désobéir encore et encore à la bonne volonté de Dieu pour nous, même si au fond nous ne voulons pas échouer. La Bible compare cette condition à l'esclavage (Romains 7:23). C'est pourquoi, peut-être, nous luttons pour changer une mauvaise attitude personnelle pendant longtemps, sans succès.

Mais la Bible montre le merveilleux remède disponible à tous ceux qui croient: Permettre à la lumière de Dieu d'allumer les ténèbres qui existent dans le cœur (1 Jean 1: 7). La pureté du cœur est le résultat de l'abandon ou de l'accomplissement personnel de notre volonté envers Dieu.

Fondamentalement, le mot "lumière" trouvé dans la première partie de ce verset nous parle de la nature de Dieu, comme il est dit dans 1 Jean 1: 5, "Dieu est lumière, et il n'y a pas de ténèbres en Lui". "Marcher dans la lumière, comme il est dans la lumière "n'est possible que lorsque nous prenons la vérité comme norme de vie. Notre vie sera pleine de lumière lorsque nous laisserons la présence de Dieu chasser de nos cœurs les ténèbres du mensonge, de la tromperie, de la vaine gloire ou de toute autre disposition pécheresse. Demandez: Pourquoi cela nous coûte-t-il autant d'être honnête avec les gens pour leur dire nos erreurs? Donner l'opportunité à plusieurs d'exprimer leur opinion. Certes, certains accepteront de répondre qu'ils ne s'expriment pas librement aux autres par peur du rejet ou de ce qu'ils diront. Expliquez qu'avec Dieu vous pouvez avoir une pleine confiance que vous ne les rejetterez jamais (Jean 6:37). Cela devrait commencer par une approche sincère de Dieu dans la prière, ce que la Bible appelle la "confession" (1 Jean 1: 9), reconnaissant la nécessité de purifier le cœur et confiant qu'Il travaillera à la transformation qu'Il a promise. La confession doit être accompagnée d'une décision ferme d'obéir à la volonté de Dieu pour sa vie, qui a déjà été pleinement révélée dans sa Parole, la Bible.

3. Qu'est-ce que Dieu peut faire

Dieu a promis de purifier nos cœurs par la présence sanctifiante de son Saint-Esprit. La partie finale de 1 Jean 1: 7 dit que "... le sang de Jésus-Christ son Fils nous purifie de tout péché". Lorsque nous faisons notre part, les bienfaits obtenus par le sacrifice de Christ deviennent une réalité dans nos vies. Le sang de Christ nous accorde le pardon des péchés et la purification du cœur (Hébreux 9:14). Dieu est responsable de retirer de nos cœurs les mauvais désirs et les dispositions, nous changer de l'intérieur. Ce travail est accompli par Dieu par sa grâce, c'est-à-dire non par notre mérite mais par sa miséricorde. Puis, une fois la source de nos attitudes (cœur) est purifiée par Dieu, l'image que nous refletons dans notre caractère provient de la pureté intérieure que l'expérience dès-que nous servons le Christ tous les jours avec obéissance (2 Corinthiens 5:17).

Ceux qui ont le cœur sont appelés "bénis" (heureux ou bénis), parce que seulement ils peuvent vraiment expérimenter le dessein de Dieu, et le connaître dans leur plénitude. Aucune autre expérience que nous avons eue ne peut être comparée à la présence sanctifiante de Dieu dans nos cœurs. Faire la volonté de Dieu remplit et satisfait notre vie d'une manière merveilleuse.

Offrez la possibilité d'avoir une approche de Dieu, manifestant votre besoin spirituel, et intercédant les uns pour les autres pour recevoir l'expérience de la purification du cœur.

Révisez / Application: Demandez-leur de se diviser en groupes et d'écrire une paraphrase de 1 Jean 1: 7. Ensuite, partagez avec toute la classe et commentez la compréhension du verset en le lisant avec vos propres mots.

Défi: Dis à ta classe: Partagez avec moi, ou avec l'un des jeunes conseillers de ton église, le besoin spirituel que tu as, ou les aspects de ton comportement qui doivent être modifiés par Dieu. Demande la prière de deux personnes à l'église pour ton progrès spirituel. En outre, écris des actions spécifiques que tu t'engages à faire dans la poursuite de la pureté du cœur.

Nous sommes des agents de la paix

Avertissement
Demandez-leur s'ils ont parlé avec quelqu'un à l'église pour prier pour eux.
Accepter

Objectif: Éveiller dans le cœur de l'étudiant une compréhension claire de la raison pour laquelle nous devrions être des agents de la paix.

Pour mémoriser: *Heureux ceux qui procurent la paix, car ils seront appelés fils de Dieu!* Matthieu 5: 9

Connecter — Télécharger

Dynamique d'introduction (12 a 17 ans).
- Matériaux: Papier et crayon
- Instructions: Divisez la classe en deux groupes. Inventez et expliquez aux deux groupes une situation pour laquelle ils sont en colère. Demandez à une troisième personne d'essayer de les réconcilier en offrant une solution.

  Il est important que l'étudiant comprenne qu'il est nécessaire de résoudre les différences en offrant des solutions d'un point de vue chrétien.

Dynamique d'introduction (18 a 23 ans).
- Matériaux: Coupures de journaux.
- Instructions: Apportez des coupures des journaux à la classe avec des nouvelles sur les guerres et les situations qui sont contradictoires et injustes. Demandez leur avis sur de telles situations et sur ce qu'elles feraient pour les résoudre.

  L'étudiant doit comprendre le besoin d'être un instrument de paix où qu'il soit.

Connecter — Télécharger

À une occasion, une fillette évangélique a fait remarquer que la guerre était une invention de Dieu et non des êtres humains. Elle a justifié que la guerre était une forme d'intervention divine pour réaliser ses buts. Il n'y a guère d'idée dans la Bible qui supporte cette opinion. Penser que la guerre est un moyen par lequel Dieu se manifeste va à l'encontre des enseignements de Jésus dans le sermon sur la montagne. Jésus a choisi la paix entre les êtres humains et veut que nous ses enfants travaillons pour elle aussi.

1. De qui vient la paix?

Le mot paix dans la langue hébraïque shalom est un état de bien-être physique, psychique et social. Implique l'intégrité de l'être humain dans toutes ses sphères. Ce n'est pas seulement une paix intérieure entre Dieu et l'être humain. Cet état de paix se manifeste également dans une bonne relation avec les autres.

Dans le terme shalom, la justice joue un rôle important parce que la paix naît de la justice "Et l'effet de la justice sera la paix; et le travail de la justice, le repos et la sécurité pour toujours "(Isaïe 32:17). La justice de Jésus a apporté la paix avec le Père "justifiée, puis, par la foi, nous avons la paix avec Dieu par notre Seigneur Jésus-Christ" (Romains 5: 1), et permet l'harmonie entre les êtres humains. Dans le Nouveau Testament, le mot grec utilisé pour la paix est eirene et a une relation étroite avec le mot hébreu shalom, bien qu'avec certaines différences. Eirene dénote fondamentalement la même idée de maintenir une relation intégrale de vraie harmonie et tranquillité entre frères.

De nombreux dirigeants, institutions et leaders du monde offrent la paix, mais personne ne peut la garantir tant qu'il y a des intérêts individuels, politiques ou économiques. C'est une paix frelatée, c'est une paix qui est utilisée comme une marchandise ou une monnaie d'échange et qui est souvent atteinte en faisant du mal aux autres. Il y a des nations qui cherchent la paix par la guerre ou des gouvernements qui utilisent la répression militaire ou policière pour maintenir la "paix" dans les rues. Ce n'est pas la paix, c'est la peur, c'est quelque chose de contradictoire. D'autre part, la paix biblique est un état de bien-être, fraternité et de justice, ne pas utiliser la violence et ne construit avec le coût des autres vies. En ce sens, pour les chrétiens, la guerre n'est jamais une option.

La vraie paix vient de Dieu. Il est la seule source de paix et de justice. Bien que l'être humain s'efforce de parvenir à la paix, seule la grâce et l'amour de Dieu donnent la bonne perspective pour le maintien de bonnes relations. Paul enseigne la paix qui vient de Dieu, cette paix "surpasse toute pensée et de soins nos cœurs et nos esprits en Jésus-Christ" (Philippiens 4: 7) NVI.

La paix est un fruit de l'Esprit Saint "Au lieu de cela, l'Esprit de Dieu nous fait aimer les autres, toujours être heureux et vivre en paix avec tout le monde. Cela nous rend patients et gentils et nous traitons bien les autres, nous faisons confiance à Dieu" (Galates 5:22) et est cultivé à partir d'une expérience de piété chrétienne. Ce fruit est contraire aux œuvres de la chair telles que les rivalités, les dissensions, le sectarisme et l'envie (Galates 5: 20-21 NVI). La paix constitue un pilier important dans la vie chrétienne car elle permet une harmonie non seulement entre Dieu et l'être humain, mais elle transcende aussi vers notre prochain. C'est un fruit qui vient d'une coexistence entre Dieu et l'être humain qui se reflète dans les relations personnelles au sein de la maison, de l'église, du travail, de la ville, etc. Le fruit de l'Esprit construit l'harmonie et la paix entre les êtres humains, alors que les œuvres de la chair comme l'envie, le sectarisme et les rivalités mènent à la destruction et la désintégration des maisons, des églises et même des nations entières.

2. Constructeurs de la paix

Avoir la paix n'est pas un processus automatique. Il est possible de penser à la paix comme à la tranquillité ressentie lorsqu'on reçoit une réponse à la prière face à un problème ou à une décision. Mais la paix dont parle Jésus dans le Sermon sur la montagne est une paix qui est vaste, c'est-à-dire non seulement personnelle, mais plutôt communautaire. Rappelons-nous un instant la demande de Jésus dans le même sermon sur la montagne dans Matthieu 5: 23-24. Vous ne pouvez pas être en paix si vous avez des préjugés ou des procès entre frères. La paix n'est pas quelque chose de purement personnel, cela serait égoïste. Il faut savoir que la paix personnelle représente aussi la paix des autres et des autres.

Dans Ephésiens 2: 14-15, Paul a exprimé que l'intégration des Juifs et des Grecs dans le même corps passe par le sacrifice de Jésus "Parce qu'il est notre paix, qui a fait l'un des deux peuples, abattre le mur moyen de la séparation en abolissant faire chair les inimitiés … créer en soi un homme unique et un nouvel homme, faire la paix ". Ce nouveau corps est l'église, la communauté chrétienne qui reflète une nouvelle relation entre les êtres humains, entre les hommes et les femmes, les races, les peuples et les nations. C'est la paix que l'église doit incarner. C'est une paix qui ne distingue pas les gens, qui vise à assurer l'harmonie entre les familles, les amis et les peuples. Pour aucune raison, la haine raciale, religieuse ou fondée sur le genre devrait être encouragée. La responsabilité chrétienne est de construire la paix partout; être des ambassadeurs de la paix; prends comme une bannière l'évangile et apporte la bonne nouvelle à tous ceux qui sont autour. Romains 14:19 dit: "Alors, suivons ce qui contribue à la paix et à l'édification mutuelle", a dit Paul. Efforçons-nous, c'est-à-dire, nous efforçons de construire cette paix, faisons tout ce qui est à notre portée. Il a fallu à Jésus la vie pour réconcilier l'être humain avec Dieu, le chrétien doit se battre pour garder la paix dans sa maison, son église et partout où il va. C'est un privilège et une responsabilité!

3. La justice comme estrade de la paix

Au début, il a été dit que la paix est étroitement liée à la justice. Comment cette relation est-elle interprétée? Est-il valable de soutenir la guerre pour que la justice arrive et qu'il y ait la paix? Est-ce un chemin sûr?

Pour l'Évangile, ce n'est définitivement pas le cas. Alors que la justice fait partie de la paix, à aucun moment Jésus n'a apporté la justice par la violence. La justice de Jésus était sincère et avait toujours l'amour comme bras étendu. Il suffisait de la vie du Christ, de sa mort et de sa résurrection pour payer l'injustice et construire la paix.

Le message de l'évangile appelle à pratiquer cette justice. La paix que nous devons proclamer est l'amour, le rejet de la violence, la guerre et la destruction. En tant que peuple évangélique, nous devons toujours opter pour la paix et l'harmonie entre les êtres humains. Construire la paix ne prend pas le jugement de nos propres mains. Construire la paix, c'est aussi dénoncer les injustices et avoir une activité prophétique, c'est-à-dire faire entendre nos voix, dénoncer la maltraitance des enfants, le génocide, la violence contre les femmes, l'exploitation sexuelle des enfants, la violence institutionnelle, intolérance raciale, etc. Mais ce ne sera jamais une option pour nous de prendre les armes ou toute autre chose qui cause des dommages, mais juste notre cause peut être. Notre seul outil est notre voix et notre témoignage. Jésus a parlé contre la corruption du temple et contre les abus des pharisiens, mais il n'a jamais appelé à une guerre sainte ou à une révolte armée. La justice du Christ nous fait prendre conscience du mal qui existe et nous invite à la combattre. Être un pacificateur est une attitude réfléchie et attentive aux injustices, mais elle est aussi capable de maintenir l'harmonie.

Être des pacificateurs ou des bâtisseurs de paix nous met dans une position très spéciale, dit Matthieu: "ils seront appelés enfants de Dieu" (Matthieu 5: 9). C'est la distinction que nous avons pour être des instruments de paix. Nous sommes des enfants de Dieu et nous devons refléter l'amour et le dessein de notre Père, nous sommes sa carte forte dans ce monde. Il est important que nous apportions la paix partout où nous sommes, ce sera un signe évident que Jésus est en nous et nous aurons le privilège d'être appelés enfants de Dieu.

Révisez/Application: Au cours de la leçon, donnez un peu de temps pour répondre aux questions et en discuter en classe.
1. Que signifie la paix biblique? (Un état de bienêtre complet dans tous les domaines de notre vie physique, psychique et sociale.)
2. Qui a permis que les juifs et les samaritains s'unirent ensemble ? (Le sacrifice du Christ.)
3. Crois-tu que Jésus supporterait les guerres ou autres moyens violents pour apporter la paix ?
4. Quelle est l'exhortation de Paul pour promouvoir la paix (Romains 14 :19) ? (Que nous nous efforcions pour être des vrais instruments.)
5. En quoi consiste le royaume de Dieu ? (En justice, paix et la joie.)

Défi: Dis à ta classe: S'il y a une situation de conflit dans l'église, la famille, la communauté ou le travail dans lequel tu es impliqué, essaie de le résoudre dès que possible. Engage-toi à être un constructeur de la paix.

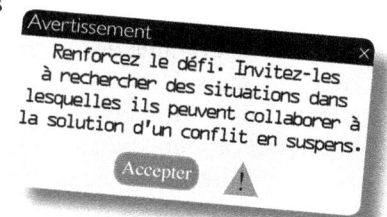

Avertissement
Renforcez le défi. Invitez-les à rechercher des situations dans lesquelles ils peuvent collaborer à la solution d'un conflit en suspens.
Accepter

La souffrance

Objectif: Que l'étudiant comprenne qu'étant fils de Dieu, nous devons répondre à vivre au milieu de la persécution à cause de l'évangile.

Pour mémoriser: *Heureux ceux qui sont persécutés pour la justice, car le royaume des cieux est à eux.* Matye 5 :10

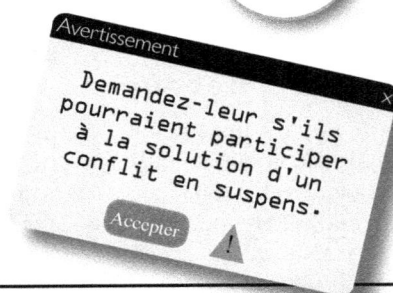

Avertissement

Demandez-leur s'ils pourraient participer à la solution d'un conflit en suspens.

Accepter

Connecter | Télécharger

Dynamique d'introduction (12 a 17 ans).

- Matériaux: Papier et crayon pour chaque participant.
- Instructions: Divisez chaque feuille de papier en deux. D'un côté, écris la première partie des béatitudes étudiées et de l'autre la bénédiction promise. Par exemple, d'un côté, Heureux les pauvres en esprit et de l'autre côté, car le royaume des cieux est à eux. Faites-le dans un ordre différent et demandez à vos élèves de les relier correctement.

Les pauvres en esprit	La récompense est grande dans les cieux !
Ceux qui pleurent	
Les débonnaires	Ils atteindront la miséricorde!
Ceux qui ont faim et soif	Ils seront consolés!
Les miséricordieux	Ils hériteront la terre!
Ceux qui procurent la paix,	Ils verront Dieu!
Ceux qui souffrent de la	Le royaume des cieux est à eux!
persécution à cause de moi	Ils seront appelés fils de Dieu!

Dynamique d'introduction (18 a 23 ans).

- Matériaux: Une feuille avec l'exercice suivant pour chaque groupe.
- Instructions: Divisez la classe en deux ou trois groupes

et donnez une copie à chaque groupe. Demandez-leur de rechercher les passages bibliques et de noter les gens et quelle était la situation de persécution qu'ils ont vécue. Après un moment pour le partager avec la classe.

Passage biblique	Personnage	Situation
Genèse 37: 23-28	Joseph	Vendu par ses frères
1 Samuel 19: 9-12	David	Saül chercha à le tuer.
Job 1:7-12;2:3-5	Job	Satan le frappa de maladies.
Jérémie 37: 15-16	Jérémie	Emprisonné dans une citerne.
Daniel 3:16-27	Sadrac, Mesac Schadrac, Méschac et Abed-Nego	Furent mis dans la fournaise ardente.
Matthieu 14: 1-12	Jean-Baptiste	Est mort assassiné par Hérode.
Actes 7: 58-60	Estienne	Décédé lapidé.
Actes 12: 1-5	Jacques	Est mort par l'épée sous la commande d'Hérode.
Actes 14:19	Paul	A été lapidé.
Apocalypse 1: 9	Jean	A été envoyé dans une île.

En voyant ces expériences, nous pouvons réaliser que suivre le Christ peut même nous coûter notre propre vie.

Connecter | Télécharger

Jésus, dans son sermon sur la montagne écrit par Matthieu, ne voulait pas seulement exalter les pauvres, ceux qui pleurent, les débonnaires, ceux qui ont faim et soif, les miséricordieux, les cœurs purs et paisibles; mais aussi, il voulait donner une place privilégiée à ceux qui souffrent de la persécution et sont vitupérés à cause de Lui.

1. Heureux ceux qui sont persécutés pour la justice

Dans le monde d'aujourd'hui, ce qu'Ésaïe a écrit "... ils appellent les bonnes choses mauvaises et mauvaises qu'elles appellent bonnes ..." (Esaïe 5:20). Cette règle provoque la persécution contre les chrétiens, parce que leur justice n'est pas approuvée par tous. Il y a différents types de persécutions, voici quelques persécutions subies par la pratique de la justice.

Être juste implique de mener une vie sainte. Le monde nous exhorte à prendre plaisir aux choses qu'il considère comme normales, comme le mensonge, la tricherie, le plagiat dans les examens, les détournements qui déshonorent le corps ou la pratique des vices tels que l'alcool, le tabac, le jeu, etc. Mais nous, les chrétiens, savons qu'en tant qu'enfants de Dieu, nous devrions Lui plaire plutôt que nous-mêmes; cela implique de ne pas s'adapter à ce monde. Il y a des témoignages de beaucoup de jeunes qui ont décidé de suivre le Christ et ont dû faire face à certains types de persécution de la part de leurs camarades de classe ou des membres de leur famille. Ils étaient souvent des objets de moquerie pour ne pas profiter de la vie dans les ténèbres.

Cette persécution peut se manifester par le mépris, le murmure et même l'humiliation; Cependant, la Bible nous dit que quand cela arrive, nous sommes bénis. Le diable va essayer d'utiliser toutes ses ruses pour persécuter les chrétiens et les faire tomber dans le péché, dans Proverbes 1:10 et 15 nous trouvons des conseils utiles à ce sujet.

Être juste signifie vivre une vie droite. Le chrétien doit être loin des œuvres des ténèbres. Pour cette raison, il doit vivre comme un véritable enfant de Dieu au sein d'une société qui prend plaisir à la corruption et aux pots-de-vin. Vous devez être patient lorsque vous passez par des situations où la protection n'est pas trouvée par les lois des hommes. La justice de Dieu peut prendre mais elle arrive à son moment. Le jeune José est un exemple de persévérance face aux injustices qui l'entourent. Il a été persécuté à l'intérieur et à l'extérieur de sa famille parce qu'il était juste. À la fin, Dieu a béni sa vie pour sa fidélité (Genèse 37; 39-41).

Un autre cas se trouve dans Luc 18: 1-8. Cette femme était non seulement désavantagée parce qu'elle était veuve, mais aussi parce que le juge qui traitait son cas était injuste envers elle devant ses adversaires. Cependant, la veuve a cru en la justice et a insisté jusqu'à ce qu'elle ait eu une réponse. Vous devez suivre l'exemple de cette veuve et toujours chercher la justice du bon côté. En tant que chrétiens, nous ne sommes pas exempts de souffrir à cause d'être justes ou d'exiger la justice.

Il faut aussi faire attention à croire aux faux prédicateurs qui prêchent une évangile de souffrances de tous libres, d'autre part devraient reposer sur les promesses de refuge de Dieu et être fidèle à lui (Jean 16:33).

2. Heureux ceux qui sont persécutés pour être de Christ

Avec cette félicité, Jésus est allé plus loin dans les sacrifices de ses enfants. Beaucoup peuvent souffrir à cause de la justice, même une personne purement morale peut le faire. Voilà pourquoi Jésus a dit: "Heureux serez-vous, lorsqu'on vous outragera, qu'on vous persécutera et qu'on dira faussement de vous toute sorte de mal, à cause de moi. (Matthieu 5:11). Avec les mots: "Pour moi" Jusqu'à cette heure, nous souffrons la faim, la soif, la nudité; nous sommes maltraités, errants çà et là; nous nous fatiguons à travailler de nos propres mains; injuriés, nous bénissons; persécutés, nous supportons; calomniés, nous parlons avec bonté; nous sommes devenus comme les balayures du monde, le rebut de tous, jusqu'à maintenant. Ce n'est pas pour vous faire honte que j'écris ces choses; mais je vous avertis comme mes enfants bien-aimés. L'apôtre Paul a partagé ses expériences dans 1 Corinthiens 4: 11-14. D'un autre côté, Pierre a dit: " Si vous êtes outragés pour le nom de Christ, vous êtes heureux, parce que l'Esprit de gloire, l'Esprit de Dieu, repose sur vous (1 Pierre 4:14). Les gens peuvent se référer aux Chrétiens comme étant des hommes de Dieu, un petit père, un petit frère, un alléluia, etc. Le diable veut repousser les enfants de Dieu, cependant, cela fait partie de la vie chrétienne. L'Espagne, le pays où je vis, est très difficile à évangéliser. Un jeune homme dans l'église était toujours taquiné parce qu'il était chrétien. Cependant, il a prié pour eux et chaque fois qu'il a eu l'occasion de leur parler du Seigneur, il l'a fait; Sa persévérance a fait que deux d'entre eux viennent aujourd'hui aux réunions de l'église. C'est le témoignage de nombreux jeunes aujourd'hui.

Être du Christ signifie être fidèle à Lui-même quand on est persécuté. Les vitupérations sont des agressions verbales; mais il y a aussi des châtiments physiques auxquels nous devons rester fidèles. Actuellement, dans de nombreux pays, les chrétiens subissent des persécutions avec des blessures physiques et même la mort. La Bible dit que Daniel a trouvé des ennemis en adorant Dieu, et ils l'ont accusé d'avoir prié son Père céleste. Cela a conduit Daniel à être fait prisonnier dans une grotte avec des lions (Daniel 6). Dans le Nouveau Testament, Jean-Baptiste a été décapité pour avoir prêché la Parole de Dieu; les disciples ont aussi rendu témoignage de leur foi jusqu'à la mort. La deuxième partie de Matthieu 5:12 affirme que ceux qui ont venus avant Jésus sont un grand modèle de force et courage pour être fidèle avec Dieu.

3. Heureux ceux qui seront récompensés

Jésus a encouragé ses disciples : "parce que votre récompense sera grande dans les cieux" Matthieu 5 :12. La récompense vient être le gain, la prime, la récompense obtenue après l'effort. Tous les sportifs luttent pour une prime, quelques-uns à niveau de l'équipe, mais autres à niveau personnel. Pour les jeux de l'olympique les sportifs font un effort dans la formation journalière pour quatre ans avec l'objectif de gagner la médaille d'or. De là que l'apôtre Pablo a dit, "Tous ceux qui combattent s'imposent toute espèce d'abstinences, et ils le font pour obtenir une couronne corruptible; mais nous, faisons-le pour une couronne incorruptible" (1 Corinthiens 9:25). Alors, le chrétien fidèle qui supporte la souffrance pour être appartenu au Christ, aura une grande récompense dans le Royaume des cieux. L'apôtre Pierre a résumé ce sujet dans 1 Pierre 4:15-16. Souffrir pour le Christ est une souffrance bénie parce que si nous perdons la vie à cause de Lui, nous le gagnerons dans la vie éternelle (Matthieu 16:25). En Christ nous ne perdons pas; nous avons déjà une prime (Apocalypse 2:10). Nous avons déjà une récompense (Apocalypse 2:10).

Défi: Dis à ta classe: Après tout étudié, est-ce que tu te sens heureux? Quel prix as-tu reçu jusqu'à aujourd'hui? Repasse ta vie et réfléchis si tu as vécu une sorte de souffrance à cause de l'Évangile. Pendant la semaine, réfléchis et note les situations où tu as souffert pour le Christ. Si tu n'as pas souffert, écris un témoignage de gratitude et partage-le avec la classe lors de la prochaine réunion.

La souffrance

Avertissement

Avant de commencer la leçon, demandez si quelqu'un a apporté son témoignage de remerciement et laissez-le partager s'il le souhaite.

Accepter

Objectif: Que l'élève apprenne à supporter la souffrance patiemment.

Pour mémoriser: *Le Dieu de toute grâce, qui vous a appelés en Jésus Christ à sa gloire éternelle, après que vous aurez souffert un peu de temps, vous perfectionnera lui-même, vous affermira, vous fortifiera, vous rendra inébranlables.* 1 Pierre 5:10

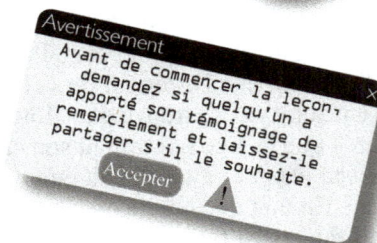

Connecter · Télécharger

Dynamique d'introduction (12 a 17 ans).

- Matériaux: Avis avec les lettres du mot souffrance. Coupures de presse sur les guerres, les meurtres, les catastrophes naturelles, etc…
- Instructions: Formez des groupes et donnez à chacun les lettres du mot "souffrance" mélangées et une coupure de journal. Ils doivent ordonner aux lettres de découvrir le mot et ensuite expliquer à leur tour, selon les nouvelles reçues, les effets causés dans la vie des personnes impliquées. Guidez les étudiants à comprendre que la souffrance est quelque chose qui affecte à tous dans le monde entier. Indépendamment de l'âge, du sexe ou de la race.

Dynamique d'introduction (18 a 23 ans).

- Matériaux: Coupures de journaux concernant les guerres, les meurtres, les catastrophes naturelles, etc...
- Instructions: Groupes de formulaires. Mettez chaque coupe dans une enveloppe et demandez-leur d'en choisir une au hasard. Une fois qu'ils ont les nouvelles, ils devraient les lire et ensuite partager avec toute la classe les effets produits par les personnes qui ont vécu cette situation.

Analyser l'effet de cause de certaines situations telles que la guerre, la sécheresse, les catastrophes naturelles, etc. et l'effet qu'elle a sur la vie de nombreuses personnes.

Connecter · Télécharger

La souffrance est une émotion, une réaction à quelque chose qui nous a causé de la douleur et qui peut se manifester par des pleurs, de la dépression, de la mélancolie, de la colère, etc. La souffrance est la réponse à une circonstance qui affecte directement une personne et produit un sentiment de perte, de frustration ou de douleur. Par exemple, une maladie, une déception, une injustice, produit une très grande douleur interne. Ce n'est pas quelque chose de physique, c'est un sentiment qui envahit notre être. Il y a différentes façons de faire face à la souffrance, cela dépend de la situation produit, le tempérament de la personne et surtout la relation qu'il a avec Dieu.

L'importance de la souffrance dans la vie chrétienne ne peut être minimisée. Ne pas se concentrer correctement peut sérieusement affecter la foi d'une personne.

1. Souffrir sans Christ ou avec Christ

Écrivez les cites bibliques suivantes sur papier et donnez-les aux élèves, puis demandez-leur d'expliquer chaque situation: Luc 22: 47-48; Luc 22: 55-61; Marc 14:50.

Jésus savait que cela arriverait. Dans Jean 16: 32-33, nous lisons que Jésus s'exprimait avec ses disciples après le dernier souper, juste avant d'être livré à sa crucifixion. Demandez: D'après le passage: Quelle serait la situation de Jésus? Les disciples le laisseraient tranquille. Quelle était la confiance que Jésus avait? Jésus avait confiance que le Père serait avec lui, quel avertissement donnait-il à ses disciples? Jésus a averti ses disciples qu'ils seraient dispersés et qu'ils seraient affligés. Comment les avez-vous encouragés? Jésus les a encouragés en leur disant de faire confiance parce qu'il a vaincu le monde.

Jésus a dit à ses disciples que les choses ne seraient pas faciles, qu'ils devraient faire face à la souffrance mais qu'ils devraient avoir la confiance que Jésus serait à leurs côtés. Comme Jésus a gagné, nous pouvons aussi gagner.

Paul dans ses lettres a également encouragé l'église à rester malgré la souffrance. Demandez-leur de lire 2 Corinthiens 1: 3-6 et demandez: Combien de fois le mot consolation ou un dérivé de celui-ci est-il répété dans 2 Corinthiens 1: 4 (Version King James)? Ce mot apparaît quatre fois. Quel est le sens de la consolation? C'est pour soulager la douleur ou la souffrance d'une personne. Qui était la source de consolation pour Paul? Dieu était la source de consolation pour lui. Quelle était la raison pour laquelle Dieu consola Paul? Dieu le consola afin qu'il puisse consoler les autres.

Paul a encouragé l'église en leur disant que malgré la souffrance qu'ils ont soufferts à cause des problèmes qu'ils rencontraient, Dieu était fidèle et pouvait les aider à faire face à la douleur.

Pour différentes raisons, nous allons faire face à la souffrance dans nos vies, Jésus a averti ses disciples et Paul a encouragé l'église. Dieu est conscient de chaque situation qui nous arrive.

Dans son amour infini, il veut nous aider et nous réconforter quand nous souffrons, mais c'est notre décision de porter ce fardeau avec Lui ou sans Lui.

Il peut falloir du temps pour que les réactions des chrétiens et des non-chrétiens soient confrontées à la souffrance. Y a-t-il une différence?

2· Pouvons-nous réjouir dans la souffrance?

Maintenant nous verrons quelques passages pour comprendre ce que devrait être notre attitude face à la souffrance.

Lisez Romains 5: 3-5. Demandez: Quelle était l'attitude de Paul face à la souffrance? Paul était content. Qu'est-ce qui produirait la souffrance ou la tribulation? La souffrance et les tribulations produiraient de la patience et de l'espoir. Paul fit face à la souffrance en croyant que sa foi allait grandir. Il savait qu'à travers ces situations difficiles, Dieu l'aiderait à grandir et à mûrir dans sa vie chrétienne. Demandez: Pourquoi croyez-vous que, par la souffrance, vous pouvez mûrir dans la foi chrétienne? Guidez-les avec les questions suivantes: Quelle peut être notre attitude face à la souffrance? Amertume, haine, ressentiment, manque de foi, espoir, anxiété, joie, etc. En même temps, cela peut être le moment de demander plus d'aide à Dieu, de trouver du réconfort dans la lecture de la Bible, de passer plus de temps à prier, etc. L'attitude que nous adopterons sera celle qui fera la différence dans nos vies.

Lisez 2 Corinthiens 4: 8-10 et demandez-leur d'écrire sur le tableau le contraste des mots qui apparaissent dans ces versets.

Nous sommes pressés de toute manière / mais non réduits à l'extrémité; dans la détresse / mais non dans le désespoir; / persécutés / mais non abandonnés; abattus / mais non perdus; / portant toujours avec nous dans notre corps la mort de Jésus, afin que la vie de Jésus soit aussi manifestée dans notre corps.

Les tribulations, les problèmes, la persécution ou la défaite peuvent produire beaucoup de souffrance dans la personne. Cependant, Paul dit qu'au milieu de cela, par la grâce de Dieu, pas de soi-même (2 Corinthiens 4: 7) nous pouvons surmonter.

3· Découvrir le but de Dieu dans la souffrance

Jacques 1: 2-4 affirme que les épreuves dans nos vies produisent de la patience. Le mot patience peut aussi être interprété comme de la persévérance. Nous y parviendrons si, en tout temps, nous cherchons Dieu de toutes nos forces, en lui faisant confiance et en espérant en sa volonté.

Cette persévérance, cette fermeté, cette décision de suivre la foi malgré cela, est ce que Dieu veut produire dans nos vies à travers la souffrance. La façon la plus courante de tester la pureté de l'or est de soumettre un morceau d'or à un feu intense pour le faire fondre. Cela montrera le mélange de composés chimiques supplémentaires que vous avez. De cette façon, vous pouvez isoler l'or d'eux et avoir une pièce raffinée et plus pure du métal précieux. De la même manière que cela arrive dans notre vie, lorsque nous faisons face à des situations qui nous causent de la souffrance, Dieu peut nous aider à voir en nous-mêmes certaines impuretés que nous avons encore et par Sa grâce nous purifier et nous purifier pour nous rendre meilleurs.

Dans 1 Pierre 5: 10-11, nous pouvons trouver quatre choses que Dieu veut faire dans nos vies. Demandez à vos élèves de lire le passage et de les trouver. Puis parlez de chacun d'eux. Perfection: Continuez le travail qui a commencé dans nos vies. Nous nettoyer des impuretés qui nous empêchent.

Révisez/Application:
Maintenant, lisez 1 Pierre 5 :10 et trouvez quatre choses que Dieu veut faire dans nos vies à travers la souffrance, expliquez chaqu'une d'elles (Répondez individuellement et ensuite discutez comme une classe si les gens sont confortables):

1. Nous perfectionne (Compléter son œuvre dans nos vies.)

2. Nous affirme (Nous rendre plus de fermes dans la foi.)

3. Fortifier (Nous rendre plus fort dans la foi.)

4. Nous établir (Nous aider à résister jusqu'à la fin.)

Défi:
Dis à ta classe: Présente au Seigneur dans la prière toute situation difficile à laquelle tu fais face. Choisis l'une des citations bibliques étudiées aujourd'hui et considère-la comme une promesse pour ta vie. Tu peux le partager avec une personne qui traverse une période de souffrance.

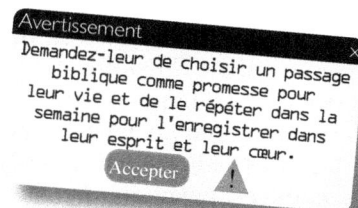

Avertissement
Demandez-leur de choisir un passage biblique comme promesse pour leur vie et de le répéter dans la semaine pour l'enregistrer dans leur esprit et leur cœur.
Accepter

Le discrimination

Objectif: Que les étudiants vivent l'égalité de traitement et les droits établis pour tout le peuple, comme Dieu le fait, sans acception des personnes.

Pour mémoriser: *Mes frères, que votre foi en notre glorieux Seigneur Jésus Christ soit exempte de toute acception de personnes.* Jacques 2: 1

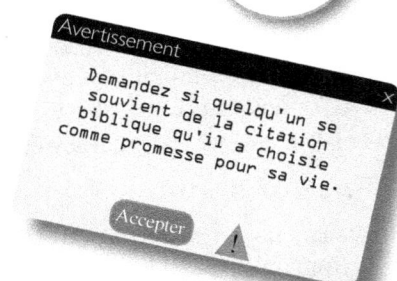

Avertissement
Demandez si quelqu'un se souvient de la citation biblique qu'il a choisie comme promesse pour sa vie.

Accepter

Connecter | Télécharger

Dynamique d'introduction (12 a 17 ans).

- Matériaux: Tableau et marqueurs.
- Instructions: Divisez le tableau en deux colonnes et écrivez dans chacune le nom de deux équipes. Les étudiants doivent choisir deux leaders. Chaque leader devrait choisir une colonne et y inscrire les noms de cinq personnes qu'ils souhaitent faire partie de leur équipe, en pensant à une activité présumée qu'ils vont effectuer dans la classe. Les noms peuvent être répétés sur chaque équipe. À la fin, demandez-leur de mentionner les raisons pour lesquelles ils ont choisi ces personnes (taille, force, intelligence, charisme, etc.). Commencez la classe en disant que tout le monde, d'une manière ou d'une autre, peut discriminer les gens.

Dynamique d'introduction (18 a 23 ans).

- Matériaux: Feuilles blanches, stylos et tableau.
- Instructions: Demandez aux jeunes d'écrire leur "équipe idéale" sur une feuille, en pensant à une activité suggérée à réaliser en classe (par exemple, concours de connaissances bibliques, course à relais ou compétition de force). Chaque "équipe idéale" doit avoir cinq membres et doit être présente dans la classe.

Ensuite, chacun va apprêter la feuille sur le tableau. Évidemment, certains noms vont se répéter et vous pouvez leur dire que tout le monde a tendance à faire de la discrimination dans nos sociétés. Et les chrétiens devraient faire attention à cela, parce que c'est une question à laquelle Dieu est très intéressé à nous transformer.

Connecter | Télécharger

La discrimination, selon le Dictionnaire de la langue espagnole (ESPASA CALPE: 2006), a deux significations: Le premier signifie que nous faisons la sélection excluant; c'est-à-dire que nous décidons de certaines actions ou de certaines personnes qui rejettent celles qui ne répondent pas à nos attentes. Et le second sens renvoie à donner un traitement d'infériorité à une personne ou un groupe pour des raisons raciales, religieuses, politiques, etc. Quelque chose que le dictionnaire ne dit pas, mais que l'on peut deviner en lisant est le fait que le premier peut nous conduire à la seconde. En tant que chrétiens, nous devons veiller à ce que nos attitudes ne nient pas le message essentiel du christianisme: amour.

L'amour n'est pas une question théorique et romantique de notre religion, mais le mandat le plus radical de notre Seigneur Jésus-Christ, qui nous demande d'être déterminants dans notre vie quotidienne.

1. L'amour ne permet pas le favoritisme

La Bible dit "la foi chrétienne ne devrait pas conduire au favoritisme" (Jacques 2: 1, NVI). L'amour est l'un des attributs de Dieu et était le message essentiel de Jésus. Les actions et les décisions du Christ en faveur de l'humanité ont été remplies par l'amour parfait de Dieu.

Les clous et les liens ne gardaient pas Jésus sur une croix; mais son amour pour nous (Jean 3:16).

La Bible réitère que Jésus n'a pas donné sa vie seulement pour certaines personnes, pour la race juive ou pour ceux qui étaient proches de sa terre, mais pour toute l'humanité: "Dieu a tant aimé le monde" (Jean 3:16).

Toutes les personnes sont incluses dans ce message d'amour haut ou court de taille, peau brune ou blonde, cheveux longs ou rasés, minces ou robustes, petits ou grands, personnes âgées ou enfants, jeunes ou adultes, bébés, femmes et hommes. Peu importe le statut social, politique ou économique, chacun d'entre nous qui habitons ce monde dans l'histoire de l'humanité (passé, présent ou à venir), sans exception, nous sommes inclus dans l'acte parfait d'amour de Dieu.

L'amour de Dieu ne permet pas le favoritisme. Quand Dieu a donné la promesse à Abram, il a dit que "toutes les familles de la terre seront bénies" (Genèse 12: 3). En lisant les Écritures, nous pouvons comprendre que l'amour de Dieu n'est pas réduit à une nation ou à une tribu, mais à tous les hommes (Joël 2:32, Romains 10: 11-13).

2. La Grande Comission de Jean

La "grande commission" donnée par le Christ se trouve aussi dans Jean "Comme le Père m'a envoyé, ainsi je vous envoie" (Jean 20:21).

La pleine révélation de Dieu est par Jésus-Christ. Toutes les questions sur ce qu'est Dieu, quelle est sa volonté concernant telle ou telle question, quelles sont les choses que Dieu attend de nous, quels sont les bénéfices que nous obtenons quand nous sommes en Lui, quelles sont les exigences que dois-je faire pour être sauvé?, et toutes les autres questions, sont résolues quand nous voyons en Christ la révélation parfaite de Dieu. Dieu est amour, et le message le plus puissant de Christ est l'amour. Le centre de l'Évangile selon Jean est l'amour que le Christ offre à tous, indépendamment de leurs conditions. Dans Jean 3, il offre le salut à un expert pharisien reconnu dans la Loi; dans Jean 4, une femme de Samarie qui n'avait pas une réputation digne dans son contexte social, et dans Jean 8, une femme adultère et embarrassée pour avoir été surprise même d'adultère à la fois. Dans les trois cas, le message essentiel est que tous les gens peuvent être des salves quand ils naissent encore dans l'amour de Dieu, sans que les conditions sociales, politiques ou religieuses se soucient (conditions qui font que ce peuple le discrimine). Le Christ est venu pour nous rappeler que la volonté de Dieu est l'amour, un amour inclus à tous les gens dans la société, un amour radical qui défie la méchanceté et il met fin avec la haine.

Jésus nous envoie avec ce même amour qui n'autorise pas la discrimination de gens.

3. Au revoir à la discrimination

L'amour de Dieu a été répandu dans nos cœur (Romain 5:5) et cela ne permet pas que nous excluons des gens, et beaucoup moins que nous leur donnons un traitement discriminatoire.

Tous les gens ont été créés par le même Dieu et en fin, nous sommes égaux. Si quelques-uns minimise encore une personne ou un collectif, c'est possible que l'amour de Dieu n'a pas complètement été répandu en lui, parce que cet amour nous éfforce à aimer des gens, les pardonner, les inclure et les regarder comme égal dans nos cœurs. Nous sommes tous mêmes! Cela implique, à seulement nous ne sommes pas donnés le droit lui-même, mais plutôt nous devrions être aussi sans discrimination, femmes, mâles, enfants, vieux hommes, adolescents, jeune, pauvre, riche, beau ou laid, dans la vie chrétienne ne devraient pas avoir de différences (Galates 3:26-29).

La Bible nous dit aussi que nous n'avons pas un plus haut concept de nous (Romains 12:3), mais plutôt nous sommes humbles (Jacques 4:6; 1 Pierre 5:5). Si quelques-un de nous ne vit pas encore l'humilité, ne vous inquiétez pas! Parce qu'il y a la solution: L'amour de Dieu peut répandre dans votre cœur à travers le Saint-Esprit.

Dans la "Grande Commission" de Jean, Jésus a dit qu'il n'a pas seulement envoyé ses disciples comme Dieu L'avait envoyé, mais dans cet envoi inclus la présence du Saint-Esprit dans leurs vies (Jean 20: 21-23).

Sans aucun doute, la clé pour aller au monde et accepter l'envoi de Jésus-Christ est de remplir du Saint-Esprit. Entrer dans le monde implique d'aller à tous ceux qui ont besoin de Jésus. Nous ne pouvons pas vouloir atteindre les autres, aussi bien intentionnés soient-ils; mais nous comprenons l'obstacle que constitue la discrimination pour atteindre les autres.

Le remplissage du Saint-Esprit n'est pas quelque chose qui est réduit à l'émotionnel, mais une présence qui a à voir avec un profond changement de vie; ce changement de valeurs que Dieu apporte à nos vies lorsque nous suivons Jésus-Christ de près. "Recevoir le Saint-Esprit" était une expérience spéciale des disciples, une expérience que tous les disciples de Jésus partageraient à partir de la Pentecôte (Actes 2) et à travers toutes les générations.

Pour faire des œuvres d'amour, pour vivre dans l'amour, un amour qui ne discrimine personne, nous avons besoin de l'expérience d'accomplissement fournie par l'Esprit de Dieu. Ce n'est pas avec notre force, mais au nom de Jésus! Encourageons-nous à prier demander à Dieu de nous remplir de son Esprit, afin qu'il nous aide à aimer tout le monde, ne pas choisir d'exclure, ne pas sélectionner uniquement ceux qui répondent à nos intérêts, ne pas minimiser les gens qui ne sont pas de notre culture ou qui ne partagent pas nos croyances.

Révisez/Application: Donnez-leur le temps de répondre honnêtement aux questions suivantes et, en fin de compte, de les motiver à prendre une décision sur le sujet pour le dire dans la prière. Répondez individuellement et ensuite discutez comme une classe si les gens sont confortables:

DISCRIMINATION

1. Quelles sont les raisons les plus courantes?
2. Qu'est-ce que Jésus-Christ attend de moi en matière de discrimination?
3. Que suis-je prêt à faire pour commencer à aimer tout le monde?

Défi: Dis à ta classe: Pense à la semaine dans les endroits que tu fréquentes (école, travail, université, quartier, etc.). Pense ensuite à qui tu fréquentes et à qui tu ne le faisais pas. Analyse s'il y a une discrimination à l'égard de ceux avec qui tu n'entrais pas en relation et demande au Seigneur de t'aider à changer.

La Justice sociale

Objectif: Que l'élève applique la justice sociale dans ses relations interpersonnelles.

Pour mémoriser: *Tu ne commettras point d'iniquité dans tes jugements: tu n'auras point égard à la personne du pauvre, et tu ne favoriseras point la personne du grand, mais tu jugeras ton prochain selon la justice.* Lévitique 19:15

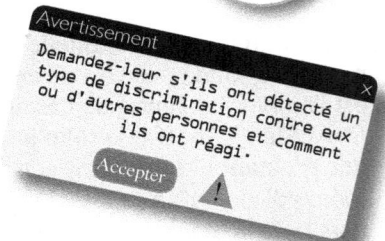

Avertissement

Demandez-leur s'ils ont détecté un type de discrimination contre eux ou d'autres personnes et comment ils ont réagi.

Accepter

Connecter | Télécharger

Dynamique d'introduction (12 a 17 ans).
- Matériaux: Bonbons, ou quelque chose de riche en nourriture à partager avec la classe.
- Instructions: Livrez la nourriture que vous avez apportée seulement à une partie de la classe, ce ne peut être que des femmes ou des hommes ou des mineurs ou des aînés. Puis demandez-leur de manger ce qui leur a été donné. Enfin, demandez-leur de partager ce qu'ils ont tous ressenti. A la fin des commentaires, partagez ce que vous avez apporté avec le reste de la classe.

  Il est important que l'élève comprenne qu'il doit y avoir équité dans tout ce que nous faisons.

Dynamique d'introduction (18 a 23 ans).
- Matériaux: Tableau et marqueurs.
- Instructions: Demandez-leur d'écrire au tableau des mots qui leur viennent à l'esprit lorsqu'ils entendent le mot justice sociale. Dressez ensuite la liste des principaux problèmes sociaux de votre communauté qui peuvent être causés par l'injustice. L'élève doit comprendre le besoin d'être conscient des injustices qui nous entourent.

Connecter | Télécharger

La justice sociale est un concept moderne. Il a été développé dans le contexte de la société industrielle qui avait comme un de ses effets négatifs la polarisation des classes. Ce modèle de société a ouvert l'écart entre ceux qui ont beaucoup et ceux qui n'ont rien. Le concept de justice sociale fait référence à la tentative d'équilibrer la distribution des ressources et des biens dans une société. Il est vrai que les disparités sociales ont été constantes tout au long de l'histoire. Cependant, avant que ce concept de justice sociale ne soit utilisé, on ne parlait que de justice. Le social a à faire avec le concept moderne de la société et se produit jusqu'au XIXe siècle.

Plus d'un terme dans la Bible est un état d'équité entre les êtres humains. Dieu Lui-même est juste et Sa révélation à Israël a donné une série de normes et de comportements qui reflètent sa justice. Ces normes reflètent très bien ce qui est maintenant compris comme justice sociale.

1. La justice de Dieu

La révélation de la justice de Dieu à Israël est visible dans tout l'Ancien Testament. Dans Lévitique 19: 10-18, il y a une série de normes que Dieu a données aux gens pour diriger leurs relations. En elles, nous pouvons observer quelques questions fondamentales qui s'appliqueraient très bien au concept de justice sociale tel que nous le comprenons aujourd'hui. Dans ce passage, il y a plusieurs pratiques négatives qui sont injustes de la perspective divine. Oppression, le vol, la retenue de leurs salaires (v.13), la discrimination envers les personnes handicapées (v.14), la corruption des procédures judiciaires et de favoritisme dans les tribunaux (v.15), médisance et la tentative contre la vie du prochain (v.16), ne sont que quelques exemples de l'injustice contre laquelle le Seigneur met en garde. Esaïe 58: 6-7 le prophète parle pour dire que le vrai jeûne est de briser les chaînes de l'injustice, de défaire les charges d'oppression, libérér les opprimés, rompre le pain avec l'affamé, fournir un abri aux pauvres et vêtir ceux qui sont nu. Bien que ces passages aient été écrits il y a plusieurs siècles, ils sont toujours valables partout. Ces règles de coexistence sont utiles pour établir la justice sociale.

Dans le Nouveau Testament, nous trouvons que Jésus a établi des comportements qui ont favorisé la justice parmi ses disciples. Dans Matthieu 20: 25-26, après la demande de Jacques et Jean, le Christ a enseigné que les gouverneurs des nations gouvernent et les grands exercent l'autorité (V.25), mais mis en garde contre cela ne devrait pas être parmi eux donc, s'il voulait devenir grand, il devrait être un serviteur de tous (v.26).

La logique du monde fonctionne dans la direction opposée à l'évangile. Dans le monde, le pouvoir et la domination reposent sur l'argent et le contrôle des lois. Dans de nombreux cas, la justice est subordonnée à ces intérêts, causant le bien-être de certains et la misère de beaucoup. Bien que la justice dans les termes proposés soit une question transversale dans la Bible, de nombreux groupes protestants sont loin de reprendre l'attitude prophétique qui évoque cette justice. Autrement dit, nous sommes loin de dénoncer l'injustice qui frappe fortement dans notre environnement social. Nous adoptons une attitude spiritualiste face aux problèmes sociaux en attendant qu'un miracle se produise sans bouger le petit doigt. Dieu ne bougera pas un seul doigt pour résoudre quelque chose qui est entre nos mains.

2. La Culture prophétique

Les prophètes ont constamment appelé à la repentance d'un comportement injuste. Cette repentance n'était pas seulement une conversion du cœur, c'était une conversion intégrale qui incluait les relations sociales. Le cas du prophète Amos est fascinant. Il a prophétisé pendant le règne de Jéroboam II (Amos 1: 1). À cette époque, Israël jouissait d'une grande richesse et d'une prospérité économiques et politiques très élevées (4:11, 5:12 et 8: 4-6). Cependant, cette prospérité était basée sur l'injustice et la sape des pauvres. C'était la véritable racine de la punition que Dieu a mis sur les lèvres d'Amos.

Dans ces passages, nous trouvons une liste d'arbitraire et d'injustice. L'oppression, l'effondrement, la corruption de la justice au détriment des pauvres, l'exploitation, l'escroquerie et la tromperie sont des comportements qu'Amos a soulignés. Voyant cela, Dieu intervint pour la justice et la cause des pauvres et dit: "Ainsi parle le Seigneur: Pour trois transgressions d'Israël, et pour quatre je ne révoquerai pas son châtiment; parce qu'ils ont vendu pour de l'argent aux justes, et aux pauvres pour une paire de chaussures. Ils foulent à la poussière de la terre les têtes des impuissants et déforment le chemin des humbles" (Amos 3: 6-7a). C'est une déclaration que Dieu a faite dans la situation socialement injuste.

La réalité de nos pays d'Amérique latine n'est pas différente. En tant que chrétiens, nous sommes appelés à cultiver et à proclamer une attitude prophétique. Il est de notre devoir de traiter les gens équitablement et de se battre pour eux. Il y a des problèmes sociaux tels que l'exploitation, la traite des enfants, la maltraitance des migrants, l'impunité riche et puissante avec des poches pleines d'argent, les propriétaires d'organisations et d'entreprises qui minent l'environnement.

3. La justice est le fruit de notre foi

Quelqu'un pourrait argumenter que cette attitude de confrontation contre l'injustice est très particulière à l'Ancien Testament, que maintenant les choses sont différentes avec la nouvelle alliance. Mais dans le Nouveau Testament nous trouvons quelques directives pour assumer une attitude prophétique. La justice est un fruit qui résulte de notre marche avec Christ. Nous ne pouvons pas faire semblant d'être ses disciples si nous agissons comme Lui. Jacques, qui marchait en étroite collaboration avec Jésus et a appris à se comporter aussi bien. Il a écrit à l'église l'importance de refléter avec les œuvres le fruit de notre foi. Et cela doit être compris dans sa dimension, il ne s'agit pas seulement de travaux caritatifs ou d'assistance. Il s'agit d'agir pro-activement, c'est une identification dans laquelle nous nous approprions la souffrance des autres. Comme Jésus a fait avec nous. Jacques nous exhorte à avoir un traitement juste et équitable entre ceux qui nous entourent. Dans son épître, il a souligné l'attitude injuste des riches (Jacques 2: 1-6). Dans 5: 1-5 Jacques dépassé sa position et mettre en bénéfices néant accumulés riches parce qu'ils nuisaient travailleurs et a dit que l'âme d'entre eux a été entendu par le Seigneur (v.4).

Pourquoi insister sur cette polarité entre riches et pauvres? D'abord parce que c'est une question biblique et ensuite parce que cette polarisation sociale est la racine de l'injustice sociale. C'est un fait qui existe avant que Christ soit parmi nous et nous devons en parler.

4. Jésus, chevalier de la justice

Depuis la naissance de Jésus, il était possible d'observer sa justice et son message face à l'injustice. Dans Luc 1: 52-53, la bonne nouvelle de l'Evangile est énoncée. Dans le contexte de la naissance de Jésus, l'Evangile dit: "... Il a renversé les puissants de leurs trônes, Et il a élevé les humbles. Il a rassasié de biens les affamés, Et il a renvoyé les riches à vide". Jésus avait une identification complète avec les dépossédés, et même le message de sa naissance a été reçu par les pasteurs humbles. Dans son apparition publique, Jésus a énoncé sa fonction sociale (Luc 4: 18-19). Cette année agréable est le jubilé de Lévitique 25 dont la caractéristique principale est l'équité entre les êtres humains. Demandez: Comment allons-nous faire pour pratiquer la justice sociale? Y a-t-il quelque chose que nous pouvons faire de façon individuelle? Y a-t-il quelque chose que nous pouvons faire en tant que groupe?

Révisez/Application: Répondez aux questions et discutez-en en classe.
1. Quels sont les péchés pour lesquels Dieu blâme Israël selon Amos 5.12? (Bafouer les justes, corrompre ou dénigre et perdre la cause des pauvres.)
2. Comment doit-être l'accord entre les disciples de Jésus? (Servir les uns les autres.)
3. Comment peut-on éviter la distinction en traitant les gens de l'église? (Saluant et traiter à tous également, indépendamment de leur apparence ou de leur statut social.)
4. Comment Jésus aborderait-il une personne nécessiteuse pour venir à l'église? (Il l'accueillerait à bras ouverts et ferait attention.)
5. Comment pourriez-vous travailler en tant que classe de jeunes pour construire la justice sociale? (D'abord, traite-nous équitablement, hommes et femmes. Respecter les différents points de vue et aider les autres dans leurs activités et leurs tâches.)

Défi: Dis à ta classe: Dans la semaine, fais beaucoup d'attention à ce qui se passe autour de toi. Si tu constates une injustice dans ton école, ton lieu de travail, ta famille ou ton église, cherche le moyen d'intervenir pour que cette situation s'améliore. Partage ce qui s'est produite dans la prochaine réunion.

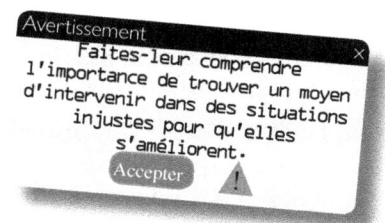

Avertissement
Faites-leur comprendre l'importance de trouver un moyen d'intervenir dans des situations injustes pour qu'elles s'améliorent.
Accepter

Le chrétien et le droit civil

Leçon 12
Leticia Cano • Guatemala

Objectif: Que l'étudiant respecte les lois et les autorités civiles, car de cette façon il plaît à Dieu.

Pour mémoriser: *Que toute personne soit soumise aux autorités supérieures; car il n'y a point d'autorité qui ne vienne de Dieu, et les autorités qui existent ont été instituées de Dieu.* Romains 13: 1

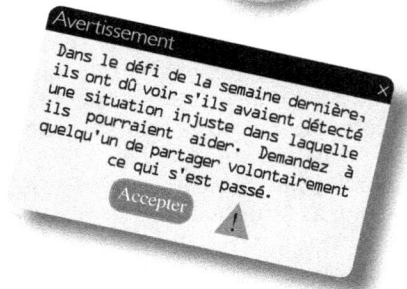

> **Avertissement** ✕
> Dans le défi de la semaine dernière, ils ont dû voir s'ils avaient détecté une situation injuste dans laquelle ils pourraient aider. Demandez à quelqu'un de partager volontairement ce qui s'est passé.
> **Accepter** ⚠

Connecter | Télécharger

Dynamique d'introduction (12 a 17 ans).

• Instructions: Demandez à deux ou trois jeunes qu'ils représentent le cas suivant: "Le propriétaire d'une entreprise ne s'étend pas d'échapper facture d'impôt, lorsqu'il a découvert, son entreprise est fermée et il doit payer un prix". Demandez aux élèves de commenter brièvement le cas. Briser la loi a des conséquences désagréables.

Dynamique d'introduction (18 a 23 ans).

• Instructions: Demandez à deux ou trois jeunes hommes qu'ils présentent le cas suivant: "Un jeune homme va à l'église conduisant un véhicule sans permis de conduire. Un policier l'arrête. Le jeune a offert un pot de vin pour le laisser aller, mais le policier au tribunal lui a imposé une punition plus significative d'avoir essayé de corrompre et de conduire sans l'autorisation due". Donnez du temps pour commenter. Briser la loi a des conséquences désagréables.

Connecter | Télécharger

1. La responsabilité d'obéir à Dieu

Désigne un élève de lire le passage correctement dans Luc 20: 19-26. Quand cela est arrivé au premier siècle de l'ère chrétienne, la nation juive était sous le pouvoir de l'Empire romain, qui les a statués et les taxes de charge. Jésus a ensuite donné une leçon claire sur la responsabilité de respecter les règles de la coexistence à la fois dans le social et religieux.

Nous honorons Dieu dans l'accomplissement de nos responsabilités. Quand les espions des pharisiens interrogent s'ils avaient raison de payer des impôts à l'empereur romain, le Seigneur a déclaré avec insistance qu'il était nécessaire de se conformer aux règles établies par les autorités qui ont gouverné le pays. Le christianisme est un style de vie intégral de la justice, peu importe où nous sommes (à la maison, à l'école, au travail, sur la route, partout). De plus, étant un chrétien ne justifie de ne pas respecter les règles et les lois de chaque pays, mais être un bon citoyen justifie soit à désobéir aux lois de Dieu. En fait, ils sont le point de départ de la législation de chaque endroit.

Le Seigneur Jésus a enseigné que, tout comme il est nécessaire d'obéir et de respecter les lois humaines, il est indispensable d'obéir à Dieu. Les lois sociales réglementent la coexistence humaine. La loi de Dieu régule notre relation avec Dieu et elle se manifeste dans les relations interpersonnelles. La Bible dit que Dieu aime l'obéissance plus que les sacrifices (1 Samuel 15:22).

Parfois, nous nous soumettons à l'autorité de la tête, enseignant ou parent, parce qu'il y a une motivation externe (salaire, qualification, la permission pour s'évanouir, etc.), mais pas parce que nous sommes convaincus que nous devons. L'obéissance chrétienne ne doit pas être effectuée pour l'engagement ou intérêt personnel, ou pour sauver la face, ou quand ils nous voient, mais pour plaire à Dieu (Ephésiens 6: 6 NVI).

2. Les autorités que Dieu a établies

Les autorités existantes dans tous les domaines doivent rendre compte de cette autorité qu'elles ont reçue. Lorsque nous choisissons nos autorités, nous sommes responsables de faire un choix raisonnable. D'autres fois, les autorités qui nous gouvernent n'étaient pas des choix, mais plutôt, nous les recevions (parents, enseignants, dirigeants). Dans les deux cas, nous avons le devoir de les respecter, même si parfois nous ne sommes pas d'accord avec leurs dispositions.

a. Le But d'avoir des autorités

Dieu a disposé les autorités afin d'établir l'ordre et le respect dans les différents groupes sociaux. Pouvez-vous imaginer vivre dans un endroit sans autorités? Ce serait le chaos total. Cela produirait ce que nous appelons l'anarchie.

C'est le rejet, l'opposition ou l'ignorance d'une autorité légitimement établie. À l'heure actuelle, nous vivons une atmosphère d'anarchie dans les différentes sphères de la société, parfois qui commence à la maison. Lorsque les parents n'établissent pas clairement leur position d'autorité et permettent à leurs enfants de refuser de leur obéir, cette attitude prend racine et se manifeste au sein de la famille et au-delà. L'individu anarchique, dans l'autorité opposée, est par essence opposé à l'autorité de Dieu.

De plus, si les parents eux-mêmes sont un exemple de violation des règles, leurs enfants l'apprendront sûrement. Il est dit que: "A l'entrée d'un parc d'attractions il y avait un signe qui disait" Valeur du revenu: Enfants de moins de six ans: 3,00 $. Enfants de plus de six ans: 5,00 $ ". Le directeur a demandé à un père l'âge de ses deux enfants. Il a répondu que le petit avait trois ans et le grand avait six ans. Le portier le gronda en disant: Pourquoi n'a-t-il pas dit que l'un avait trois ans et l'autre cinq? Il aurait sauvé deux pesos et personne ne le saurait! Le père a répondu: Mais ils le sauraient, Dieu et moi".

Avez-vous rencontré des amis ou des voisins qui ne respectent pas l'autorité de leurs parents ou de leurs enseignants? (vous pouvez partager quelques exemples). La désobéissance et la défiance sont plus évidentes aujourd'hui qu'il y a quelques décennies, parce qu'à la maison nous n'avons pas réussi à enseigner l'obéissance et le respect. Susana Wesley a recommandé ce qui suit: «Pour former l'esprit des enfants, la première chose à faire est de surmonter leur volonté et de les amener à un personnage obéissant. Le plus tôt dans leur vie est meilleur. Le monde estime en tant que genre et pardonner à ceux qui je qualifierais cruel en tant que parents, parce qu'ils permettent à leurs enfants d'avoir des habitudes qu'ils savent et qu'ils auront plus tard à surmonter (http://devocionalescristianos.org/2006/06/grupoministeriomujerlos.htm..

b. Quand les autorités sont injustes

La Bible dit que les autorités sont au service de Dieu. Cette phrase est quelque chose de difficile à accepter dans notre média, quand nos autorités civiles sont souvent impliquées dans des activités illicites, dans la corruption et même dans le crime organisé. Alors, comment pouvons-nous penser qu'ils sont au service de Dieu? Les autorités civiles ont été établies pour assurer le respect de la loi et la livraison correcte de la justice. Du bon ou du mauvais usage que chaque individu fait de l'autorité, il doit rendre compte à ses supérieurs et aussi à Dieu (Colossiens 4: 1 NIV). Si la personne qui a l'autorité l'utilise mal, cela ne nous justifie pas d'enfreindre la loi. Le péché d'un autre ne justifie pas le nôtre. Celui qui sème l'injustice le récoltera aussi.

3. La rétribution de nos actes

La rétribution est une loi naturelle, c'est la loi de cause à effet ou ce que la Bible nous enseigne la loi de l'ensemencement et de la moisson (1 Samuel 2:30). Quand celui qui a l'autorité est défié, il a tout le pouvoir d'appliquer la punition (Romains 13: 4-5). Si nous résistons à l'obéissance à l'autorité, nous devrons en subir les conséquences, la Bible nous dit que si nous faisons le mal nous recevrons la condamnation (Romains 13: 2), mais si nous faisons la bonne chose, nous aurons une bonne récompense.

Révisez/Application: Donnez-leur le temps de répondre honnêtement aux questions suivantes et, en fin de compte, de les motiver à prendre une décision sur le sujet pour le dire dans la prière. Questions pour la discussion de groupe. Diviser la classe en groupes de 5 personnes pour discuter des questions en 5 minutes. Ensuite, échangez un membre de chaque groupe pour partager ses opinions avec l'autre groupe et revenez pour discuter pendant encore 5 minutes. Puis écrivez les réponses parmi tous.

Voir les passages bibliques suivants (Ephésiens 6: 5-8 et Colossiens 3:25 et 4: 1) et répondez aux questions suivantes:
1. Si une personne avec autorité n'est pas chrétienne, devrions-nous lui obéir? (Oui ou non et pourquoi. Oui, nous devons obéir car, en le faisant, nous clarifions que nous sommes chrétiens. L'obéissance est indépendante de qui est la personne qui possède l'autorité.)
2. Si les actions de l'autorité sont injustes, pouvons-nous faire de même? (L'injustice des fonctionnaires ne nous autorise pas à agir de la même manière.)
3. Fréquemment, les fonctionnaires du gouvernement volaient les coffres de l'Etat, dans ce cas, devrions-nous payer des impôts? (Oui, nous devons toujours payer nos impôts, "... donnez à César ce qui est de César". Ensuite, nous ne pouvons pas exiger les services pour lesquels nous n'avons pas payé, comme la santé et l'éducation, etc.)
4. Si les autorités existantes ont été établies par Dieu, Dieu est-Il responsable du fait que certains fonctionnaires piétinent les citoyens qui abusent de leur pouvoir? (Non, Dieu n'est pas responsable du mauvais usage que les gens font de l'autorité reçue. Chacun fait usage de sa volonté d'agir et à partir de là il devra rendre compte et s'en tenir aux conséquences sociales et spirituelles.)

Défi: Dis à ta classe: Parle à tes parents ou à d'autres adultes du sujet d'aujourd'hui. Demande-leur en quoi les citoyens paient les impôts qu'ils investissent. Tu dois proposer dans ton cœur de payer tes impôts à l'endroit où tu habites et contribuer également avec tes dîmes et offrandes pour le soutien de ton église.

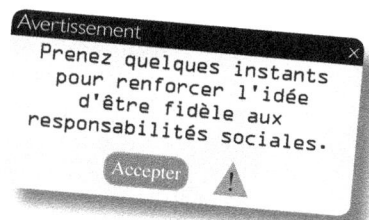

Avertissement ×
Prenez quelques instants pour renforcer l'idée d'être fidèle aux responsabilités sociales.
Accepter ⚠

Une famille moderne

Objectif: Que l'élève comprenne les qualités qui font qu'une famille est en bonne santé.

Pour mémoriser: *Nous qui sommes forts, nous devons supporter les faiblesses de ceux qui ne le sont pas, et ne pas nous complaire en nous-mêmes. Que chacun de nous complaise au prochain pour ce qui est bien en vue de l'édification.* Romains 15: 1-2.

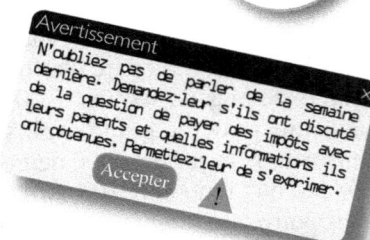

Avertissement

N'oubliez pas de parler de la semaine dernière. Demandez-leur s'ils ont discuté de la question de payer des impôts avec leurs parents et quelles informations ils ont obtenues. Permettez-leur de s'exprimer.

Accepter

Connecter | Télécharger

Dynamique d'introduction (12 a 17 ans).

- Matériaux: Une feuille de papier pour chaque élève et des crayons de couleurs.
- Instructions: Demandez à chaque élève de dessiner une photo de sa famille dans cinq minutes; À la fin, félicitez le travail de chaque jeune homme et (à ceux qui le souhaitent) permettez-leur d'expliquer leur œuvre d'art au reste du groupe.

Dynamique d'introduction (18 a 23 ans).

- Matériaux: Tableau et la craie, ou grand papier et crayon.
- Instructions: Diviser la carte en deux parties égales par une ligne verticale au centre et écrivez en grandes lettres "FAMILLE FONCTIONNELLE" d'un côté et "famille dysfonctionnelle" de l'autre. Demandez aux élèves de décrire certaines caractéristiques de chaque concept et écrivez-les sous chaque titre. Il est probable que les réponses d'un côté sont l'opposé de l'autre.

Connecter | Télécharger

Nous pouvons définir la famille comme un groupe de personnes liées entre elles par des liens de sang et qui vivent généralement sous le même toit. Dans la leçon d'aujourd'hui, nous allons étudier de plus près certaines dynamiques qui se produisent dans les familles et ce que la parole de Dieu nous conseille à ce sujet.

L'unité familiale est la base de la société dans laquelle nous vivons et de toute l'humanité. Au sein de la famille commence non seulement l'existence physique, mais aussi la formation du tempérament des enfants. L'influence de la famille ne peut être évitée. D'une part, c'est merveilleux parce que dans notre famille nous pouvons apprendre ce que signifie être aimé ou aimé inconditionnellement, ce qui est de partager des choses matérielles et aussi des moments inoubliables de joie et de plaisir. Inclusivement, la famille peut être un excellent groupe de soutien quand elle vit des moments difficiles de maladie, de perte, de stress ou d'affliction. Cependant, nous ne pouvons pas ignorer qu'il y a des familles dans lesquelles les qualités mentionnées ci-dessus sont absentes et cela peut causer les besoins émotionnels de leurs membres d'être insatisfaits, créant faible estime de soi et des difficultés physiques, émotionnelles, psychologiques, mentales et spirituelles.

1. Qu'est-ce qu'une famille dysfonctionnelle?

Le concept de "famille dysfonctionnelle" est nouveau, il est né au début de l'évolution des sciences sociales modernes (par exemple, psychologie et sociologie). Il est défini comme celui qui ne remplit pas son objectif de satisfaire le mieux possible les besoins physiques, socio-émotionnels et moraux-spirituels de ses membres. Cependant, dans la Bible, nous trouvons l'exemple d'une famille avec certaines caractéristiques qui ont causé sérieux problèmes à ses membres. Genèse 25: 27-28 raconte brièvement l'histoire de la croissance de deux frères jumeaux, Esaü et Jacob. Bien que jumeaux, ces deux garçons étaient très différents les uns des autres. Esaü était "un habile chasseur, un homme du champ" (Genèse 25:27), et on peut supposer qu'il était probablement physiquement très actif et un jeune homme déterminé, qui à un âge précoce pour passer du temps hors de sa tente (la demeure typique de cette époque) avec les hommes de la famille qui apprennent et pratiquent les secrets de la chasse. Au contraire, "Jacob était un homme tranquille, qui habitait dans des tentes" (Genèse 25:27); Avec cette description, nous pouvons supposer que Jacob était plus calme que son frère en termes d'énergie et qu'il préférait rester à l'intérieur. Il a certainement appris le ménage, la cuisine, le nettoyage, etc. Dans ces versets on ne nous dit pas que parmi eux il y aurait de la rivalité pour leurs différentes personnalités. Cependant, le verset 28 nous enseigne ce qui peut être la racine du problème: "Et Isaac aimait Ésaü ... plus Rebecca aimait Jacob".

Les parents de cette famille ont montré du favoritisme parmi leurs enfants et cela a causé des problèmes parmi les frères. Chaque fils et chaque fille veut être aimé à la fois par sa mère et son père, ne pas avoir l'appréciation de l'un d'entre eux peut être une cause d'insécurité et de faible estime de soi. Aussi dans le cœur des enfants, la jalousie et l'envie grandissent quand il y a ces différences.

Genèse 27: 6-19 raconte comment Rebecca, par ses sentiments de favoritisme, a péché contre Dieu en mentant. La bénédiction du droit d'aînesse était le droit du frère aîné d'une famille de recevoir plus de la moitié des biens matériels en héritage après la mort du père. Le mensonge de Rebecca symbolise le manque de respect et la loyauté envers son mari âgé, le manque d'affection maternelle pour son premier fils Esaü et un exemple négatif pour son fils Jacob. Bien que le piège de Rebecca et de Jacob ait fonctionné, il a apporté la tristesse et la désunion à sa famille.

2. Quels effets à une famille dysfonctionnelle?

Dans la famille d'Isaac et de Rebecca, le favoritisme et la tromperie ont de graves conséquences pour les parents et les enfants. Genèse 27:41, dit qu'Esaü "détestait" son frère jumeau, et partit pour le tuer. Jacob a dû fuir sa vie de famille pour échapper à la colère de son frère (Genèse 28). La haine, provoquée d'une certaine manière par la mère, a provoqué des conflits et une séparation de la famille. Par manque de sagesse Isaac et Rebecca, ont perdu leur fils cadet. Isaac, probablement éprouvé la colère et la méfiance contre sa femme en raison de la tromperie; la peur et le souci du bien-être présent et futur de leurs enfants, et enfin, l'impuissance et la culpabilité de ne pas avoir empêché la situation. Rebecca a probablement connu la peur à cause de la colère d'Isaac et des menaces de vengeance d'Esaü; la tension, l'anxiété et la solitude de son conflit avec Isaac et Jacob ont provoqué plus de culpabilité et de regret pour les résultats de leurs actions.

Dans Genèse 27:46, on dit que Rebecca avait même certaines pensées suicidaires quand elle pensait à l'avenir possible de son fils Jacob. Esaü a perdu son frère, qui aurait pu être d'une grande aide dans les moments difficiles et dans les responsabilités de la maison. Probablement, après sa colère et ses pensées de meurtre, il se sentait aussi concerné par le bien-être de son frère cadet et la tristesse de son éloignement. Ésaü a peut-être souffert de l'insécurité et de la faible estime de soi, alors qu'il éprouvait le rejet par sa mère du plan visant à lui retirer son droit d'aînesse. Finalement, Jacob, bien qu'il ait gagné le droit d'aînesse, devait vivre seul et n'avait pas l'amour et la compagnie de sa famille. Il avait peur de rencontrer son frère et vivait dans un pays lointain et avec une famille étrangère. Finalement il devait travailler pour sa subsistance, alors que dans la maison de son père il avait tous ses besoins.

3. Comment pouvons-nous avoir une famille en meilleure santé?

Une famille fonctionnelle est celle qui "travaille", qui remplit le but de répondre aux besoins, en particulier les besoins émotionnels de ses membres. La famille fonctionnelle ne doit pas être comprise comme une famille qui n'échoue jamais ou n'a aucune discussion. Cet état d'harmonie parfaite est impossible dans une famille composée d'êtres humains finis et imparfaits. Famille fonctionnelle ou en bonne santé, se caractérise par la capacité d'aimer d'une manière qui les pousse à agir et de travailler à rétablir des relations si une faute est commise; les besoins émotionnels des membres de la famille sont satisfaits la plupart du temps. Ce genre d'amour n'est possible qu'avec la présence de Dieu et de son Saint-Esprit dans nos vies.

Il y a deux caractéristiques spécifiques que nous pouvons mettre en évidence dans les familles fonctionnelles. Le premier est le respect et l'appréciation des membres de la famille, malgré les différences qui peuvent exister entre eux (la personnalité, l'apparence physique, ou les préférences individuelles et les goûts). Lorsque les familles sont capables de comprendre et d'accepter les différences et d'apprécier les qualités individuelles, elles peuvent former une équipe efficace. Chaque membre collaborera avec ses caractéristiques personnelles pour former une famille forte et efficace. On peut imaginer que si Isaac et Rébecca avaient apprécié les enfants pour leurs qualités individuelles, les enfants ont le sens unique et spécial, ils se sont efforcés de donner de leur mieux pour la famille et la famille étaient restés unis et une meilleure situation psychologique et même économique.

Deuxièmement, le pardon est la caractéristique clé pour une famille en bonne santé pour surmonter les problèmes naturels des relations interpersonnelles. Le pardon est la décision de ne pas continuer à blâmer une personne pour les dommages causés et de ne pas permettre au ressentiment de blesser notre propre cœur. Le pardon est une vraie libération pour les deux parties impliquées. Dans Genèse 33: 4, nous pouvons lire la merveilleuse histoire de la réconciliation de Jacob et Esaü. Finalement, le pardon a permis à l'histoire de se terminer "comme si rien ne s'était passé" depuis "et Isaac a expiré l'esprit, et est mort, et a été rassemblé à son peuple, vieux et plein de jours; Esaü et Jacob ont enterré ses fils "(Genèse 35:29). Nous voyons que les deux frères pouvaient éprouver la mort de leur père dans l'harmonie et le soutien mutuel; il est facile d'imaginer la joie ressentie par Isaac quand il les a vus réunis une fois de plus.

Révisez/Application:
Demandez-leur de remplir les cases suivantes en notant leurs idées sur la façon dont ils peuvent mettre en œuvre les caractéristiques d'une famille en bonne santé dans leur famille. (Adapté par des réunions Créatives, Spécialités Juvéniles, Editorial La vie).
Qu'est-ce que je peux faire…
- Pour apprécier ma famille de plus … (Écrire une petite note de remerciement à ma mère pour m'avoir préparé le diner.)
- Pour pardonner à quelqu'un dans ma famille ... (Traiter mon père avec respect même s'il ne me laisse pas sortir avec mes amis.)

Défi:
Dis à ta classe: Quel est ton point de vue sur ta famille? Penses-tu que tu peux être différent pour améliorer certains aspects de ta famille? Rappel-toi que l'idée de la famille est née du cœur même de Dieu et qu'il désire ardemment t'aider à profiter pleinement de la tienne. En cette semaine, réfléchis aux problèmes qui existent dans ta famille et à ce que tu peux faire pour les résoudre. Si tu sens que tout va bien, parles-en à ta famille.

Paix en plein d'orage

Objectif: Que l'étudiant reconnaisse que les crises dans la vie du croyant l'aident dans son développement et sa croissance spirituelle, car il y a de l'espoir que Dieu nous soutiendra à tout moment.

Pour mémoriser: *Vous aurez des tribulations dans le monde; mais prenez courage, j'ai vaincu le monde*. Jean 16:33

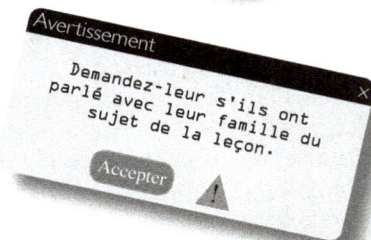

Avertissement
Demandez-leur s'ils ont parlé avec leur famille du sujet de la leçon.
Accepter

Connecter | Télécharger

Dynamique d'introduction (12 a 17 ans).

- Matériaux: papier, marqueurs ou crayons.
- Instructions: Formez deux groupes et demandez-leur de dessiner sur le papier deux ou trois images représentant des situations de crise (maladie, chômage, échec dans les examens, etc.). Ensuite, chaque groupe montrera leurs images et l'équipe adverse essaiera de déchiffrer l'image.

Cette dynamique aidera les élèves à méditer et à reconnaître les situations de crise.

Dynamique d'introduction (18 a 23 ans).

- Matériels: papier, crayons, ruban adhésif pour coller le papier au dos de chaque participant.
- Instructions: Demandez à chaque élève d'écrire sur un papier une situation qui représente une crise (divorce, chômage, maladie, etc.). Réunissez-les et puis collez un papier sur le dos de chaque élève, sans qu'ils puissent voir l'écriture sur leur dos. Demandez-leur d'avoir une conversation avec leurs camarades de classe en fonction de la situation de crise écrite sur le dos de leur partenaire. A la fin, chaque étudiant doit déduire ce qui est écrit sur son propre dos.

Cette dynamique permettra aux jeunes de réfléchir aux situations de crise auxquelles eux-mêmes ou d'autres personnes peuvent être confrontées.

Connecter | Télécharger

1. Face à la crise

Les crises sont liées aux changements dans la vie. Certains changements sont inévitables, d'autres se produisent en raison de situations externes que la personne ne peut pas contrôler. En tant qu'individus, nous ne pouvons pas contrôler le marché boursier, les banques, les employeurs, le chômage et la pauvreté pour arrêter une crise économique, nous ne pouvons pas prédire la mort ou la maladie, mais ce qui est entre les mains de chaque personne est la façon de traiter ces cas - des actions que nous ne pourrons jamais faire seules, sans plan d'action et bien sûr sans Dieu.

Présentez cette histoire imaginaire: "Les parents d'un jeune homme sont séparés après 25 ans de mariage. Les deux parents ont été chrétiens. La situation est triste et douloureuse. Cela devient pire parce que le père qui a fourni la maison quitte la maison. Les ressources économiques diminuent, le jeune doit travailler et laisser l'école pour aider à l'entretien de la maison. Ils doivent déménager dans une maison beaucoup plus petite. Ce jeune homme ne voit que l'abandon, la déception des proches et leur foi trouve pas la fermeté, tout a changé et pas pour le mieux!" Du point de vue psychologique, ce jeune homme peut avoir les conséquences suivantes tombent dans un état dépressif qui peut l'éloigner sa foi ou laisser l'école ou il peut chercher des moments instantanés de bonheur dans l'alcool ou la drogue. Il abritera des sentiments de colère et de rage contre le père et contre tous ceux qui vivent stables. Parlez avec vos élèves à ce sujet.

La façon de réagir face à ces crises dépend de chaque personne. Les attitudes à l'égard des crises habituellement sont: Désespoir, souffrance, la frustration, l'indifférence, l'apathie, la dépression, etc., parce qu'elles rompent l'attente de la stabilité que les êtres humains recherchent. À un certain point, c'est normal, mais ce n'est pas bien que ce soit permanent ou continu. Dans la Bible, nous trouvons des exemples de personnes qui ont fait face à des crises sans Dieu et les résultats n'étaient pas bons.

Le premier que nous mentionnerons est le roi Saul dans 1 Samuel 28: 5-15. Saül et son armée étaient menacés par les Philistins. Saül, à cause de l'état de désespoir, a pris de mauvaises décisions et a désobéi à Dieu.

Il a visité une diseuse de bonne aventure qui a prédit qu'il mourrait le lendemain à cause de l'attaque des Philistins. Saul était loin de Dieu, il n'avait aucun espoir.

Un autre exemple se trouve dans Jérémie 38: 17-28. Babylone a envahi Juda et assiégé Jérusalem. Les Juifs ont été asservis par les Chaldéens. Le roi de Juda, Sédécias ne mis pas sa confiance en Dieu et sachant que Jérusalem serait prise par les Chaldéens par l'échec et désespéré défaite.

2. Faire face à la crise avec le Christ

Les crises sont inévitables. Mais l'espoir peut s'y loger si la personne s'accroche à la main de Dieu. Dieu est la différence totale pour que nos vies prennent plus de valeur et de sens même au milieu des crises. On ne peut pas affirmer que Dieu envoie une crise, parce que beaucoup sont causés par notre humanité. C'est l'être humain qui prend une décision égoïste et affecte les autres. Dieu dans sa toute-puissance permet à ceux-ci des situations, cela ne signifie pas qu'il a abandonné l'être humain.

Dans 1 Corinthiens 10:13, il est dit " Aucune tentation ne vous est survenue qui n'ait été humaine, et Dieu, qui est fidèle, ne permettra pas que vous soyez tentés au delà de vos forces; mais avec la tentation il préparera aussi le moyen d'en sortir, afin que vous puissiez la supporter". Dieu permet des moments difficiles mais en même temps il nous donne la sortie et le soutien pour continuer.

Job, est un exemple d'une vie victorieuse au milieu des difficultés. Le livre de Job est un guide sur la façon de faire face à l'adversité restant et reconnaître Dieu comme le préservateur de l'univers et la vie humaine. Job a enseigné que la confiance absolue en Dieu est la meilleure option.

Les chrétiens peuvent faire face à la crise de deux façons: 1) rendre Dieu coupable et s'éloigne 2) Accrochés à Dieu pour son confort, des conseils et apprendre de la situation ...

Je pense seulement avec un moment difficile dans ma vie et que depuis plus de deux ans je surchargeai cette crise à ma façon, justifiant mon ressentiment, la colère et la frustration, croit qu'il méritait de garder toute cette douleur, même en connaissant Dieu, je refusais de mettre ces sentiments entre ses mains. C'était quand je me suis effondré devant Dieu et que j'ai tout mis là où je pouvais me sentir totalement libre, la situation n'a pas changé, j'ai vécu dans la même crise il y a deux ans depuis que cela avait commencé, mais celui qui avait été changé était moi, mon cœur et ma vision de tous les changements grâce à Dieu, la douleur calmée, le pardon et la joie s'emparaient de moi chaque jour et c'était grâce à Dieu.

Au milieu d'une crise, on peut reconnaître que Dieu est en contrôle et peut venir à nous en tout temps. Psaume 71: 3 Au milieu de la crise, on peut reconnaître que Dieu prend soin de ses enfants et sa compagnie et sa protection durent toujours.

Quand il est entendu que Dieu contrôle tout et est disposé à réconforter, à guérir et à donner la victoire. On peut affirmer "Nous savons, du reste, que toutes choses concourent au bien de ceux qui aiment Dieu, de ceux qui sont appelés selon son dessein" (Romains 8:28).

3. Fruits de la crise chez le chrétien

Après une période de crise, la personne peut être sérieusement affectée et avoir des sentiments d'amertume, douleur, la haine de la colère. Mais si la personne fait confiance à Dieu pendant une crise, le résultat final peut être: la victoire, espoir et joie. Quand il est reconnu que Dieu a le chrétien entre ses mains, on peut surmonter la crise et dire: "Si Dieu est pour nous, qui sera contre nous?" (Romains 8:31). Garder cet espoir va donner la victoire, dans la souffrance, le chrétien a de l'espoir parce qu'il fait confiance à Dieu. Reconnaît que la crise est un moyen de grandir et de renforcer son caractère. La différence est que le chrétien a de l'espoir même s'il vit dans un monde où il y a beaucoup de souffrance.

Dans 1 Thessaloniciens 5: 16-18 il a été dit que la joie permanente en Dieu est maintenue par deux actions: En priant sans cesse et remerciant Dieu en tout. Au milieu d'une crise, on peut avoir la paix en reconnaissant ces deux principes.

Révisez/Application: Vous pouvez poser les questions au cours de l'enseignement et leur permettre d'écrire les réponses ou de leur laisser le temps de répondre à la fin.

1. Pourquoi les changements entraînent-ils une crise? (Parce que cela va à l'encontre de l'attente de stabilité que l'être humain cherche toujours. Les changements menacent la tranquillité du connu et le désir de tout garder sous contrôle.)
2. Qu'est-ce qui cause une situation de crise chez la personne? (Lorsque la stabilité est affectée par des changements, la personne ressent de la frustration, du pessimisme, du désespoir, du découragement. Cela l'empêche de voir une solution possible.)
3. Pourquoi est-il important de reconnaître la souveraineté de Dieu au milieu d'une crise? (Parce que reconnaître que Dieu a tout sous contrôle peut être confirmé, joyeux et victorieux. Dieu doit être recherché dans la prière et dans l'action de grâce.)
4. Croyez-vous que la joie que Dieu donne est avant ou après la crise? (1 Thessaloniciens 5: 16-18 nous exhorte à être joyeux et à toujours prier. Pas seulement pendant une crise.)

Défi: Dis à ta classe: il est temps de remercier. Pendant la semaine, fais une liste de 10 choses que Dieu t'a données et qui te procures du bonheur. Également, écris brièvement une situation de crise à laquelle tu as été confronté et que Dieu t'a soutenue et t'a donné de la victoire. Dis une prière d'action de grâce.

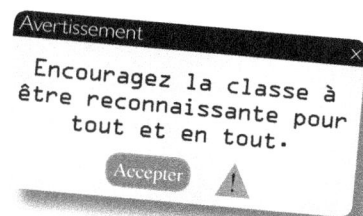

Avertissement

Encouragez la classe à être reconnaissante pour tout et en tout.

Accepter

Ils ont besoin de toi

Objectif: Motiver l'étudiant à intercéder pour son prochain parce que le plan de Dieu est pour nous tous d'être sauvés.

Pour mémoriser: *Qui les condamnera? Christ est mort; bien plus, il est ressuscité, il est à la droite de Dieu, et il intercède pour nous!* Romains 8:34

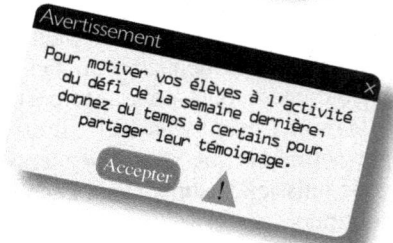

Avertissement

Pour motiver vos élèves à l'activité du défi de la semaine dernière, donnez du temps à certains pour partager leur témoignage.

Accepter

Connecter | Télécharger

Dynamique d'introduction (12 a 17 ans).
- Matériaux: Feuille de papier et crayon.
- Instructions: En utilisant le technique acrostiche, écrivez dans chaque lettre de votre nom (verticalement) une prière d'intercession pour ces amis ou membres de la famille qui ne connaissent pas le Christ. Exemple:

Roi des Rois et Seigneur des Seigneurs

En ce moment je veux te demander pour mes amis
   qui ne connaissent pas le Christ

Ne les laissez pas rester sans te connaître. Aide-moi
   à partager le message de ton salut et qu'ils puissent venir à toi bientôt.

Je demande cela au nom de Jésus-Christ,
Amen.

Après avoir écrit l'acrostiche, aidez-les à comprendre
   qu'il n'est pas si difficile d'intercéder pour les autres.

Dynamique d'introduction (18 a 23 ans).
- Matériaux: Feuille de papier, crayon.
- Instructions: Demandez à chaque élève de penser à une personne qu'il aimerait être proche de Christ. Quand tout le monde a quelqu'un en tête, tout le monde va prier pour cette personne.

Quand il a fini de prier, demandez-leur d'écrire une lettre. Cette lettre sera adressée à la même personne pour laquelle on a prié. Encouragez-les à mentionner dans la lettre qu'ils pensaient à lui pendant la classe de l'école du dimanche, qu'ils étaient et qu'ils prieraient. Que Dieu l'aime et a un plan spécial pour leur vie. Que la lettre ne soit pas très étendue.

Cela les aidera à perdre la peur de partager l'Évangile avec leurs amis qui ne connaissent pas Dieu. Il leur sera aussi plus facile d'intercéder de manière dynamique pour ceux qui ne le connaissent pas.

Connecter | Télécharger

Un mot intercession est un mot couramment utilisé par les gens de l'église. Il y a des soirées d'intercession, des temps d'intercession, une équipe d'intercesseurs qui ont pour tâche de: "Intercéder pour les pécheurs, pour un malade, pour un ami, pour la famille pastorale, pour l'instituteur d'école dominicale, pour les pauvres, etc.

Mais qu'est-ce que cela signifie d'intercéder? L'Académie Royale de la Langue Espagnole dans sa vingt-deuxième édition dit qu'intercéder c'est: "Parler en faveur de quelqu'un pour lui procurer un bien ou le débarrasser d'un mal". Cette définition nous rappelle la mission de Jésus sur la terre.

1. C'est pour eux

Jésus avait bien clair quelle était sa mission quand Il était sur la terre. "Appelez les pécheurs à la repentance" (Luc 5: 30-32).

Le péché existe et il y a beaucoup de gens qui y sont immergés. La société dans laquelle nous vivons aujourd'hui présente des tentations qui affectent tout le monde. La tentation attire le péché et par conséquent d'être loin de Dieu. La parole de Dieu est claire quand elle dit que nous avons tous péché: "Car tous ont péché et sont privés de la gloire de Dieu" (Romains 3:23). Et il est encore un peu dur quand il dit: "Parce que le salaire du péché c'est la mort ... "(Romains 6: 23a)

Nous pouvons donc conclure que ces amis et cette famille que nous aimons tant, s'ils ne se repentent pas de leurs péchés, ne peuvent pas être sauvés et ne seront pas dans la gloire de Dieu, mais dans la mort éternelle. Mais que pouvons-nous faire?

2. Demander la vie pour les pécheurs

Abraham, appelé le Père de la Foi, dans Genèse 18: 16-33, a donné un exemple incroyable de ce qui peut être fait pour ceux qui ne sont pas dans la volonté de Dieu ou ne le connaissent pas.

La Bible mentionne que Sodome et Gomorrhe étaient des villes qui étaient dans le péché et par conséquent, étaient loin de Dieu. Sodome et Gomorrhe étaient des villes situées sur le territoire des Cananéens et on se souvient de leurs perversions en termes de relations sociales et sexuelles. Le prophète Ezéchiel 16: 49-50 mentionne que c'était une ville superbe, avec un excès d'oisiveté; qu'il n'a pas aidé les affligés et qu'il a fait le mal devant le Seigneur. De cet endroit vient le terme "Sodomite" pour désigner les personnes qui pratiquent des aberrations sexuelles.

Abraham, se souvenant que son neveu Lot vivait dans cette ville, fut encouragé à parler avec Jéhovah et à intercéder pour Sodome et Gomorrhe. Il a demandé à Dieu de libérer ces villes de la destruction imminente. Abraham parlait en faveur d'elles afin qu'elles obtiennent un bien, afin qu'elles soient libérées d'un mal.

Quand Abraham intercéda, Jéhovah l'entendit. C'est le pouvoir de l'intercession; C'est le pouvoir de la prière. Quand quelqu'un s'approche de Dieu et lui parle, Dieu écoute et travaille dans la vie de celui qui prie et de ceux qui en ont besoin, de ceux qui ne le connaissent pas encore.

Les gens qui vivent dans le péché ont besoin de Christ et si quelque chose n'est pas fait pour eux, le jugement final pour leur vie sera éternellement triste. La Bible le rapporte à "les pleurs et les grincements de dents" (Matthieu 22:13).

Pour cette raison, nous devons intercéder pour ceux qui ne connaissent pas Jésus, pour ceux qui ont besoin de connaître Dieu, sa parole, son amour, son salut. Les gens ont besoin de savoir que le péché n'est pas bon et que cela conduira seulement à la condamnation. Mais ils ont aussi besoin de savoir qu'il y a des gens qui les aiment et qui veulent du bien pour eux. Le désir des chrétiens est que le Christ entre dans leur vie et les purifie du péché, de tout mal et leur accorde une vie nouvelle et éternelle.

Romains mentionne aussi "mais le don de Dieu est la vie éternelle dans le Christ Jésus notre Seigneur" (6: 23b).

3. Dieu pardonne encore

Dieu est toujours prêt à pardonner les péchés de ceux qui en croyant, ils viennent lui confesser leurs péchés et l'accepter comme leur Sauveur (2 Pierre 3: 9). Malheureusement, les habitants de Sodome et de Gomorrhe n'ont pas profité d'une opportunité et ont été détruits par le feu, mais maintenant l'humanité a une opportunité. Ce que Jésus-Christ est venu de faire était un travail d'intercession, un travail rédempteur. Il est venu mourir pour le péché de toute l'humanité et de recevoir la punition qu'elle méritait. Christ avec sa mort, libéré l'humanité de la punition et accordé le salut Avec son sang, il a racheté les péchés et a accordé la vie éternelle. C'est bien de savoir ça!

Jésus est venu dans ce monde à INTERCEDER pour moi. Il est venu surtout pour me faire du bien; me débarrasser d'un mal, seulement par son amour. Et la chose la plus intéressante est que même après le sacrifice, il continue d'intercéder pour chacun de nous devant le Père comme mentionné dans Romains 8:34. "Qui est celui qui condamnera? Le Christ est celui qui est mort. Plus encore, celui qui a été élevé, qui est aussi à la droite de Dieu, qui intercède aussi pour nous.

En tant que disciples de Jésus, on peut et doit faire la même chose. On peut intercéder, demander à Dieu pour des amis, de la famille, des voisins, des collègues ou l'école. Pour ces gens que nous apprécions et que nous aimerions qu'ils soient libérés d'un mal éternel. S'ils confessent leur péché, "Il est fidèle et juste pour leur pardonner et les délivrer de toute iniquité" (1 Jean 1: 9).

Aujourd'hui, chaque personne qui a une expérience personnelle avec Christ est un porteur du message de Dieu. On peut intercéder pour ses compagnons, prier pour eux, leur rendre visite, leur parler de la Parole, les former en disciples et leur donner un exemple de la façon dont on peut vivre dans la sainteté ici et maintenant. Peut-être que l'un d'eux est dans une situation difficile et ne peut pas trouver la sortie. Le lion rugissant, cherchant quelqu'un à dévorer (1 Pierre 5: 8), mais avec l'effort et l'intercession des croyants pour les pécheurs, ils peuvent être sauvés, connaître le Christ, la joie et la paix et de vivre pour toujours.

Défi: Dis à ta classe: Prépare une liste de 10 amis ou membres de la famille qui ne connaissent pas le Christ comme leur Sauveur. Pense à des moyens créatifs de t'aider à te rappeler de prier pour eux tous les jours pendant la semaine. Il peut s'agir d'un livre pour marquer, d'un calendrier, de l'alarme sur ta montre ou sur ton téléphone portable, etc. Demande à Dieu en prière de t'aider à remplir cette mission au cours de cette semaine.

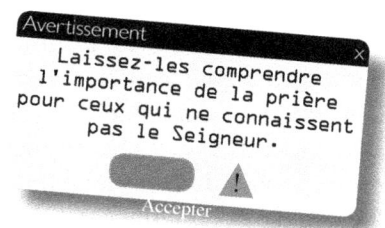

Avertissement

Laissez-les comprendre l'importance de la prière pour ceux qui ne connaissent pas le Seigneur.

Accepter

Non, non tu crois!

Objectif: Défier l'élève à penser à lui et à ses talents avec la raison et à les utiliser pour le service de Dieu.

Pour mémoriser: *Par la grâce qui m'a été donnée, je dis à chacun de vous de n'avoir pas de lui-même une trop haute opinion, mais de revêtir des sentiments modestes, selon la mesure de foi que Dieu a départie à chacun.* Romains 12: 3

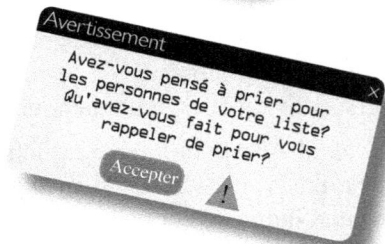

Avertissement

Avez-vous pensé à prier pour les personnes de votre liste? Qu'avez-vous fait pour vous rappeler de prier?

Accepter ⚠

Connecter | Télécharger

Dynamique d'introduction (12 a 17 ans).

• Matériaux: Tableau, marqueurs ou craie, feuilles de papier et crayons.

• Instructions: Formez des groupes et donnez à chacun les lettres du formulaire, distribuez une feuille de papier à chaque élève et demandez-lui d'écrire sous forme de liste les qualités positives qu'ils possèdent. Mentionnez certaines des qualités d'une personne pour lui donner une idée de ce qu'elle demande.

Vous pouvez demander à des volontaires de partager votre liste.

Motivez-les à valoriser les qualités qu'ils possèdent pour assister à l'appel de Dieu et être incorporés dans les différents ministères que l'église a.

Dynamique d'introduction (18 a 23 ans).

• Matériaux: Tableau et marqueurs ou craie.

• Instructions: Demandez qu'ils énumèrent des exemples de gens incompétents dans les places différentes ou les services. Ils peuvent considérer les places qu'ils fréquentent comme la place du travail, centre d'études, résidence ou services publics. Alors divisez-les en groupe afin qu'ils disent pourquoi ces gens ne font pas de bon travail dans leurs responsabilités et préparer une liste qui établit les causes possibles pour lesquelles ces gens n'arrivent pas à réaliser un bon travail. Nous avons tous des capacités mais il dépend de notre bonne humeur, faire bien les choses.

Connecter | Télécharger

Une parabole est l'un des moyens par lesquels une vérité peut être communiquée, une situation est dénoncée ou simplement exprimée dans un but éducatif. Les paraboles aident à comprendre d'une manière plus simple et un message compréhensible et de s'en souvenir.

À cette occasion, nous verrons une parabole qui n'est pas bien connue et qui se trouve dans Juges 9: 7-21.

1. Qui était Abimélec?

Le passage se réfère à l'époque où Gédéon (Jérubbaal), le juge d'Israël, était mort (Juges 8: 32-33). Juges 9: 1-5, nous dit qu'Abimélec était le fils de Gédéon qui avait beaucoup de femmes et beaucoup d'enfants, soixante-dix était symbole de la richesse de cette époque-là. Avoir beaucoup de femmes était un symbole de richesse pendant ce temps. Quand Gédéon est mort, le peuple d'Israël a abandonné Dieu à nouveau et s'est prostitué en suivant et en adorant d'autres dieux (Juges 8: 33-35).

Abimélec était le fils de Gédéon d'une femme concubine ou secondaire (8: 29-31, 9:18) qui était de Siquem. Saisissant le moment, Abimélec qui était ambitieux, autonome et aventurier, se rendit à Siquem où les frères de sa mère et toute la famille de la maison du père de sa mère étaient. Là, il a fait appel à ce lien d'une telle fraternité et a offert d'être leur roi en échange de sa loyauté (Juges 9: 1-3).

Interrogez vos élèves, Comment jugeraient-t-ils l'attitude d'Abimélec dans Juges 9: 4-6? Connaissez-vous des cas similaires aujourd'hui, lesquels?

Abimélec a demandé 70 cycles d'argent pour financer sa campagne macabre. Il a reçu cet argent du temple de Baal-berit. Il était habituel pour les villes de ces temps de recueillir les cadeaux, l'argent et de les garder comme fonds publics dans les temples. Dans de nombreux cas, une grande richesse s'est accumulée. Juges 9: 4 dit Abimélec engagé les hommes qui étaient prêts à tout faire pour un peu d'argent "Ils lui donnèrent soixante-dix pièces d'argent du temple de Baal Berit, avec lequel Abimélec a embauché des voyous sans scrupules pour le suivre". Ces malfaiteurs l'ont aidé à tuer ses 69 frères qui vivaient à Ofra. Le passage dit qu'ils ont été tués "sur la même pierre" (Juges 9: 5), ce qui suggère qu'ils ont été exécutés et non tués au combat.

Une fois la compétition possible éliminée, Abimélec fut sacré roi. Seul Jotham, le plus jeune fils de Gédéon, a pu s'échapper et c'est ainsi que la parabole des arbres a pris naissance..

2. La Parabole des arbres

Quand Jotham apprit ce qui s'était passé, il monta à Garizim et raconta une parabole avec une leçon morale directe sur ce qu'ils vivaient. Jotham a dit que les arbres voulaient choisir un roi (Juges 9: 7-15).

Il a commencé l'histoire avec l'olivier (Juges 9: 8-9). L'huile d'olive était utilisée pour oindre les rois, les prêtres et les prophètes. Il a également été utilisé à des fins d'éclairage et comme un élément de cuisine. L'excuse de l'olivier pour ne pas être roi, c'est qu'il ne pouvait pas abandonner son travail important.

Il a suivi avec le figuier (Juges 9: 10-11). Il avait un fruit sucré et était l'arbre le plus commun à cette époque. Elle a refusé l'offre parce qu'elle ne pouvait pas laisser sa douceur et de bons fruits pour être roi.

Il a continué la parabole avec la vigne (Juges 9: 12-13), qui a également refusé face à la proposition. Il a préféré de donner ses raisins pour faire le vin. La vigne était une plante très prisée en Israël.

Comme dernière alternative, ils invitèrent le buisson (Juges 9: 14-15). Ironiquement, la ronce a répondu positivement et leur a dit de "rester sous mon ombre". Le buisson est un buisson épineux, il est très difficile d'imaginer un buisson fournissant de l'ombre, car il ne dépasse pas une hauteur suffisante à cet effet.

Cependant, la ronce leur a parlé avec une grande autorité et de l'arrogance, menaçant de brûler les cèdres du Liban, (endroit notable pour ses précieuses forêts) s'il n'a pas été choisi.

L'huile, les figues et le vin étaient des produits agricoles de grande importance et très précieux, tandis que la ronce n'était utilisée que pour le feu.

Finalement Jotham fit une application de sa parabole et les interrogea s'ils avaient bien agi en choisissant leur roi. Il leur a dit, si cette décision a montré sa gratitude à Gédéon qui a livré des Madianites et même risqué sa vie " ... Car mon père a combattu pour vous, il a exposé sa vie, et il vous a délivrés de la main de Madian; et vous, vous vous êtes levés contre la maison de mon père, vous avez tué ses fils, soixantedix hommes, sur une même pierre, et vous avez proclamé roi sur les habitants de Sichem, Abimélec, fils de sa servante, parce qu'il est votre frère" (Juges 9: 17-18). Si oui, ils apprécieraient leur roi et si le choix était mauvais, le feu sortirait d'Abimélec contre eux et d'eux le feu sortirait pour consommer Abimélec (9: 19-20). Une fois que Jotham aiet terminé son discours, il s'échappa et s'enfui "Jotham se retira et prit la fuite; il s'en alla à Beer, où il demeura loin d'Abimélec, son frère" (9 :21).

3. Comment appliquons-nous cette parabole à notre environnement?

Aujourd'hui, il y a beaucoup de jeunes avec des capacités, du talent, de l'intelligence, du charisme et d'autres vertus pour servir dans des postes de responsabilité. Cependant, ils ne les prennent pas et ces espaces de service finissent parfois entre les mains de personnes volontaires mais elles ne sont pas les bonnes.

Il est important d'encourager les jeunes à prendre la décision d'accepter l'appel du Seigneur à le servir.

Dans cette histoire, il se voit comme une personne inapte, avec des sentiments égoïstes, loin de la volonté de Dieu, il pourrait faire beaucoup de mal à sa communauté.

Aujourd'hui, la même chose peut arriver à l'église, la ville ou même un pays si on n'agit pas avec les bonnes motivations. Le Seigneur veut que les jeunes fassent une différence dans le rayon d'action qui bouge et change leurs principes. Paul a dit à Timothée, un jeune homme consacré, de ne pas mépriser sa jeunesse mais d'être un exemple pour les croyants dans toutes leurs actions: "Que personne ne te méprise pour être jeune. Au contraire, que les croyants voient en toi un exemple à suivre dans la manière de parler, dans la conduite, et dans l'amour, la foi et la pureté" (1 Timothée 4:12 NVI). Être jeune n'est pas un obstacle à être un exemple pour les autres et servir avec excellence. Vivre selon la volonté de Dieu et de grandes choses seront réalisées en son nom. Il se peut qu'à un certain moment, accepter un défi, un ministère, une mission ou quelque chose que le pasteur demande, cela élimine la possibilité qui tombe entre les mains d'un "Abimélec''. Une fois, j'ai lu "Dieu ne cherche pas des gens formés pour servir, Dieu cherche des serviteurs désireux d'être formés".

Il est normal que la crainte d'accepter une responsabilité, de penser que l'on n'a pas l'âge ou que le type de service soit inconnu mais celui que le Seigneur appelle, Il l'enseignera ce qu'il faut pour Le servir, Il connaît parfaitement ses enfants et Il veut les utiliser selon ses capacités.

D'un autre côté, si nous avons des doutes sur le ministère qu'Il nous a proposé de servir, il est important de chercher de l'aide et de nous entraîner pour donner le meilleur au Seigneur.

Avertissement ×
Pour les encourager avec l'appel de Dieu, vous pouvez inviter quelqu'un que vous pensez pouvoir partager leur expérience et les motiver.
Accepter ⚠

Défi: Dis à ta classe: Vérifie dans ton cœur l'appel que Dieu a lancé récemment dans ta vie et demande-lui sincèrement de d'aider à faire sa volonté.

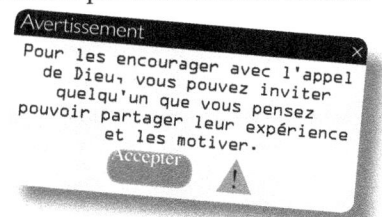

Qui juge?

17

José Samuel Mérida • Guatemala

Objectif: Que l'élève comprenne que seul Dieu est juge et que chaque être humain est responsable devant Lui.

Pour mémoriser: *Devant l'Éternel! Car il vient, Car il vient pour juger la terre; Il jugera le monde avec justice, Et les peuples selon sa fidélité.* Psaume 96:13

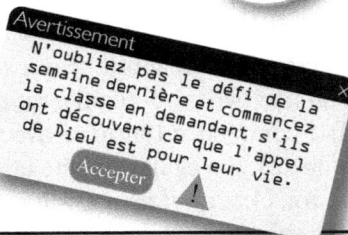

N'oubliez pas le défi de la semaine dernière et commencez la classe en demandant s'ils ont découvert ce que l'appel de Dieu est pour leur vie.

Accepter

Connecter | Télécharger

Dynamique d'introduction (12 a 17 ans).

- Matériaux: Un seau avec de l'eau et deux feuilles de papier d'aluminium.
- Instructions: Avec une feuille, faites un paquet et avec l'autre un petit bateau. Demandez aux jeunes de juger ce qui se passera quand ils les mettront dans l'eau. Quand ils les mettent, ils verront que l'un flottera et l'autre non, même si ce sont essentiellement deux feuilles.

Dynamique d'introduction (18 a 23 ans).

- Matériaux: Feuilles blanches, stylos et tableau.

- Instructions: Divisez la classe en groupes de 3 à 4 personnes si le groupe est minoritaire, ils peuvent le faire tous ensemble. Donnez quelques minutes pour trouver des exemples de choses ou de situations ou des mots qui, à première vue, se ressemblent mais ne le sont pas. Par exemple (le mot "boire" pour boire et boire d'une fille nouveau-née, deux frères jumeaux, une boisson nuisible dans un récipient de soda, etc.) Donnez quelques minutes pour trouver des exemples et ensuite les partager.

    Terminez en disant que nous devons faire attention parce que parfois les choses semblent être ce qu'elles ne sont pas et peuvent parfois causer beaucoup de dégâts.

Connecter | Télécharger

Quand nous sommes petits, on nous apprend à nous laver les mains avant de manger et après être allé à la salle de bain, parce qu'il y a des germes qui, même s'ils sont impossibles à voir à l'œil nu, sont présents dans nos mains et peuvent rendre notre corps malade. Donc, même si les mains semblent propres, pas toujours elles sont et on doit les laver avec du savon et de l'eau.

De la même manière, il y a beaucoup de choses autour de nous qui peuvent se ressembler mais être totalement différentes: un vrai billet et un faux, une bouteille avec de l'eau et une avec du poison, une personne honnête et une personne malhonnête, etc.

1. Le blé et l'ivraie

Le blé et l'ivraie sont deux plantes qui sont très semblables physiquement, avec la grande différence que l'un produit de la nourriture et l'autre non. Tant elles se ressemblent que l'un des noms que les agriculteurs donnent à l'ivraie est "faux blé". Dans les temps anciens, il était habituel de planter des mauvaises herbes dans le champ d'un ennemi Cela a été fait pendant la nuit pour saboter leur moisson comme une vengeance, au point que dans le droit romain cette action était typique et considérée comme un crime.

Dans Matthieu 13: 24-30, Jésus a raconté l'histoire d'un champ de blé où, du jour au lendemain, les travailleurs ont détecté la présence de mauvaises herbes. L'employeur a expliqué aux travailleurs que l'ivraie avait été plantée par un ennemi pendant la nuit. Les travailleurs ont voulu le détruire le plus tôt possible. Ils ont été surpris par l'ordre du patron de laisser pousser les mauvaises herbes afin de préserver le blé, sachant que pendant la récolte, l'ivraie serait la première à être coupée et brûlée.

Plus tard, dans Matthieu 13: 37-43, Jésus a expliqué la parabole et a révélé que les personnages qu'ils représentaient étaient: Le patron, représenté le fils de l'homme; le champ, ce monde; le blé représentait les croyants; l'ivraie est celle qui sert de pierre d'achoppement et qui fait l'iniquité; ils ne peuvent pas être facilement identifiés et finalement l'ennemi est le diable. Plusieurs fois, il y a des croyants qui adoptent une attitude de rejet et de condamnation contre la personne qui ne proclame pas ou vivre ouvertement selon la Parole de Dieu, nous disons que ces gens ne sont pas tolérants.

Quand nous parlons de tolérance, nous ne parlons pas de proxénétisme au péché, mais de respect du pécheur (la personne) en tant qu'être humain créé par Dieu; le confrontant avec la sagesse, l'amour et la parole de Dieu. Jésus réprouve le péché mais aime le pécheur. Dans cette parabole, Jésus a condamné le désir de "raviver" (verset 29) ou d'expulser ceux qui ont servi de pierre d'achoppement.

Jésus, a souligné que la tâche de rassembler ceux qui servaient de trébuchement appartenait aux anges envoyés de Dieu (vv.40-41).

40

2. Dieu est le juge

Parfois, les croyants tombent dans le piège de montrer des erreurs dans la vie des autres sans aucun but ou sagesse pastorale. La personne est jugée pour ne pas suivre les voies du Seigneur et sa punition est désirée. Ces attitudes ne sont pas utiles au Seigneur, car elles déforment l'image de l'amour de Dieu pour l'humanité. Seul Dieu connaît pleinement le cœur des gens et seul Lui peut dire à quel point l'amour d'une personne pour Lui est sincère, personne d'autre ne le peut. Jésus a fait allusion à cela dans Matthieu 7: 1 quand il a dit: "Ne jugez pas, afin que vous ne soyez point jugés".

Par exemple, quand quelqu'un qui n'était pas connu comme un croyant meurt, beaucoup de croyants arrivent à la conclusion qui a été perdue pour toujours. Mais en réalité, ils ne connaissent pas en profondeur le cœur de la personne, ni leurs derniers moments, ni ce qui est arrivé dans le privé de son cœur. Personne n'aurait pensé que le voleur qui est mort en même temps, Jésus l'aurait sauvé au dernier moment. Ce n'est pas à l'être humain de juger, mais à Dieu.

Parfois, les croyants deviennent plus sûrs de la mort de l'autre que de leur propre salut et il n'y a pas de sagesse en cela. Il est plus sage d'admettre que seules ces choses peuvent être jugées par Dieu. Jacques 4:12 dit: " Un seul est législateur et juge, c'est celui qui peut sauver et perdre; mais toi, qui es-tu, qui juges le prochain?" Dieu jugera tout le monde selon la connaissance qui lui a été donnée.

3. Juger les autres

La Bible indique que la responsabilité des croyants est d'encourager le prochain qui n'est pas dans les voies du Seigneur ou qui s'est écarté de lui. Cela peut être fait en l'encourageant à affronter sa situation ou le péché qui le conduit loin du Seigneur. Mais la responsabilité du croyant est d'abord de prier pour le prochain et de demander à Dieu la sagesse pour aborder le cas.

En toute circonstance, la situation doit être traitée en privé, dans l'amour et l'humilité sans cesser de dire la vérité. Galates 6: 1 dit: " Frères, si un homme vient à être surpris en quelque faute, vous qui êtes spirituels, redressez le avec un esprit de douceur. Prends garde à toi-même, de peur que tu ne sois aussi tenté". Lorsque nous détectons le péché dans la vie de notre prochain, nous ne devons pas oublier que nous avons aussi été pardonnés et qu'il n'y a pas de grands péchés, ni de petits péchés.

Notre tâche n'est pas de juger et de condamner, ce n'est pas de déraciner les mauvaises herbes, mais de présenter le message biblique de l'amour et de la grâce de Dieu qui conduit à la repentance.

D'autre part, nous devons différencier le jugement de la défense de la foi et marquer le péché, ce qui est nécessaire et il y a un témoignage dans les Écritures (les prophètes, Ésaïe 29:13, Jésus lui-même, se réfère aux pharisiens, Matthieu 15: 7,22: 18,23: 12; Paul se réfère à certains cas, Romains 16: 17-18) et dans l'histoire de l'église (Luther contre la papauté, John Wesley contre l'église anglicane, etc.).

4. Un commandement pour aimer

La responsabilité en tant que croyants est de donner le témoigner de l'amour de Dieu aux hommes. Chaque attitude et parole doit être orientée pour montrer cet amour aux gens autour et essayer de les rapprocher de Dieu "Qu'il ne sorte de votre bouche aucune parole mauvaise, mais, s'il y a lieu, quelque bonne parole, qui serve à l'édification et communique une grâce à ceux qui l'entendent" Éphésiens 4:29. Indépendamment des erreurs que d'autres ont commises ou commettent, le témoignage chrétien doit rester valide. Nous servons un Dieu qui nous a restaurés, continue à nous restaurer et nous appelle à témoigner de cette restauration.

Dieu ne nous a pas appelés à juger. Lui seul est juge. Lorsque nous prenons cet endroit, nous perdons l'opportunité de servir efficacement et de provoquer l'effet inverse. Le Seigneur est grand dans la miséricorde et lent à la colère (Psaume 145: 7-9). Nous, en tant que ses disciples, devons être prudents et sages dans la manière que nous traitons les personnes qui partagent d'autres croyances ou modes de vie. L'appel à la lumière doit s'accomplir avec l'exemple et transmettre l'amour de Dieu. Rappelez-vous le défi dans Hébreux 10:24 "Et considérons-nous les uns les autres pour nous encourager à aimer les bonnes œuvres" et pratiquons-le. Nous ne devrions pas être des proxénètes au péché de notre prochain, mais refléter la sagesse et l'amour de Dieu face à la parole. Demandons au Seigneur de la sagesse afin que nos actions et nos paroles nous conduisent à être le blé et à ne pas devenir l'ivraie. Que notre attitude soit toujours utile pour attirer les gens et ne pas causer de douleur, de tristesse et même de mort.

Révisez/Application: Vous pouvez utiliser ces questions durant le développement de la leçon ou à la fin de celle-ci.

1. Qu'est-ce que cela signifie de juger? (Déterminer si l'action de quelqu'un mérite une récompense ou une punition.)
2. Est-ce que quelqu'un avec un tatouage ou un vice est une mauvaise personne? (Pas nécessairement.)
3. Qui a la vie éternelle? (Celui qui se repent de ses péchés et reconnaît Jésus comme son seul Sauveur a la vie éternelle.)
4. Un criminel peut-il avoir la vie éternelle? (Pas tant qu'il reste dans cette condition. Mais s'il se repent et reconnaît Jésus comme son seul sauveur, il peut être sauvé.)
5. Comment devrions-nous traiter quelqu'un qui s'est détourné des voies du Seigneur? (Avec amour et sagesse, toujours à la recherche du Seigneur.)
6. Qui est celui qui connaît les cœurs? Seulement Dieu.
7. Comment devrions-nous traiter ceux qui ont une foi différente de la nôtre? La manière que nous voulons être traités par les autres.
8. Comment devrions-nous présenter l'Évangile aux gens? Avec notre témoignage, nos actions et nos attitudes.

Défi:

Dis à ta classe: Réfléchis aux attitudes que tu as dans ta vie concernant le comportement des autres. Ils peuvent être des personnes du même âge ou plus âgées que toi, peut-être une personne ayant autorité sur toi, comme un parent, un enseignant, un dirigeant, etc. Cette semaine, décide de mémoriser et de répéter le verset dans Galates 6: 1 et demandes à Dieu de t'aider à recentrer tes pensées.

Commander en quittant

Leçon 18

Joël Castro • Espagne

Objectif: Que l'élève soit conscient de ses dons et de ses talents et les mettent au service de Dieu.

Pour mémoriser: *Comme de bons dispensateurs des diverses grâces de Dieu, que chacun de vous mette au service des autres le don qu'il a reçu.* 1 Pierre 4: 10

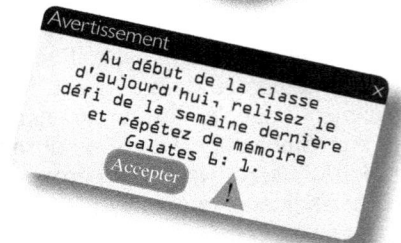

Connecter | Télécharger

Dynamique d'introduction (12 a 17 ans).

- Matériaux: Une balle.
- Instructions: Demandez-leur de s'asseoir en cercle et de lancer la balle l'un à l'autre en criant la saleté, l'air et l'eau. Par exemple, un joueur lance la balle et dit "atterrir". Le joueur recevant la balle doit dire le nom d'un animal qui vit sur le sol (exemple: lion). Il doit indiquer le nom de l'animal avant que la personne qui va lancer le ballon terminé à dix. Qui ne répond pas à temps quitte la roue. Il est bon de toujours combiner la terre, l'eau, l'air et le dire rapidement.

À la fin, expliquez que tout ce que Dieu a créé a été fait dans un but spécial. Dieu a donné à ses enfants des talents et des capacités pour collaborer à son œuvre salvatrice.

Dynamique d'introduction (18 a 23 ans).

- Matériels: Une feuille et un stylo pour chaque élève.
- Instructions: Donnez une feuille de papier vierge à chacun de vos élèves et demandez-leur d'écrire la réponse à la question suivante: Si aujourd'hui ils reçoivent beaucoup d'argent (mentionnez une grande quantité d'argent dans la monnaie de leur pays) que feraient-ils avec cet argent, ou qu'est-ce qu'ils achèteraient, ou comment l'investiraient-ils?

Après environ 5 minutes, vérifiez les réponses et analysez ce qu'ils ont dépensé ou investi. Il est important de voir à travers les réponses la capacité de vos étudiants à faire de bons investissements ou d'analyser les dépenses inutiles.

Connecter | Télécharger

Les paraboles sont des récits familiers que Jésus a utilisés pour faire comprendre les mystères du royaume des cieux. Dieu sait que l'esprit humain est limité à connaître les choses spirituelles, c'est pourquoi il a utilisé les choses terrestres pour extraire un enseignement spirituel.

Une des choses étonnantes à propos de Jésus est qu'Il était très opportun de dire des choses. Matthieu 24: 3 dit que Jésus était sur le Mont des Oliviers et de cet endroit il a enseigné ce qui se trouve dans Matthieu 24 et 25. Tout en donnant ces enseignements, Jésus était à deux jours (Matthieu 26: 2) d'être arrêté pour la crucifixion.

Dans le contexte de ces deux situations, Jésus a raconté la parabole des talents. Il commença par dire qu'un homme s'en alla, se référant à lui-même, parce que bientôt il serait sacrifié et ensuite élevé au ciel depuis le Mont des Oliviers, où il enseignait cette parabole.

1. La commande

Jésus compara le royaume des cieux à un homme qui, avant son voyage (son ascension), appela ses serviteurs et leur a confié ses biens (Matthieu 25: 14-30).

Le premier lui a donné cinq talents, le second lui a donné deux talents et le troisième un talent. De plus, il dit qu'il leur a donné des talents "Il donna cinq talents à l'un, deux à l'autre, et un au troisième, à chacun selon sa capacité, et il partit "(Matthieu 25:15).

Un talent était une mesure monétaire qui s'élevait à six mille drachmes, une drachme à son tour était égale à un denier et un denier équivalait au salaire d'une journée de travail. Un talent était l'équivalent approximatif du salaire de 17 ans de travail. (Pour avoir un nombre estimé dans votre monnaie nationale multipliez 17 par la valeur du salaire de base dans leur pays).

Les talents indiquaient monétairement beaucoup d'argent, mais spirituellement ils se référaient à la richesse spirituelle que Dieu leur avait confiée. Notez que les talents que le Seigneur a donnés aux serviteurs étaient selon leurs capacités. Dieu a distribué des dons, talents, capacités et capacités spéciales pour glorifier son nom et édifier le corps du Christ. Dans chaque cas particulier, il a donné selon sa capacité. Nous avons tous un potentiel très spécial que nous devons utiliser pour la gloire de Dieu, nous devons juste le découvrir pour le mettre au service de Dieu et de son église.

Dans la liste suivante, nous voyons des personnes à qui Dieu leur a donné des dons, des talents et des aptitudes utiles dans l'accomplissement de la volonté de Dieu:

1. Genèse 41. Joseph avait la capacité d'administrer et était le gouverneur d'une grande nation.
2. Josué 1. Il avait la capacité de conduire et d'amener le peuple d'Israël à la terre promise.
3. Juges 4. Débora, une dirigeante qui ne s'est pas découragée, elle avait confiance en celle qui a promis sa victoire et l'a réalisée.
4. 1 Samuel 16: 1-13. David, était un musicien, pasteur, guerrier, psalmiste ou poète, conquérant et roi.
5. Dans le Nouveau Testament, nous trouvons Jean, Timothée, Tite, Étienne, les collaborateurs de l'apôtre Paul tels qu'Epaphras, Epaphrodite et Philémon. Tous ont accompli l'ordre du Christ jusqu'à leur mort.

Tout comme ces personnes mettent leurs talents au service de Dieu et les multiplient, le Seigneur veut aussi voir beaucoup de jeunes servir selon les capacités spéciales qui leur ont été données, tout en retardant leur venue.

2. Les comptes

C'est la partie la plus joyeuse ou la plus triste de la parabole. Qu'a dit le maître à ses serviteurs à son Défiur de voyage? Vient d'abord celui qui a reçu 5 talents avec un gain de 5 talents supplémentaires, ce qui double le capital que lui a donné son maître (Matthieu 25: 21,23). Le travail qui a rendu le maître heureux et qui l'a fait partager la joie de son Seigneur. Il a également entré qui avait reçu 2 talents, le même que le précédent a apporté un autre 2 talents de plus, doublant la capital que son maître lui a laissé. Son Seigneur l'a aussi fait partager sa joie.

Mais quand le dernier des serviteurs est arrivé, celui qui n'avait reçu qu'un talent, de la tristesse et du rejet remplissait l'atmosphère où se trouvaient le serviteur et le maître (Matthieu 25:30). Ce dernier serviteur tenta de se justifier mais cela ne valait rien car son maître lui avait laissé un slogan et il ne s'y était pas conformé. Par conséquent, il le jeta de son côté, dans l'obscurité, où il pleurerait pour toujours.

3. La parabole pour nous aujourd'hui

Les deux premiers serviteurs représentent ceux qui ont travaillé dur avec la richesse de leurs capacités dans l'œuvre de Dieu d'une manière compatissante et sincère. La manière de dupliquer les talents de ces serviteurs nous apprend à faire de même. Le travail et l'effort sont le slogan des serviteurs obéissants au commandement du Seigneur. La joie du maître n'était pas tellement pour ce qu'ils produisaient, mais pour l'effort de dupliquer ce qu'ils avaient.

Demandez: Que savez-vous faire? Demandez-leur d'écrire sur une feuille tout ce qu'ils savent faire (cuire, tisser, peindre, dessiner, nettoyer, jouer d'un instrument, chorégraphier, diriger des gens, diriger des programmes, enseigner, prêcher, gérer des ordinateurs, etc.). Tout ce que nous savons faire, nous devons le faire du cœur et avec excellence pour Dieu, afin que nous réjouissions son cœur. Ce n'est pas seulement faire ce que nous savons, mais le faire bien et c'est aussi notre responsabilité de l'enseigner aux autres.

Le dernier serviteur représente cette personne paresseuse, égoïste et négligente (Matthieu 25: 24-27). Il a attaqué son maître psychologiquement (Matthieu 25:24). Il voulait l'intimider dans sa première impression, cachant ainsi la réalité de son mauvais investissement (Matthieu 25:25). La peur exprimée par le serviteur faisait partie de sa ruse pour plaindre son maître, cependant, cette expression n'était rien de plus qu'une excuse pour échapper au véritable but de la commande de son maître.

La peur rend inutile, la crainte de Dieu nous rend utiles; la peur fait partie de l'excuse, la crainte de Dieu incite à se conformer; la peur est charnelle, la crainte de Dieu est spirituelle; la peur appauvrit, la crainte de Dieu enrichit; la peur fait baisser les yeux, la crainte de Dieu fait lever la tête; la peur est craintive, la peur de Dieu se renforce; la peur devient pessimiste, la crainte de Dieu rend optimiste; la peur nous fait voir combien peu nous valons, la crainte de Dieu nous fait voir combien nous valons; la peur nous fait voir que nous avons peu ou pas de talent, la crainte de Dieu nous fait voir qu'avec peu on peut faire beaucoup et finalement, la peur nous fait cacher notre talent, mais la crainte de Dieu nous fait dupliquer comme les serviteurs précédents.

Les enseignements suivants sont obtenus à partir de la réponse du maître:

Dieu connaît le potentiel de chacun, quels que soient les dons ou talents que nous avons, même avec un seul talent, Il veut que nous soyons sages en l'utilisant. Le moins que nous puissions faire avec les compétences est de les utiliser et ensuite les enseigner aux autres afin qu'ils les utilisent à leur tour. C'est ce que le maître voulait dire au verset 27. Il y a un conseil qui dit: Il est bon de pêcher avec quelqu'un, mais il vaut mieux apprendre à pêcher cette personne parce que cela va multiplier la pêche. Le rire ou les pleurs, la joie ou la tristesse, la joie ou la honte, seront les émotions qui se manifesteron lorsque le Seigneur Jésus reviendra. Utilisons les talents et les dons que nous possédons, Jésus-Christ reviendra et demandera des c̶

Défi: Dis à ta classe: Veux-tu savoir quels sont tes dons et talents? Parle avec moi ou avec un autre animateur de jeunesse ou avec ton pasteur et parlez de ton désir de travailler dans le travail de Dieu. Demande ce que tu as besoin et ainsi découvrir ton vrai service à Dieu et pas pour la mauvaise expérience du dernier serviteur de la parabole. Ne laisse pas cela au plus tard dans la semaine.

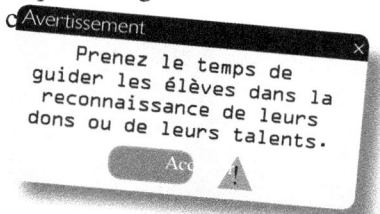

Avertissement

Prenez le temps de guider les élèves dans la reconnaissance de leurs dons ou de leurs talents.

Le Royaume dans le monde

Avertissement
N'oubliez pas le défi de la semaine dernière et commencez la classe en demandant s'ils ont découvert quels sont leurs dons ou leurs talents.
Accepter

Objectif: Que l'étudiant comprenne comment le royaume de Dieu se manifeste dans le monde.

Pour mémoriser: *Car voici, le royaume de Dieu est parmi vous.* Luc 17: 21b

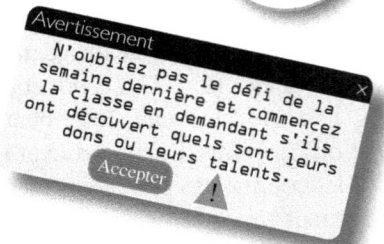

Connecter / Télécharger

Dynamique d'introduction (12 a 17 ans).

- Instructions: Divisez la classe en groupes de 3 à 4 personnes, si le groupe est minoritaire, on peut le faire tous ensemble. Donnez quelques minutes pour trouver des exemples de petites choses qui font la grandeur ou qui peuvent faire de grandes choses (la puce téléphonique nous permet de communiquer avec le monde, les termites qui peuvent finir avec une maison en bois, les fourmis qui peuvent transporter trois fois plus que son poids, etc.). Donnez-leur quelques minutes pour trouver des exemples, puis partager-les.

  Il est possible que personne ne puisse expliquer exactement comment ces choses se produisent, mais il est extraordinaire que quelque chose d'aussi petit puisse accomplir de telles fonctions complexes.

Dynamique d'introduction (18 a 23 ans).

- Matériaux: Deux tasses de farine, deux contenants, deux verres d'eau, du sel, deux petits morceaux de levure (10 grammes), deux nappes.
- Instructions: Formez deux groupes, donnez les ingrédients à chaque groupe et demandez-leur de préparer la pâte de la façon suivante: Dissoudre la levure dans l'eau, ajouter la farine petit à petit, ajouter un peu de sel et pétrir. Puis, qu'ils le couvrent avec la nappe pendant 15 à 20 minutes alors que vous commencez l'enseignement.

  Lorsque vous parlez de levure, demandez-leur de vérifier le mélange qu'ils ont fait et de voir si elle a fui. Donnez du temps pour commenter. Briser la loi a des conséquences désagréables.

Connecter / Télécharger

Jésus a comparé le royaume de Dieu avec une petite graine qui se développe comme un grand arbre et avec le levain qui fermente et fait croître la pâte.

Les paraboles de la graine de moutarde et du levain sont deux des sept paraboles sur le royaume de Dieu qui apparaissent dans Matthieu 13.

Tous deux se réfèrent à la croissance du royaume de Dieu jusqu'à sa pleine expansion (Matthieu 13: 31-33). Elles nous montrent comment Dieu poursuit son but de salut dans le monde et aussi qu'Il veut nous utiliser.

Certaines des choses merveilleuses de Dieu ne peuvent pas être vues directement comme n'importe quelle autre chose matérielle est vue. Mais la Bible dit que les choses invisibles de Dieu ont toujours été clairement visibles à travers ses grandes œuvres dans la création (Romains 1:20).

Notre propre vie est une réflexion de la puissance illimitée de Dieu. Par exemple, on peut penser aux gènes (un gène est l'unité de stockage et de transmission de l'information sur l'hérédité des espèces). Les gènes sont quelque peu microscopiques mais ils déterminent nos caractéristiques en tant que personnes, par exemple la couleur et la forme des yeux, des cheveux, etc. C'est l'héritage génétique transmis par des parents aux enfants. On peut dire que le gène est comme la petite graine de notre vie qui déterminera beaucoup de nos caractéristiques.

C'est ainsi de même pour le royaume de Dieu. C'est un Royaume qui par sa nature est céleste et éternel. C'est pourquoi Jésus a dit que son Royaume n'est pas de ce monde, mais que ce Royaume est aussi présent et travaille au milieu de nous et se manifeste quand la volonté de Dieu est accomplie. Mais le plus grand de tout cela, c'est que tous les enfants de Dieu, nous sommes une partie active de ce royaume merveilleux.

1. Semer la graine du Royaume

Dans Matthieu 13: 31-32, Jésus a comparé son royaume avec une petite graine de moutarde qu'un homme a semée dans son champ. Au fil du temps, cette graine a germé et s'est développée comme un grand arbre (la graine de moutarde était très commune en Palestine et s'est développée comme un buisson d'environ trois mètres). Le royaume de Dieu ne peut pas être vu à l'œil nu mais est présent et se développe dans le monde.

Il est intéressant que la graine du Royaume puisse représenter les enfants de Dieu dans le monde (comme dans la parabole de l'ivraie et du blé). Cela signifie que Dieu nous a placés pour exercer une influence positive parmi les gens qui nous entourent. Ils peuvent être la famille, les camarades de classe, les gens de notre communauté, nos frères dans l'église, etc. On peut dire que littéralement "Dieu a semé notre vie dans le monde". Et il l'a fait pour nous utiliser dans de grandes choses!

Beaucoup de gens peuvent connaître Dieu et accomplir le but qu'il a pour leurs vies à partir du témoignage du comportement chrétien.

Demandez: Pouvez-vous imaginer comment Dieu peut utiliser votre vie ainsi que la petite graine pour construire la vie de beaucoup?

La semence du Royaume peut aussi être vue comme la parole de Dieu qui est semée dans les cœurs, c'est-à-dire l'Évangile du Royaume (comme dans la parabole du semeur). Nous pouvons dire que lorsque la Parole de Dieu est semée dans un seul cœur et qu'elle produit du fruit pour Dieu, son Royaume se manifeste dans cette vie (Matthieu 13:23).

La Parole de Dieu transforme les personnes internes. C'est ainsi que le Royaume de Dieu se manifeste dans notre caractère en tant que nouveau modèle de vie centré en Christ. En d'autres termes, le Royaume de Dieu se manifeste quand on obéit à la volonté de Dieu (Matthieu 6:10).

Discutez avec vos élèves en fonction des questions suivantes: À quel point est-il important pour vous de partager l'Évangile avec les autres? Autorisez-vous le royaume de Dieu à se manifester dans votre vie? Savez-vous que vous êtes un représentant du royaume de Dieu? Comment représentez-vous le royaume de Dieu parmi les gens autour de vous?

2. Montrer les fruits du Royaume

Demandez: Pouvez-vous imaginer à quoi ressemblerait le monde si tout le monde obéissait à la Parole de Dieu? Les vols, les meurtres et toutes sortes d'injustices prendraient fin. Ce serait quelque chose de merveilleux!

Dans le passage que nous étudions, au verset 32, cela indique que la graine de moutarde s'est développée en un arbre où les oiseaux ont fait leurs nids. Dans d'autres passages de la Bible, les oiseaux représentent les nations (Ézéchiel 17: 23-24, Daniel 4: 11-12). De cette manière, peut-être, Jésus indiquait l'extension progressive de son Royaume dans le monde entier.

Le monde change à mesure que les gens apprennent à connaître Dieu. Quand nous connaissons Dieu, nous produisons les fruits de son Royaume. Nous ne sommes pas chrétiens simplement parce que nous nous appelons chrétiens, remplissons des devoirs religieux ou fréquentons une église, mais parce que nous vivons une vie à la ressemblance du Christ (Jean 8:31, 13:35, 15: 8). Une vie de pureté et la manifestation miraculeuse de Dieu à travers ses enfants sont une démonstration palpable de la présence du royaume de Dieu (Romains 14:17).

Les Juifs de l'époque de Jésus pensaient que par le simple fait d'appartenir à la ville de Dieu.

Discutez avec vos élèves en vous basant sur les questions suivantes: Quels sont les fruits qui caractérisent les membres du royaume de Dieu? Selon vous, quel est le fruit principal du royaume de Dieu? Où les jeunes devraient-ils produire les fruits du royaume de Dieu?

3. Cherchant la plénitude du Royaume

Dieu a préparé de grandes choses pour ses enfants. Des choses qu'ils n'imaginent même pas (1 Corinthiens 2: 9). La volonté de Dieu est de bénir pleinement ses enfants. Dieu cherche à perfectionner chaque aspect de leur vie. Et la Bible dit que Dieu accomplira finalement ce but (Philippiens 1: 6).

Dans la parabole du levain dans Matthieu 13:33, une femme cachait ou mélangeait le levain dans la farine. Le résultat de ceci était que la pâte était complètement fermentée.

Cela nous parle de la réalisation mystérieuse du dessein de Dieu. Saviez-vous que rien ne peut s'opposer au dessein souverain de Dieu? Bien qu'aujourd'hui la présence de Dieu ait été liée au spectaculaire et au bruyant, la Bible enseigne que l'œuvre de Dieu dans nos vies est presque toujours imperceptible. Peut-être que nous ne le sentons pas, mais Dieu est toujours présent, travaillant pour notre bien. La puissance de Dieu agit mystérieusement et tranquillement, comme du levain dans la pâte jusqu'à ce qu'elle affecte tout. Cela arrive à la fois dans notre vie et dans le reste du monde. Dieu accomplit son but.

La Bible nous commande d'être remplis du Saint-Esprit (Éphésiens 5:18). Cela signifie être rempli de la plénitude de Dieu. Dans la mesure où les enfants de Dieu sont remplis de sa présence, la plénitude du royaume de Dieu parmi nous sera de plus en plus manifeste.

Révisez/Application: Répondez individuellement et ensuite discutez comme une classe si les gens sont confortables:

1. Une signification possible de la graine du Royaume dans la parabole de la graine de moutarde. (Les enfants de Dieu dans le monde ou la Parole de Dieu ou l'Evangile.)
2. Comment le royaume de Dieu se manifeste-t-il dans notre caractère? (Comme un nouveau modèle de vie qui a le Christ comme le centre.)
3. Qu'est-ce qu'une manifestation palpable de la présence du royaume de Dieu? (Une vie de pureté et la manifestation miraculeuse de Dieu à travers ses enfants.)
4. De quoi nous parle la parabole du levain? (De la réalisation mystérieuse du dessein de Dieu.)

Défi: Donnes à ta classe cette semaine des brochures de livraison ou des invitations à l'évangélisation de l'église en trois connaissances (parents, voisins, camarades de classe, etc.) que tu connais ont aucune relation personnelle avec le Christ. Faites cela dans le cadre de ton objectif pratique de participer à l'extension du royaume de Dieu.

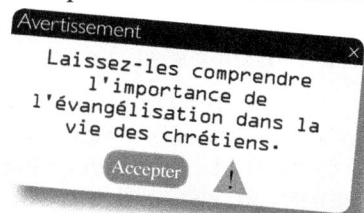

Avertissement
Laissez-les comprendre l'importance de l'évangélisation dans la vie des chrétiens.
Accepter

Vrai ou faux?

Objectif: Que les élèves apprennent à ne pas être guidés par les apparences et qu'ils cherchent à vivre sincèrement devant Dieu.

Pour mémoriser: *Car quiconque s'élève sera humilié; et celui qui s'humilie sera exalté.* Luc 18: 14b

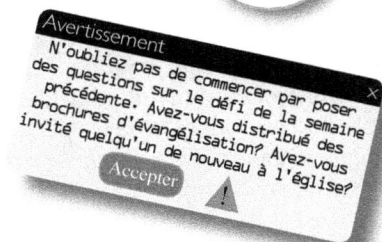

Avertissement
N'oubliez pas de commencer par poser des questions sur le défi de la semaine précédente. Avez-vous distribué des brochures d'évangélisation? Avez-vous invité quelqu'un de nouveau à l'église?

Accepter

Connecter / Télécharger

Dynamique d'introduction (12 a 17 ans).

- Instructions: Demandez-leur de répondre à la question suivante, en essayant de donner tous leurs arguments possibles: Lesquelles de mes actions montrent que je suis chrétien? Terminez en indiquant que les actions peuvent et doivent montrer qu'une personne est chrétienne. Mais ceux-ci peuvent être dangereux si nous les utilisons uniquement et exclusivement pour "prouver" aux gens que nous sommes des disciples du Christ et qu'ils ne sont pas nés d'un cœur sincèrement sincère.

Dynamique d'introduction (18 a 23 ans).

- Matériaux: Crayons et papier.
- Instructions: Demandez-leur de répondre à la question suivante; essayer d'expliquer: Quelles actions externes d'une autre personne m'aident à identifier en tant que chrétienne? Pourquoi?

  Guider la conversation sur la dangerosité de porter des jugements sur d'autres personnes, juste pour les apparences.

Connecter / Télécharger

1. Le réglage de la parabole

Le contexte de la parabole de Luc 18: 9-14 attire l'attention car il est parmi "La Parabole du juge et la veuve" (Luc 18: 1-8) et "Jésus bénissant les enfants" (Luc 18 : 15-17). La première histoire parle de l'efficacité qui a la prière persistante à Dieu, alors que l'histoire des enfants sert comme final de la parabole parfaite de l'étude.

La parabole racontée par Jésus en disant que deux hommes montèrent au temple pour prier. Le Temple de Jérusalem à l'époque était le centre du culte pour le peuple juif. Il était normal d'aller au temple pour prier, comme il est maintenant normal d'aller à un temple pour maintenir la communion avec Dieu, comme le temple est le lieu construit pour la communion et adorer Dieu comme une église.

L'un de ces deux hommes était un pharisien. Le mot "pharisien" ne contenait pas une signification à ce moment historique; Au contraire, les pharisiens étaient un groupe religieux que les juifs admiraient beaucoup et ont suivi leurs chefs spirituels. Ils ont soigneusement étudié la loi et ont voulu obéir dans son ensemble, de sorte qu'ils venaient parfois trop insister sur la façon dont ils l'ont appliqué. Malheureusement, bon nombre d'entre eux réside dans leurs propres œuvres plutôt que la miséricorde de Dieu.

L'autre était un publicain. Les publicains étaient des collecteurs d'impôts; ils ont été ancrés dans le système romain pour percevoir les paiements fiscaux. De nombreux publicains sont devenus riches en chargeant les autres impôts sur le peuple. Cela a provoqué au peuple juif en général d'haïr et considérer comme traîtres à toute personne qui a exercé cette mission.

Ceci est une parabole où Jésus mentionne deux personnes face à face pour mettre en évidence l'attitude des deux. D'une part, un pharisien, le chef spirituel le plus élevé dans le village, a été admiré; d'autre part, elle a été désavoué, identifié et traité comme un pécheur avoué, alors que qu'on ne las considère pas comme une personne qui fait partie du peuple de Dieu. Aujourd'hui, dans les congrégations, il y a des gens qui sont reconnus par leur foi et les gens de qualité spirituelle douteuse. Peut-être, dans votre groupe de jeunes il y a des gens qui vous admirent, mais il y a aussi d'autres personnes qui sont considérées comme étant loin de la communion avec Dieu. Aujourd'hui, Jésus veut nous faire remarquer que la réalité est autour de nous.

2. Le résultat de la parabole

La confrontation des deux personnages (pharisien et publicain) est superlatif: Le pharisien n'est pas allé au temple pour prier, mais parlait fort pour que les autres le voyaient. Il se leva et lui-même a concentré ses mots (en grec, le pronom "je" apparait quatre fois). Ses expressions pourraient dire qu'il n'a pas besoin de Dieu, mais il confiait dans sa propre justice; il se croyait autosuffisant (aucune demande à Dieu) et a été en mesure de répondre à toutes les conditions requises pour être un bon religieux.

Cela l'a conduit à bluffer: Il a dit qu'il jeûnait deux fois par semaine; et aussi il a donné la dîme de tout gagné. Ces actions lui ont fait sentir supérieur aux autres, comme les voleurs, injustes, adultères, et même le publicain qui était dans le même temple que lui.

Le publicain, cependant, peu importe la façon dont il a été péché, a pris une position différente: Il se présentait comme un pénitent, un homme chargé de douleur énorme pour le péché. Il n'a pas osé approcher de l'autel, se tenant à distance; aussi il ne leva pas les yeux au ciel et comme si cela ne suffisait pas, frappait la poitrine, n'atteint que dire: "Dieu, sois miséricordieux envers moi, pécheur".

Il n'a pas mentionné ce qu'il avait fait. Peut-être qu'il avait volé le peuple de manière fourbe et réalisé que la loi l'obligeait à restituer ce qu'il avait volé. Selon Lévitique 6: 2-5 cet homme a dû restituer tout ce qu'il avait pris, en plus d'une cinquième partie supplémentaire. Et ce que ne pouvait le faire, alors il se jeta sur la miséricorde de Dieu.

Au sein de l'église aujourd'hui, il y a des gens qui ne prient pas à Dieu, mais seulement il lève sa voix pour se faire remarquer; les personnes qui n'osent pas s'humilier, elles veulent juste montrer qu'elles ne maintiennent une relation avec Dieu. Mais il y a aussi des gens qui veulent le pardon de Dieu, indépendamment de la richesse ou la taille de leurs péchés; les gens qui savent prier, mais désire ardemment la réponse d'un Dieu miséricordieux.

3. Fin inattendue de la parabole

" Je vous le dis, celui-ci descendit dans sa maison justifié, plutôt que l'autre" Luc 18:14a.

Mais nous pourrions demander: le pécheur a-t-il reçu le pardon? Et ce que je devais? Et l'accomplissement de la Loi? Et tes responsabilités? Et les commandements du Seigneur pour ta vie? A-t-il été pardonné comme ça, sans plus?

La réponse est oui! Jésus-Christ a dit que ce publicain était pardonné. Et il a été pardonné parce qu'il s'est humilié devant Dieu. C'est étrange, non? Nous sommes habitués à avoir des conséquences sur nos actions, nous devons payer pour ce que nous avons fait; En fait, quand nous pardonnons à quelqu'un, nous lui rappelons toujours (avec des mots ou de petits gestes) que nous leur pardonnons. Mais Jésus-Christ a enseigné que son pardon n'a rien à voir avec les valeurs de la société. Les instruments de sa mesure ne sont pas comme les nôtres. Il dit: "Quand le péché abonde, la grâce surabonde" (Romains 5:20). Psaume 51:17 dit: "Les sacrifices qui sont agréables à Dieu, c'est un esprit brisé: O Dieu! Tu ne dédaignes pas un coeur brisé et contrit". Dieu est content quand la personne reconnaît sa situation de faute et cherche le pardon et la restauration divine.

Nous devons être prudents avec nos actions. Demandez: Faisons-nous des choses pour Dieu en vérité, ou seulement pour que les autres nous observent? Est-ce que nos prières nous humilient devant Lui ou cherchent-elles un autre but?

Devons-nous dire à Dieu que nous avons besoin de sa présence et de ses bénédictions, ou pensons-nous que nous sommes autosuffisants? Nous devons prendre soin de ce que nous faisons, à l'intérieur et à l'extérieur de l'église. Demandez: Est-ce que quelqu'un d'entre nous pense qu'il a une supériorité spirituelle? Ou sentez-vous supérieur dans un autre aspect? (Bien que personne ne réponde à ces questions, ils penseront).

Livrons-nous des préjugés: Bien que le point nous arrivons au temple, bien chanter, nous savons que beaucoup d'hymnes, lire la Bible au cours de la semaine, pleurer à l'autel, beaucoup de gens partagent sur le Christ et grâce à nos témoignages, beaucoup de personnes se rendent à Christ, Dieu n'écoutera pas nos prières; si elles ne naissent pas d'un cœur humble (Psaume 138: 6).

Il ne faut pas juger les gens par les apparences! La miséricorde de Dieu est très grande.

La phrase centrale de ce passage: "Celui qui s'exalte sera humilié; et quiconque se rendra humble sera élevé" (18: 14b), elle se confirme avec la bénédiction que Jésus a donné aux enfants dans Luc 18: 15-17.

On doit vivre la vie chrétienne en étant humble et en se reposant dans la miséricorde de Dieu. Comme les enfants qui sont héritiers du royaume de Dieu.

Que chaque phrase soit élaborée avec des mots simples, comme ceux d'un enfant. Dieu entendra sûrement!

Révisez/Application: Donnez-leur le temps de lire la phrase principale et de répondre aux questions. Demandez-leur ensuite d'écrire une phrase personnelle qui encourage une vie d'humilité.

"Tous les gens sont mieux que moi dans quelque aspect... à cet égard, j'apprends d'eux".

1. Comment cette phrase peut-elle être un principe utile pour vivre humblement?

2. Quels engagements pouvons-nous prendre aujourd'hui avec Dieu afin que nous ne voulions pas seulement "prouver" que nous sommes chrétiens, mais être de véritables disciples de Jésus-Christ?

3. Si cette phrase est vécue par les enfants, quel apprentissage en tirons-nous?

4. Comment pouvons-nous traiter les gens qui, apparemment, sont moins "spirituels" que nous?

Défi: Dis à ta classe: Cette semaine, évite de juger les gens par leurs apparences et efforce-toi de partager la miséricorde que Dieu t'a montrée. Une manière simple de commencer est de prier avec sincérité.

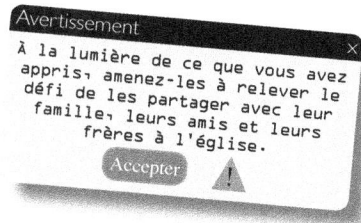

Avertissement
À la lumière de ce que vous avez appris, amenez-les à relever le défi de les partager avec leur famille, leurs amis et leurs frères à l'église.
Accepter

La déception de Dieu

Objectif: Que l'élève comprenne que Dieu est amour, mais qu'il est juste et punit son peuple quand il s'éloigne de ses commandements.

Pour mémoriser: *... et s'attend à donner des raisins, et donner des raisins sauvages.* Esaïe 5: 2c

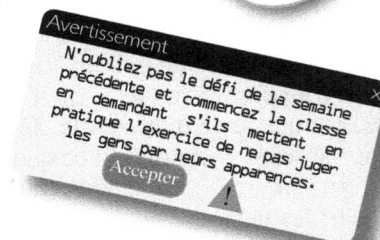

> **Avertissement**
> N'oubliez pas le défi de la semaine précédente et commencez la classe en demandant s'ils mettent en pratique l'exercice de ne pas juger les gens par leurs apparences.
> Accepter

Connecter | Télécharger

Dynamique d'introduction (12 a 17 ans).

- Matériaux: Papier et crayon.
- Instructions: Divisez la classe en deux ou trois groupes et demandez-leur d'écrire une situation dans laquelle quelqu'un investit toute son énergie dans quelque chose et cela ne fonctionne pas pour eux. À la fin, demandez-leur d'écrire quels sentiments cette situation génère.

    Puis donnez-leur du temps pour qu'ils partagent ce qu'ils ont fait avec la classe.

Dynamique d'introduction (18 a 23 ans).

- Matériaux: Tableau et craie ou marqueurs.
- Instructions: Écrivez la question suivante au tableau: que feriez-vous si la personne que vous avez toujours voulue et confiée vous a déçu? Écrivez les réponses au tableau (vous pouvez mettre une situation qui illustre le mieux la question). Une fois tous les commentaires terminés, demandez aux élèves de réfléchir à la façon dont Dieu se sentirait si nous les décevrions. Si votre action sur nous serait ... (citez chaque opinion exprimée par la classe).

Connecter | Télécharger

En utilisant le genre de la parabole, Ésaïe (5: 1-7) a exposé dans une belle chanson l'immense déception et désillusion que Dieu a soufferte pour le comportement d'Israël. Comme dans chaque parabole, chaque mot ne nous transmet pas un message, mais ils sont tous conformes à un ensemble bien structuré qui permet à l'auteur d'enseigner des vérités spirituelles à partir de choses connues de ses lecteurs.

1. Le péché de la nation d'Israël

Cette parabole est dans un livre prophétique, ce qui le rend encore plus intéressant. Esaïe a utilisé ce genre littéraire pour prédire ce qui se passerait dans un futur proche avec la nation d'Israël.

Une chose importante de la prophétie biblique d'Israël de toute cette grande période, c'était la révélation du temps présent, en avertissant le peuple, les rois et les prêtres sur la condition spirituelle et sociale dans laquelle ils étaient et ce que Dieu ferait si leur péché n'a pas cessé(vv.5-7).

Dans toute l'histoire d'Israël, son péché et son manque de fidélité à Dieu étaient des situations répétées.

Le contexte dans lequel Esaïe écrivait était défavorable à tous égards. Sur le plan politique, les rebelles étaient corrompus et s'aimaient, faisant des projets sans consulter le Seigneur (Esaïe 1: 2); pour la partie religieuse, les prêtres ne remplissaient pas leur devoir, la religion était fondée sur des sacrifices, mais leur vie étaient loin de Dieu (Esaïe 1: 10-17), il y avait la rébellion contre Dieu et l'idolâtrie était commune; sur le plan social, l'inégalité entre les classes était remarquable (Esaïe 1: 21-23).

La nation d'Israël était représentée dans la parabole d'Ésaïe 5: 1-7 comme une vigne. La nouvelle version internationale définit le terme comme des raisins sauvages, en le remplaçant par des raisins verts.

La vigne a exigé des soins très intenses, ceux-ci représentaient le soin que Dieu a montré pour son peuple. Ce n'est rien de plus qu'une forte affirmation du soin de Dieu. Le terme "raisins aigres" est utilisé pour désigner le péché comme le fruit de la vie de ce peuple.

Dieu attendait Israël de réagir positivement à son amour, mais malgré tout le soin qu'il a montré à son peuple (depuis son sauvetage de l'esclavage en Egypte), il persistait à désobéir à Dieu et continuer dans leur péché.

Aujourd'hui, le péché continue d'être un poison mortel, détruit la relation avec Dieu, la vie, la famille et affecte le témoignage de l'église.

Quand on pense un instant à la bonté de Dieu dans notre vie, dans tout ce qu'Il a fait pour nous et ses soins continus, nous devrions nous inciter à vivre pour Lui et Lui plaire à chaque instant. Mais il est triste quand la vie d'une personne est le reflet de cette parabole et après avoir expérimenter la bonté de Dieu et le péché permet d'occuper une place dans son voyage quotidien.

Cette parabole nous encourage à ne pas céder à la tentation, mais vivre une vie d'obéissance, non cédant à la pression des clans de l'école, le travail, la famille ou entre amis (Jacques 4: 7).

2. Le jugement de Dieu à cause du péché

Le jugement est décrit avec des mots liés au processus de culturation de la vigne (vv.5-6). Ce langage pittoresque illustre comment Dieu supprimait toutes les conditions qui permettaient à la culturation d'atteindre son maximum de splendeur et de performance. Cela a indubitablement dénoté un jugement.

Ésaïe prophétisait les conséquences de la vie pécheresse d'Israël, Dieu disait assez: il faisait tout pour son peuple, espérant la droiture et la justice, et le résultat était tout le contraire.

Dans la bouche de ce prophète était le jugement qui aurait lieu au-dessus de la nation. Ces paroles ont été accomplies et Dieu a choisi une nation aussi puissante que l'Assyrie pour être un instrument de punition envers son peuple élu. Le jugement de Dieu était terrible, il y avait la destruction de tous les côtés, les gens ont été pris en captivité à une nation étrangère et pendant de longues années ils ont souffert l'exil.

Guidez vos élèves à réfléchir sur les conséquences du péché sur le plan social et spirituel. En analysant toute l'histoire biblique, on observe que le péché a toujours eu des conséquences désastreuses. Le procès de Dieu n'est pas limité à la fin des temps, une grande partie du péché qui est pratiquée aujourd'hui aura des conséquences maintenant et dans l'éternité. Bien que l'église profite de la dispensation de la grâce, où Jésus est l'intercesseur devant Dieu et le Saint-Esprit le guide quotidien, l'être humain est responsable des conséquences dues aux actions qui déplaisent au Seigneur. Dieu n'observe pas constamment, tout comme un officier de police pour rendre un jugement au moment où sa loi est violée. Le caractère et le travail de Dieu avec l'église sont très loin de cela. Son amour va beaucoup plus loin, mais son jugement doit être compris comme une attitude d'avertissement et nous devons chercher la repentance et une plus grande intimité avec Lui.

3. L'amour rédempteur de Dieu

Prévoyez du temps pour que les élèves puissent commenter certaines de leurs expériences personnelles où ils ont directement observé l'amour de Dieu.

L'amour de Dieu n'a pas de limites, fait partie de son être essentiel, a été et continue à se manifester à l'humanité en tout temps. Tout son caractère est nuancé par cet amour.

Dieu était toujours conscient des problèmes que son peuple rencontrait et qu'il aimait malgré toutes les infidélités commises. Mais dans ce passage, nous voyons que Dieu ne tolérait plus ses péchés et publiait un jugement contre Israël.

Ésaïe a prophétisé un exil. Il y a une question clé dans ce texte biblique: "Que pouvait-on faire de plus pour ma vigne que je n'en ai pas fait?" Cette question révèle l'immense amour et le soin de Dieu envers son peuple. Il a épuisé toutes les ressources pour faire repentir son peuple, il ne pouvait plus rien faire pour Israël (Ésaïe 5: 4). Ce fut un moment culminant dans la relation de Dieu avec son peuple bien-aimé, Dieu n'a pas mis fin à son amour, le jugement qui viendrait ferait partie de son amour constant, n'oublions pas que Dieu est amour mais aussi justice (Hébreux 12: 6). Il y a une corrélation intéressante entre l'amour et la justice de Dieu, l'amour n'exempte pas le jugement. La parabole n'exprime pas la fin de l'amour de Dieu pour Israël, mais une nouvelle condition dans cette relation. Son amour a continué à être avec eux en exil, Il ne les quitta jamais et leur permit par la suite de Défiurner dans leurs terres.

L'expression ultime de l'amour à notre époque est la mort de Jésus, son sang purifié du péché à tous ceux qui se repentent et vivent selon ses commandements (1 Jean 1: 7). Son amour se manifeste à chaque seconde qui se passe dans la vie de ses enfants et à travers des aspects dissemblables; Il est nécessaire d'être sensible à Lui pour voir ce qu'Il fait dans et à travers Ses enfants.

Révisez / Application: Demandez-leur de répondre à la question suivante et de remplir les mots manquants dans les phrases suivantes:

a. Pourquoi Dieu a-t-il été déçu d'Israël? (La grande déception de Dieu était pour la réponse qu'Israël a donnée dans (sa condition de péché) à la préoccupation constante et à l'amour de Dieu.)

b. Le terme _raisins aigres_ est utilisé pour signer le péché comme le fruit de la vie de ce peuple.

c. Ne cédez pas à la pression de votre groupe à l'école ou que ceux que vous rassemblez qui ne sont pas chrétiens, soyez _un exemple_ pour eux, rejetez le péché et Dieu ne sera pas _déçu_ en toi.

d. Le jugement de Dieu ne se limite pas à la fin des temps, _le péché_ que nous pratiquons aujourd'hui a des conséquences maintenant et si nous ne nous repentons pas nous aurons aussi des conséquences plus tard.

e. Quelle est la question clé dans ce texte biblique? Que pouvais-je faire de plus pour ma vigne que je n'en ai pas faite? _Ésaïe 5: 4a._

f. Interprétez-le avec tes mots.

Défi: Dis à ta classe: Réfléchis aux aspects de ta vie qui déçoivent Dieu. Engage-toi cette semaine à demander l'aide de Dieu pour les vaincre et gagner la victoire.

Il était une fois

Objectif: Que l'élève sache que selon la Bible, l'abus des pauvres ou rester indifférent à la pauvreté, sont des péchés comparables à l'adultère et à l'homicide.

Pour mémoriser: *Celui qui se moque des pauvres déshonore son créateur* ... Prov. 17: 5a

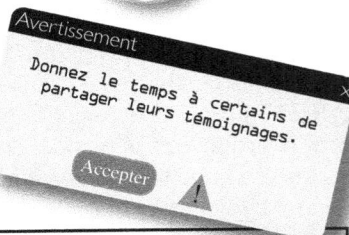

Avertissement
Donnez le temps à certains de partager leurs témoignages.
Accepter

Connecter — Télécharger

Dynamique d'introduction (12 a 17 ans).
• Matériaux: Cinq étudiants et un paquet de caramel.
• Instructions: Choisissez cinq élèves et expliquez le drame à l'avance. Une fois en classe, donnez 3 bonbons à 4 des élèves et seulement un au cinquième. Alors l'un des quatre ira à celui qui en a un, il prendra son bonbon et ne le rendra pas, mais le mangera. Les autres vont commencer à manger leurs bonbons, tandis que celui qui reste sans rien aura l'air désolé, ne faisant rien.

Puis demandez au reste de la classe son opinion sur la situation. À la fin de la classe, vous pouvez distribuer des bonbons entre tous.

Dynamique d'introduction (18 a 23 ans).
• Matériaux: Caramels ou des bonbons.
• Instructions: Lorsque les élèves entrent dans la classe, distribuez un bonbon à chacun d'eux. À la fin, restez avec le sac avec plusieurs bonbons et gardez-les et allez enlever le bonbon à quelqu'un dans la classe et le manger. Puis demandez à la classe ce qu'elle pense de cette attitude. Écrivez les réponses au tableau et demandez-leur de résumer ce qui a été dit en une seule phrase. À la fin de la contribution des élèves, donnez un bonbon à la personne à qui vous l'aviez enlevé avant de commencer la leçon.

Connecter — Télécharger

Lisez ce qui s'est passé plus tôt dans 2 Samuel 11: 1-27.

1. Il était une fois un roi ennuyeux

L'après-midi arrivait. Le roi David venait de se lever de son lit et cherchait quelque chose pour se divertir. Pendant qu'il marchait sur le toit de la maison royale, regardant autour de lui, il vit une belle femme qui prenait un bain. Il est très probable que cette femme était nue. David a observé sa beauté et a immédiatement découvert qui elle était. Même en sachant que c'était une femme mariée, il l'a fait venir pour coucher avec elle.

Jusqu'ici tout était à la maison. Cependant, peu de temps après les conséquences ont touché la porte du souverain. Bath Schéba, qui était le nom de la femme, était enceinte (2 Samuel 11: 2-5).

Il est évident que Bath Schéba, avait été discrète. Sinon, cela aurait mis en danger sa vie et celle de son mari. Cependant, il n'avait aucun moyen de cacher le problème, et la seule chose qui lui venait à l'esprit était d'avertir le futur papa. David a essayé de résoudre la question en utilisant le chemin de la tromperie (2 Samuel 11: 6-8).

Le roi planifiait d'envoyer le mari de Bath Schéba, (qui était dans la guerre, v. 6) à sa maison. Si le mari arrivait fatigué, venant du champ de bataille, il se baignerait, mangerait, boirait, reconstituerait ses forces et aurait des rapports sexuels avec sa femme. Certes, personne n'oserait nier que Dieu ait accordé une grossesse au guerrier et à sa femme, fruit de cette heureuse parenthèse que sa majesté a offerte au milieu des hauts et des bas de la guerre.

2. Une fois il y avait un résultat inattendu

Cependant, la fidélité du soldat a étonnamment mis le roi en échec (2 Samuel 11: 6-13). Il a décidé d'élaborer un plan pour disparaître qui n'avait jamais été son rival ou son ennemi, mais plutôt le contraire, le plus grand de ses hommes (vv.14-17).

L'ambition et la convoitise du roi créaient un problème après l'adultère, que ni la tromperie ni l'hypocrisie n'étaient suffisantes pour le résoudre. Il était nécessaire d'offrir une victime au silence, afin que tout redevienne normal, au moins en apparence. Le riche n'avait pas seulement pris pour lui seul le trésor du pauvre homme, mais il prenait aussi sa vie. Urie a été envoyé (par ordre du roi) à l'endroit le plus difficile de la bataille et comme prévu, il a été tué au combat Le noble monarque prit la veuve comme sa femme. Cela a fait appel à un ''geste solennel de renoncement et d'altruisme''. Avec cette action, le doux chanteur d'Israël, a cru mettre un timbre sur le tronc de leur mal et donner une fin heureuse à l'épisode macabre.

3. Une fois un prophète envoyé de Dieu

Il est difficile de déterminer exactement le temps qui s'est écoulé entre cet épisode et la visite du prophète Nathan. Cependant, tout semble indiquer que ce n'était pas beaucoup.

Nathan jugea nécessaire de créer un miroir où David pourrait se regarder, sans se rendre compte qu'il se regardait. Alors seulement, la mission réussirait.

Le roi David était assis sur son trône, écoutant attentivement l'histoire que le prophète Nathan lui avait racontée (1 Samuel 12: 1).

En écoutant l'histoire de Nathan (2 Samuel 12: 1-4), des sentiments de justice s'éveillèrent chez le roi. La finale a été tellement avérée et aussi impitoyable et cruel, que le roi était furieux et sans hésitation, la peine de mort prononcée contre l'auteur (2 Samuel 12: 5). Sans savoir que le roi David s'est condamné lui-même. Le prophète saisit immédiatement l'occasion pour lui dire que cet homme était lui (2 Samuel 12: 7). A ce moment, David se repentit, mais il fut atteint par la justice de Dieu.

Les conséquences se manifesteraient de trois manières, l'épée ne s'éloignera jamais de sa maison, ses femmes seraient avec d'autres hommes (non en secret, comme il l'avait fait, mais le plein soleil) et enfin l'enfant était né de la tromperie, il mourrait (2 Samuel 12: 10-14).

Nous ne pouvons pas oublier, David a reconnu son péché, se repentit et au milieu de son temps seul avec Dieu, même écrit des psaumes aussi précieux que 32, 51 et 103, montrant que la repentance et l'humilité de son cœur, qui était toujours supérieur à sa méchanceté, lui conduit au chemin de la restauration (2 Samuel 12:13).

4. Une fois il y avait un pauvre abusé ...

Dans les paraboles, l'image du pauvre était utilisée encore et encore, essayant de transmettre différents messages. Il est évident qu'il existe différents types de pauvreté, ainsi que différents facteurs qui en sont la cause. Régimes injustes, répartition inégale des richesses, mortalités géographiques et bien d'autres.

Le passage étudié (2 Samuel 12: 1-14) se réfère aux péchés de David, à sa repentance, à sa punition et à sa restauration. Cependant, on peut apprécier quelque chose de plus. Nathan, essayant d'emmener David à une réflexion sur ses actes (adultère, mensonge et meurtre) a utilisé l'abus perpétré sur un homme pauvre, par un autre qui jouissait d'une grande richesse matérielle. David capturé le grand mal qui a été impliqué dans l'abus envers ceux qui ont moins et dans son état de roi jugé et condamné lui-même.

Le pauvre homme dans l'histoire du prophète Nathan représente ceux qui ont perdu espoir. Représente la voix de gémissement et de plainte.

Le péché du riche n'était pas sa richesse, c'était l'abus de pouvoir envers un pauvre. Certaines attitudes négatives peuvent être mises en évidence chez l'homme riche. Tout d'abord, l'égoïsme en ne partageant pas ses affaires avec son invité "à ne pas prendre de ses troupeaux, de se vêtir pour le voyageur qui était venu chez lui" (2 Samuel 12: 4). Bien qu'il en ait assez pour le faire, il ne voulait pas le partager. Deuxièmement, l'abus de pouvoir envers une personne sans défense. Peut-être l'homme riche n'était pas allé personnellement pour prendre la brebis du pauvre, mais il a envoyé leurs employés à menacer et à atteindre son objectif de toute façon. La loi donnée par Dieu à travers Moïse exigeait la prise en charge des pauvres (Exode 23: 10-11; Lévitique 19: 10, 15).

Révisez/Application: Demandez-leur d'écrire les réponses au questionnaire sur 2 Samuel 11 et 12 (vous pouvez les faire répondre au cours de la leçon).

1. Quel travail David a-t-il fait quand il a vu Bath Shéba et a conçu son plan pour la posséder? (David ne faisait rien et il s'ennuyait. Il était inactif (2 Samuel 11: 2).)

2. Quelle stratégie le roi utilisa-t-il lorsqu'il apprit que la femme du guerrier était enceinte de lui? (David a fait venir Uri, le mari de Bath Shéba de la guerre, avec l'intention de coucher avec elle et de justifier sa grossesse (2 Samuel 11: 6).)

3. Quelle était l'attitude du soldat? (Il a refusé d'aller chez lui, parce qu'il ne se considérait pas digne d'un tel privilège, alors que ses compagnons étaient en guerre (2 Samuel 11: 9).)

4. Avec quoi le prophète Nathan a-t-il comparé les actes de David? (Il l'a comparé à un homme pauvre, qui a été abusé par un homme riche (2 Samuel 12: 4).)

5. Pourquoi juxtaposer l'histoire du riche abuseur et celle du roi adultère et meurtrier? (Parce que les deux sont une abomination au Seigneur.)

Défi: Dis à ta classe: Examinez ton journal pour agir en relation avec les pauvres et la pauvreté elle-même. S'il est nécessaire de faire quelques ajustements dans ta façon de procéder, demandez au Seigneur de te guider et de te fortifier. Enregistre tes réactions chaque fois que tu as la possibilité d'aider les autres. Reste à l'écoute pour observer tes progrès. Assure-toi que tu prospères dans ce domaine. Ne te contente pas seulement d'exprimer ta sympathie, essaie plutôt de transformer tes paroles en œuvres.

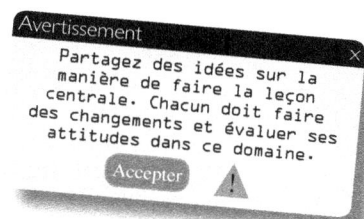

Avertissement

Partagez des idées sur la manière de faire la leçon centrale. Chacun doit faire des changements et évaluer ses attitudes dans ce domaine.

Accepter

Obéissance et soumission

Objectif: Que l'élève trouve dans la vie de Ruth, le fruit de l'obéissance et de la soumission.

Pour mémoriser: *Ne me presse pas de te laisser, de Défurner loin de toi! Où tu iras j'irai, où tu demeureras je demeurerai; ton peuple sera mon peuple, et ton Dieu sera mon Dieu.* Ruth 1:16

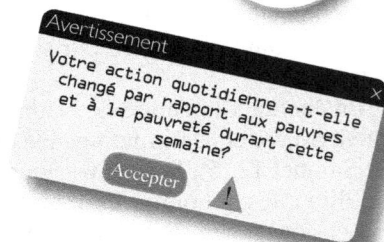

Avertissement

Votre action quotidienne a-t-elle changé par rapport aux pauvres et à la pauvreté durant cette semaine?

Accepter

Connecter | Télécharger

Dynamique d'introduction (12 a 17 ans).
- Matériaux: Feuille de papier, crayons de cire, encre de Chine ou bitume, poudre et poinçon.
- Instructions: Demandez aux élèves de colorier complètement la feuille en utilisant toutes les couleurs et sans laisser d'espaces vides. Ensuite, demandez-lui de poudrer la feuille de poudre et de la recouvrir d'encre de Chine ou de bitume. Laissez-les sécher pendant le développement de la classe.

   À la fin de la leçon, chaque élève à l'aide d'un poinçon va dessiner quelque chose sur la feuille, raclant soigneusement l'encre ou le bitume.

   Cela arrive plusieurs fois dans nos vies, nous nous efforçons d'obtenir de bons résultats dans nos projets, mais sans réfléchir, des situations apparaissent qui semblent tout gâcher. La chose importante dans la compréhension que Dieu avec son "poinçon" peut faire ressortir le meilleur et utiliser les difficultés pour mettre en évidence les plus belles que nous avons.

   Remarque: Faites d'abord cette activité dans votre maison avec le temps de sortir correctement.

Dynamique d'introduction (18 a 23 ans).
- Matériaux: Journal ou de magazine avec un beau paysage ou une illustration.
- Instructions: Présentez l'image choisie et donnez le temps au groupe de la décrire et de mentionner tout ce qu'elle inspire.

   Une fois le temps de description terminé, prenez la feuille et brisez-la avec vos mains en petits morceaux (pas minuscules, en essayant que dans chaque morceau coupé, vous puissiez distinguer la partie de l'image totale qui est affichée).

   Après cela, invitez le groupe à recréer la première image.

   Cela arrive plusieurs fois dans nos vies, nous sommes satisfaits du bien que nous avons accompli, peut-être comme avec cette image initiale, mais quelque chose se passe et tout se brise en morceaux. Cependant, lorsque nous voyons l'image reconstruite, nous pouvons trouver plus de valeur. Dieu fait cela avec nous, même si des choses arrivent que nous voulions détruire, nous savons toujours que la main de Dieu est réparatrice.

Connecter | Télécharger

1. Rut, une femme résolue
Il y a beaucoup d'enseignements qui peuvent être extraits de la vie de Rut, cependant une qualité proéminente c'est son esprit ferme face aux décisions importantes. Dans ce premier chapitre de Ruth, elle a affronté avec la prise des décisions très difficiles.

a. Une place dans le monde
Naomi était veuve et elle a perdu ses deux enfants virils. Face à cette situation, elle détermina de Défurner à Bethléem, sa ville d'origine. Naomi savait que ses belles-filles étaient de Moab et c'est la raison pour laquelle elle leur a proposé qu'elle se reste dans leur pays, où ce serait plus facile pour qu'elle recommence leur vie.

Rut était en face à une décision importante. Si elle avait décidé d'aller avec sa belle-mère, sa vie changerait catégoriquement. Changement du peuple et de famille a symbolisé changement des coutumes, et jusqu'à de foi. Cependant, Ruth a décidé pour quelque chose qu'elle savait au sujet de la foi de la famille de Naomi.

La famille de Naomi était de la ville d'Israël et elle vivait reconnaissant et craindre Dieu. Ruth a vu les fruits de cette foi, elle expérimentait toujours comment le Dieu de sa belle-mère l'a soutenu. Quand Naomi a insisté ses belles-filles qu'elles restent à Moab, Opa a dit au revoir avec beaucoup de tristesse, mais Ruth décidait de l'accompagner (Ruth 1 :16-17).

b. Un vrai Dieu
Dans Ruth 1: 16-17, On a mentionné divers domaines que Ruth a décidé de partager avec sa belle-mère. L'un d'eux était en relation avec Dieu. Ruth ne voulait pas seulement "partager" le Dieu de Naomi, mais elle voulait s'approprier ce Dieu. Merveilleusement, Dieu a un plan rédempteur, pour toute l'humanité, pas seulement pour quelques-uns.

C'est pour un peuple, mais pour celui qui croit en Lui (Jean 3:16, Ephésiens 3: 4-6) Dieu a utilisé Ruth pour être l'ancêtre du Roi David et est apparu dans la généalogie de Jésus. (Matthieu 1: 5)

2. Ruth, une femme soumise et obéissante

Ruth et Naomi sont reparties à Bethléem et sont arrivées improvisées de tout bien matériel, sans travail, sans maison, sans famille. Mais avec la conviction d'avoir fait la bonne chose. Ruth n'a jamais quitté son rôle de "femme". L'amour pour sa belle-mère était réel, elle se soumit à l'autorité de Naomi. Le témoignage de Naomi en tant que femme de Dieu a eu un impact sur la vie de Ruth.

Le mot retenu n'est généralement pas utilisé comme une chose positive, on pense qu'il est contradictoire avec le mot "indépendant" et qu'il conduit la personne à perdre son individualité et sa propre décision. Cependant, la Bible nous commande d'être soumis à Dieu en tant que souverain, créateur et soutien. Il parle aussi de la sujétion dans l'image du mariage (Ephésiens 5:22, Colossiens 3:18) et concernant les enfants avec leurs parents aussi (1 Timothée 3: 4).

Dans tous ces cas, le mot "soumission" indique la couverture et la protection, et non la perte de liberté ou d'identité personnelle. Etre soumis à Dieu garantit la sécurité au-delà des circonstances, tout comme la soumission à l'autorité telle qu'elle est enseignée dans les Écritures; un fils à un père, un serviteur à son maître, une femme à son mari. Dans tous les cas, un caractère soumis est requis pour reconnaître l'autorité spirituelle que cette personne exerce; on ne peut pas être soumis à quelqu'un qui mène une vie de péché, puisque nous ne pouvons pas plier notre foi.

Ruth connaissait la véritable suggestion et la bénédiction qu'elle impliquait, au point qu'elle avait besoin de l'approbation et du soutien de Naomi pour entreprendre les défis quotidiens (Ruth 2: 2).

Ruth était obéissante et soumise, elle demanda à Naomi la permission d'aller chercher des pointes comme les pauvres le firent.

La plupart des gens sont utilisés pour avertir d'une décision, mais pas pour demander la permission à leur autorité. Dieu est notre autorité suprême, combien de permission lui demandons-nous face à nos routines quotidiennes?

Après que Ruth ait pris la décision de suivre Naomi, elle a promis de lui obéir (Ruth 3: 5-6).

Lorsque nous sommes disposés à obéir, nous devons garder à l'esprit que ce ne sera pas toujours facile, ou à notre goût. Mais quand on est obéi selon la volonté de Dieu, il y aura une grande bénédiction.

Être obéissant signifie ne pas faire les choses sans autorisation (Ruth 2: 1-3). Donc, c'est avec Dieu, nous voulons souvent faire les choses qui nous viennent à l'esprit et nous ne demandons pas leur autorisation, et quand nous avons des problèmes, nous allons demander leur aide. Ruth a eu le soutien de Naomi, et a obéi avec confiance (Ruth 2: 8-12).

Etre obéissant implique souvent d'accepter les indications même si nous ne les comprenons pas pour le moment (Ruth 3: 1-11). Ce que Naomi avait ordonné à Ruth de faire était une coutume de l'époque. Sans doute, à cette époque, il n'était pas facile à Ruth d'obéir, mais elle avait pris la décision d'obéir et de se soumettre à l'autorité spirituelle de sa belle-mère. Il y a des gens comme le pasteur de l'église, le chef des jeunes, les enseignants, les personnes ayant de l'expérience dans la vie chrétienne, qui peuvent être considérées comme autorité spirituelle.

3. Ruth, a été récompensée

À la fin de l'histoire racontée dans le livre de Ruth, nous pouvons trouver une "fin heureuse" (Ruth 4: 9-17). Boaz prit Ruth pour épouse, ce qui signifiait aussi qu'il la "rachetait" et la sauvait de la solitude et de l'impuissance en tant que veuve. Dieu a grandement béni Ruth dans différents domaines. Son mari était un entrepreneur qui savait travailler la terre. Elle a bénéficié d'une maison et d'une famille. Il a eu la bénédiction d'avoir son premier enfant, qui serait le grand-père du roi David, dont la progéniture Jésus serait née, le sauveur du monde.

Le fruit de l'obéissance n'est pas une petite chose. Cela devrait nous motiver à avoir un plus grand engagement envers Dieu et à Lui obéir. Il est temps de prendre des décisions sérieuses et réfléchies, et non des engagements émotionnels et à court terme. Dieu est la foi.

Dieu connaît chaque faiblesse, connaît les circonstances et n'aime pas que les problèmes soient résolus par Mirtira. Dieu veut aider chaque croyant à être convaincu que la vérité est la meilleure solution à toute circonstance. Dire la vérité, c'est dire les choses telles qu'elles sont sans rien cacher et sans ajouter d'appréciations personnelles: en utilisant la vérité, on démontre la confiance en Dieu.

L'apôtre Paul a également enseigné à quel point il est important de dire la vérité et principalement dans le corps de Christ qui est l'église (Éphésiens 4:25).

Révisez / Application: En groupe et en tant que conclusion de ce qu'on a appris, les jeunes extraient les pensées personnelles suivantes sur l'histoire de Ruth. (Cette feuille d'activité n'a pas de "réponses" car ce sont des conclusions personnelles).

1. Nommez au moins trois enseignements centraux extraits de la vie et de la conduite de Ruth.
2. Mentionnez les aspects qui vous semblent étranges dans cette histoire.
3. Partagez avec votre groupe et trouvez des similitudes avec les situations quotidiennes de votre vie.
4. Partager avec votre groupe, si vous avez expérimenté quelqu'un avec une autorité spirituelle sur votre vie.
5. Si vous avez une personne avec une autorité spirituelle sur votre vie, partagez de quelle manière cela vous apporte la bénédiction.
6. Est-ce que Dieu vous a déjà envoyé de faire quelque chose et vous n'obéissiez pas? Quelle était la conséquence?
7. Avez-vous déjà obéi à Dieu sans comprendre pourquoi il vous a demandé de lui obéir? Quelle était la conséquence?

Défi: Dis à ta classe: Durant cette semaine, prend des décisions importantes. Détermine le temps d'obéir à Dieu, il est temps de faire des déclarations de foi tout comme Ruth, bien qu'il semble un défi incertain, peut-être de ne pas voir le tableau d'ensemble. Remontes-tu le moral? Médite sur la semaine et dis à Dieu "ne me demande pas de te laisser, je vais aller où tu es et faire ce que tu me demandes".

Un serviteur de Dieu

Objectif: Que l'étudiant connaisse l'importance d'être obéissant à Dieu pour devenir un véritable serviteur et fidèle à Lui.

Pour mémoriser: *Va, rassemble tous les Juifs qui se trouvent à Suse, et jeûnez pour moi, sans manger ni boire pendant trois jours, ni la nuit ni le jour. Moi aussi, je jeûnerai de même avec mes servantes, puis j'entrerai chez le roi, malgré la loi; et si je dois périr, je périrai.* Esther 4:16

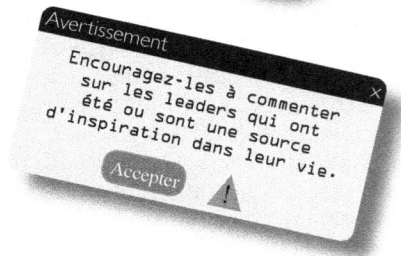

> **Avertissement**
> Encouragez-les à commenter sur les leaders qui ont été ou sont une source d'inspiration dans leur vie.
> Accepter

Connecter | Télécharger

Dynamique d'introduction (12 a 17 ans).

- Matériaux: Une feuille avec l'inscription suivante : "Je suis une femme d'origine juive et j'étais orpheline. J'ai vécu en exil. Je suis devenu la reine d'une nation païenne. Dieu m'a utilisé pour débarrasser mon peuple d'être exterminé".
- Instructions: Choisissez une personne pour imiter et distribuer le papier avec les caractéristiques du personnage: Divisez ensuite la classe en deux groupes. A travers des mimes, la personne qui a reçu le papier doit obtenir l'un des groupes pour découvrir de qui s'agit-il. Le groupe qui le découvre en premier sera le gagnant. Le personnage est Esther.

Dynamique d'introduction (18 a 23 ans).

- Instructions: Divisez la classe en deux groupes et demandez à un groupe d'écrire sur les femmes qui ont eu une influence positive et l'autre sur les femmes qui ont eu une influence négative (elles ne doivent pas nécessairement provenir uniquement de la Bible).

Connecter | Télécharger

Pouvez-vous imaginer qu'une orpheline, en captivité dans un pays étranger, devienne l'épouse du roi de la nation dans laquelle elle est exilée? C'est un peu difficile à croire mais la vérité est qu'elle existait et son nom était Esther, reine de Perse.

Cette fille a vécu à Suse, la capitale de l'empire avec son oncle Mardochée. Il appartenait à la génération des Juifs exilés. Esther est devenue reine en raison de la désobéissance de la reine Vasti. Dans Esther 1: 10-2: 18 nous trouvons la manière dont Esther est venue au trône.

Esther a eu une mission, Dieu l'a choisie pour libérer son peuple de la mort. Pourquoi Dieu at-Il choisi Esther et non un guerrier ou quelqu'un d'une lignée plus noble? Premièrement, parce que Dieu fait les choses à sa manière et ses pensées ne sont pas les nôtres (Esaïe 55: 8); et deuxièmement, parce qu'il savait qu'Esther avait les caractéristiques nécessaires pour que ses projets se réalisent dans sa vie.

1. Elle était obéissante et humble

Quand nous mentionnons le mot obéissance, certains peuvent ne pas l'aimer, ou selon ce que c'est, ils peuvent être obéissants ou non. Le mot obéissance n'est pas toujours aimé par tout le monde. Malheureusement, c'est un principe qui se perd petit à petit. (Formez deux ou trois groupes et demandez-leur de mettre en scène un comportement de désobéissance, que ce soit envers les parents, les enseignants, etc. Donnez-leur quelques minutes et après quoi, qu'ils le présentent).

Quand Esther a été emmenée au palais royal, Mardochée lui a demandé de ne dire à personne qu'elle était juive. Elle aurait pu se laisser emporter par ses émotions ou par ses décisions; mais il ne l'a pas fait de cette façon. Elle n'a jamais révélé sa nationalité avant d'avoir à faire face à Haman, l'homme qui voulait éliminer les Juifs. Esther était obéissante. Souvent, les jeunes essaient de faire les choses à leur manière, et de cette façon, la rébellion s'empare de leur cœur et n'écoute pas de sages conseils. Cependant, celui qui est obéissant reçoit de nombreuses bénédictions comme Esther. Regardons quelques-unes des promesses que Dieu donne à ceux qui sont obéissants.

Ecrivez chacun des passages bibliques sur des morceaux de carton et cachez-les, sans que vos élèves les voient. Demandez-leur de chercher les textes, de les lire et de les commenter.

- Exode 20: 6, Dieu vous bénira grandement.
- Deutéronome 11: 13-15, Dieu pourvoira à vos besoins.
- Proverbes 1:33, vous vivrez dans la paix, en paix.

• Proverbes 4:10, vous vivrez longtemps.

L'obéissance doit être volontaire et non obligatoire. En obéissant, nous montrons du respect envers la personne qui nous a donné l'ordre. Lorsque nous obéissons à Dieu, nous lui montrons que nous reconnaissons avant tout son autorité et son pouvoir et que notre culte est sincère. Lis 1 Samuel 15:22 et demande à chacun de partager son opinion sur le passage biblique.

Une autre qualité d'Esther était l'humilité, depuis le début du livre jusqu'à la fin, l'humilité était notoire dans son comportement.

Quand les jeunes filles allaient voir le roi pour la première fois, elles devaient s'organiser au mieux, elles avaient le droit de demander tout ce qu'elles voulaient pour leur rencontre avec le roi. Quand vint le tour d'Esther, elle ne demanda rien; au contraire, il laissa les serviteurs du roi choisir ce qu'il porterait (Esther 2:15). Même en tant que reine, elle n'oublia pas qui elle était et d'où elle venait et quand ses gens étaient en danger, elle était prête à l'aider. Ce que Dieu cherche dans ses enfants est un cœur humble. L'humilité aidera à obéir non seulement à Dieu, mais aussi à toute autre autorité. Les humbles peuvent écouter le conseil et ensuite prendre bon soin de sa vie.

Recherchez les citations bibliques suivantes sur l'humilité et parlez-en.
• Proverbes 15:33, l'humilité vous exalte.
• Philippiens 2: 3, nous ne devrions pas être vaniteux.
• Colossiens 3:12, nous devons nous habiller avec humilité.
• 1 Pierre 5: 5, Dieu est content des humbles.

2. Elle a agi avec foi et a été courageuse

Ce point est très important. S'il est vrai que Dieu n'est pas mentionné dans le livre tout entier, il est entendu qu'ils croyaient en Lui et l'invoquaient parce que c'était la religion juive. Bien qu'Esther fût dans l'empire comme reine, elle a gardé sa foi dans le Seigneur. Sa foi était celle qui l'avait poussée à prendre cette décision de sacrifice, parce que son espoir était placé en Dieu et non entre des mains humaines. (Esther 3: 7-4: 17) Elle savait où allait son âme si elle mourait. C'est comme quand Pierre a essayé de marcher sur l'eau (Matthieu 14: 22-32). Tout en regardant son Maître, tout allait bien, mais quand il détourna son regard de Lui, elle commença à s'effondrer. Quand nous marchons en regardant Dieu, nous pouvons faire des choses merveilleuses et surmonter toutes les épreuves. Si nous ne faisons pas confiance au Seigneur, nous ne pouvons jamais faire de grandes choses, et nous ne pourrons pas tout laisser pour Lui.

Dans Hébreux 11: 1 "Il dit que la foi est une ferme assurance des choses qu'on espère, une démonstration de celles qu'on ne voit pas." Formez des groupes parmi vos élèves et demandez-leur d'écrire le texte d'Hébreux dans leurs propres mots. Selon l'Académie royale espagnole (en ligne), assurance signifie: "La connaissance sûre et certaine de quelque chose. Adhérence ferme de l'esprit à quelque chose de connaissable, sans crainte d'erreur". En voyant cette définition, nous comprenons pourquoi Esther a décidé de tout donner, elle a cru que son Dieu n'allait pas lui manquer. Un serviteur de Dieu vit par la foi.

Malgré le fait qu'elle savait qu'elle pouvait perdre la vie, Ester s'en fichait complètement. Alors qu'elle a été vraiment d'abord hésitée, mais a finalement décidé de faire partie de ceux qui font l'histoire. Et quand je dis "c'était décidée", cela signifie qu'elle était convaincue de ce qu'elle devait faire. Personne ne pouvait plus changer d'avis.

Il est facile d'être séduit par le monde, petit à petit il gagne du terrain dans la vie de beaucoup. Seuls les vaillants sont capables de faire la différence parce qu'ils sont seulement prêts à payer le prix d'être un enfant de Dieu; Peu importe ce qui vient, leur foi est si grande qu'elle les pousse à agir avec courage.

Nous devons nous armer de courage et sortir du lot. Dans chaque endroit, nous devons montrer que Christ est le Seigneur et nous sommes ses serviteurs. Faisons l'histoire dans cette terre à laquelle Dieu nous a amenés, parce qu'Il a un but pour notre vie. Demandez-leur de lire Josué 1: 9 et répondez: Comment cela s'applique-t-il à ma vie aujourd'hui?

3. Elle chercha la direction de Dieu

Quand nous voulons atteindre une adresse et que nous ne connaissons pas l'endroit, nous utilisons différents outils tels que des cartes, Internet, GPS, etc., de cette façon nous pouvons aller en sécurité et prendre moins de temps. Il en est de même pour nos vies, nous devons chercher la direction de Dieu pour tout. Esther l'a fait, elle a ordonné à tout le peuple juif de jeûner, et elle a fait de même. Elle était courageuse et faisait confiance à Dieu, elle avait besoin de Dieu pour la soutenir dans tout ce qu'elle faisait (Psaume 127: 1). Esther voulait s'assurer que son Dieu l'accompagnerait et que si elle mourait devant le roi, Dieu serait là pour la prendre dans ses bras.

Finalement, les plans de Dieu se sont réalisés dans la vie d'Esther. Dieu l'a utilisé et a béni sa vie et son peuple. Elle était reine de Perse, mais surtout elle était une servante de Dieu.

Révisez/Application: Donnez-leur le temps de rechercher les passages et de les attacher à la fonction correspondante.
• Proverbes 1:33; Colossiens 3: 1; Hébreux 11: 1; Psaumes 127 :1; Josué 1 :9
• Courage; Foi; direction de Dieu; Obéissance; Humilité

Défi: Dis à ta classe: Ne pense jamais que tu ne peux pas faire ce que Dieu te demande de faire. Tu es son serviteur, il te fait confiance, Il sait que tu peux le faire. Dieu a un plan merveilleux pour ta vie et ne se réalise si tu cherches sa volonté et de te laisser guider par lui. A ce moment, sûrement Dieu demande quelque chose, médis-le pendant la semaine et le défi que Dieu est en train de mettre Je suis plus qu'un gagnant.

Abigaïl, astuce et belle

Objectif: Que l'élève comprenne la valeur de servir avec attention, sagesse et humilité.

Pour mémoriser: *Le nom de cet homme était Nabal, et sa femme s'appelait Abigaïl; c'était une femme de bon sens et belle de figure, mais l'homme était dur et méchant dans ses actions. Il descendait de Caleb.* 1 Samuel 25: 3

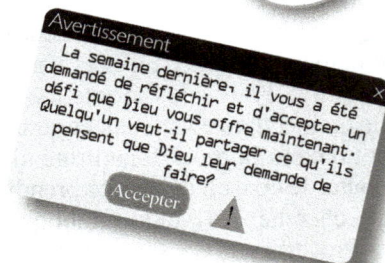

Avertissement

La semaine dernière, il vous a été demandé de réfléchir et d'accepter un défi que Dieu vous offre maintenant. Quelqu'un veut-il partager ce qu'ils pensent que Dieu leur demande de faire?

Accepter

Connecter | Télécharger

Dynamique d'introduction (12 a 17 ans).
- Matériaux: Tableau et craie (plâtre ou craie).
- Instructions: Demandez à la classe entière d'écrire une liste des façons dont ils peuvent servir Dieu, elles devraient être des choses qu'ils font ou pourraient faire (ne se limitant pas au service dans l'église). Après avoir dressé une liste d'environ dix ou quinze tâches, demandez-leur s'ils pensent que l'un des services décrits sur la piraterie semble plus important que d'autres aux yeux de Dieu. Invitez-les à regarder différemment au service de Dieu et faites attention à l'attitude avec laquelle chaque service est accompli.

Dynamique d'introduction (18 a 23 ans).
- Matériaux: Tableau et craie (plâtre ou craie).
- Instructions: Avec l'aide de vos élèves, écrivez au tableau une liste d'environ cinq attitudes négatives qu'une personne peut avoir (découragement, frustration, peur, critique, sentiment d'obligation, etc.); Assurez-vous de donner une brève définition de chaque attitude mentionnée afin que chaque élève comprenne clairement le concept. Ensuite, à côté de chaque attitude, écrivez les résultats possibles de servir Dieu avec cette attitude dans son cœur (par exemple: découragement = découragement chez les autres, manque de résultats souhaités, échec d'essayer, désillusion avec Dieu, etc.). Il est très possible que les résultats soient répétés d'une attitude à l'autre, mais encouragez vos élèves à considérer le coût émotionnel et spirituel de chaque attitude mentionnée.

Connecter | Télécharger

1. La situation d'Abigaïl

Dans 1 Samuel 25, l'histoire d'Abigaïl est racontée. Le mari d'Abigaïl était Nabal et était un homme connu pour la richesse de ses possessions (1 Samuel 25: 2). Ils vivaient à Maon, sur le côté sud de la mer Morte. A cette époque, la quantité de terre et d'animaux qu'un homme possédait était d'une grande importance, car elle lui permettait d'échanger chair et peau / laine contre d'autres produits nécessaires à la vie quotidienne.

En plus de sa richesse matérielle, la Bible parle aussi de la personnalité de Nabal: "... était dur et de mauvaises oeuvres ..." (1 Samuel 25: 3). Un serviteur l'a décrit comme "... un homme si pervers qu'il n'y a personne pour lui parler" (v.17) et sa femme a dit qu'il était un homme pervers et insensé (1 Samuel 25:25); aussi le passage nous dit que Nabal a utilisé des boissons alcoolisées pour se saouler (1 Samuel 25:36). Le nom Nabal signifie en hébreu "fou, une personne stupide ou mauvaise" (Commentaire Biblique Beacon, Volume 2. MPN, USA: 1991 p.260). Nous pouvons supposer que les décisions et les ''mauvaises actions'' de Nabal ont affecté sa femme Abigail et que plus d'une fois, elles l'ont attristée. Nous pouvons être sûrs, aussi, que le comportement et l'attitude de Nabal n'étaient pas agréables à Dieu.

Au contraire, l'auteur décrit Abigaïl d'une manière simple et simple: "femme de bonne intelligence et belle apparence" (1 Samuel 25: 3). Le reste de la personnalité et des qualités d'Abigail sera étudié plus tard, en analysant son attitude face à la situation difficile dans laquelle son mari l'a placée avec sa famille. David, qui avait été oint comme roi, mais il était en fuite parce que Saül voulait le tuer, ses hommes vivaient avec nomade dans le désert de Paran et certaines personnes ont demandé de la nourriture. Quand il a demandé de la nourriture à Nabal, (vv.10-11) a montré qu'il méprisait David, son père l'a comparé à un esclave qui avait échappé à son propriétaire et a refusé, l'égoïsme et l'orgueil, la demande pour les hommes alimentaires David Face à ce refus, David, un homme fort de caractère et prêt pour la bataille, a décidé de se venger de Nabal et dureté s déclaré sérieusement l'intention de lui nuire (1 Samuel 25: 21-22). Cette situation de menace est venue à la connaissance d'Abigail à travers un de ses serviteurs.

2. La conduite d'Abigaïl

Quand Abigail connaissait la situation, elle agissait rapidement, sagement et humblement. En premier lieu, Abigail a organisé ses serviteurs pour préparer la nourriture et l'envoyer en signe de pardon et de paix à David. Le passage nous dit que " Abigaïl n'a pas perdu de temps. Immédiatement elle a envoyé à David cents pains, deux conteneurs de cuir remplis de vin, cinq moutons vêtus, quarante kilos de grain rôti, cent grappes de raisins secs et deux cents gâteaux de figues" (1 Samuel 25:18). Abigaïl a agi rapidement et diligemment pour aider son mari et protéger sa famille. EIle ne s'est pas laissée emporter par la paresse ou la peur.

Deuxièmement, Abigaïl a agi avec sagesse en planifiant comment communiquer avec David (1 Samuel 25:19). Abigaïl a reconnu qu'en tant que femme, il n'était pas sage d'aller seule devant David, qui était très en colère contre Nabal et prêt à affronter la bataille. Abigail a d'abord envoyé la nourriture dont David et ses hommes avaient besoin pour pouvoir parler avec lui plus calmement. De cette manière, nous voyons qu'Abigaïl a agi avec beaucoup de discernement et d'intelligence.

Finalement, Abigaïl a agi avec respect. Il a agi devant David, le respectant en tant que leader en autorité. "Quand elle le vit, elle descendait sur le dos de l'âne et se prosterna" (1 Samuel 25:23), contrairement à l'attitude méprisante qui avait pris son mari Nabal. Les mots qu'elle a utilisés indiquent l'humilité et la reconnaissance de David comme futur roi d'Israël et favorisé par Dieu. EIle a également parlé à David de l'importance de la justice divine et du ferme désir de Dieu de ne pas répandre le sang innocent (1 Samuel 25: 24-31). En étant guidée par les principes de Dieu, une femme peut aider un homme en leadership à prendre une décision sage et juste (rappelez-vous qu'à cette époque, le rôle d'une femme était peu apprécié).

Vraiment, Dieu guidait les paroles d'Abigaïl, qui servait Dieu avec une attitude irréprochable, de telle manière que son nom était écrit dans la Bible. Elle a montré qu'elle avait, par sa confiance et son dévouement à Dieu, des qualités dignes d'éloges: diligence, sagesse, générosité, humilité, etc. Nous pouvons demander à Dieu de nous aider à développer ces mêmes qualités dans nos vies.

3. La récompense d'Abigaïl

Dans 1 Samuel 25: 36-43 nous voyons la récompense qu'Abigail a reçue pour sa fidélité à Dieu. Après sa rencontre avec David, Abigaïl rentra chez elle et trouva son mari Nabal à un "festin du roi" (1 Samuel 25:36), avec une abondance de nourriture et de vin. Abigaïl décida de ne pas parler pour le moment avec Nabal de ce qui s'était passé ce jour-là. Une fois de plus, il a fait preuve de sagesse en choisissant un moment approprié pour éviter les malentendus et les conflits dans son mariage. Le lendemain, quand Abigail dit Nabal ce qui est arrivé: "Mais le matin, l'ivresse de Nabal s'étant dissipée, sa femme lui raconta ce qui s'était passé. Le coeur de Nabal reçut un coup mortel, et devint comme une pierre. Environ dix jours après, l'Éternel frappa Nabal, et il mourut" (1 Samuel 25:38 TLA).

Cette histoire nous raconte la fin tragique de la vie de Nabal. Nous voyons que Dieu n'a pas ignoré le mauvais comportement de Nabal envers les autres et qu'il a subi de graves conséquences. Il est probablement difficile de comprendre et / ou d'accepter que Dieu Lui-même a causé à Nabal de tomber malade du coeur; cependant, nous devons reconnaître que la Bible nous avertit, par l'intermédiaire de Paul, qu'"on ne se moque pas de Dieu. Ce qu'un homme aura semé, il le moissonnera aussi" (Galates 6: 7).

Révisez/Application: Demandez-leur de remplir les cases suivantes décrivant une situation qu'ils ont vécue dans leur propre vie; quand ils terminent l'activité et s'ils le veulent, ils peuvent le partager avec le reste de la classe. Ceci est un exemple.

Ma situation - Manque de capacité d'obtenir de bonne note à l'école.

Mon attitude - Continuer à étudier avec l'aide de quelque mentor ou camarades plus avancés.

Ma récompense - Réussir dans les matières ou me graduer.

Défi: Dis à ta classe: Quelle était l'attitude d'Abigail qui tu as le plus marqué? Sentes-toi le désir de profiter de cette attitude dans ta propre vie? Profite de cette occasion pour demander à Dieu de t'aider à développer cette attitude en toi-même avec l'aide de son Saint-Esprit. Pour Dieu, rien n'est impossible. Ne laisse pas le temps passer pour faire le test cette semaine et mettre cette attitude en pratique.

Le leadership vaut la peine d'imiter

Leçon 26

Yeri Nieto • Mexique

Objectif: Que l'étudiant apprenne que le leadership chrétien signifie être toujours disponible pour Dieu et pour les autres.

Pour mémoriser: *Elle répondit: J'irai bien avec toi; mais tu n'auras point de gloire sur la voie où tu marches, car l'Éternel livrera Sisera entre les mains d'une femme' Juges 4: 9a*

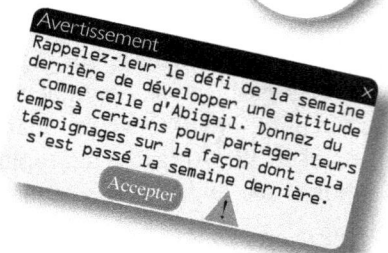

Avertissement

Rappelez-leur le défi de la semaine dernière de développer une attitude comme celle d'Abigaïl. Donnez du temps à certains pour partager leurs témoignages sur la façon dont cela s'est passé la semaine dernière.

Accepter

Connecter | Télécharger

Dynamique d'introduction (12 a 17 ans).
- Matériaux: Papier et crayons pour chaque participant.
- Instructions: Demandez-leur de dessiner un dessin simple d'une personne. Ensuite, demandez: Comment une personne chrétienne peut-elle être distinguée des autres? Laissez-leur le temps d'ajouter les caractéristiques spécifiques au dessin pour en faire une "personne chrétienne".

Dynamique d'introduction (18 a 23 ans).
- Matériaux: Tableau et craie.
- Instructions: Écrivez "LE CHRÉTIEN" au tableau. Demandez-leur d'écrire un verbe pour décrire ce que fait un chrétien (aimer, prier, jeûner, etc.). Encouragez tout le monde à écrire jusqu'à ce qu'ils aient épuisé toutes leurs idées. Il est important que les jeunes réalisent qu'il est très complexe de décrire un chrétien pour ce qu'il fait. Il est souvent plus facile de le définir en fonction de ce que vous ne faites pas (ne pas fumer, ne pas boire d'alcool, etc.).

Connecter | Télécharger

La Bible parle d'une femme qui était juge en Israël. La seule femme qui a exercé cette pratique (Juges 4-5.) Aujourd'hui, nous allons étudier à son sujet et certaines pratiques qu'elle a utilisées dans sa vie qui peuvent nous aider dans notre vie chrétienne.

Débora a servi en tant que juge en Israël. Son mari était Lapidot. Les Écritures la présentent comme une femme avec un pouvoir prophétique et comme l'auteur d'au moins une chanson: La chanson de la victoire qu'elle chante avec Barak dans Juges 5.

1. Que personne ne méprise ta jeunesse

Il est important de considérer son rôle de juge, car à cette époque (1180 av. J.-C.), la culture juive considérait les femmes comme une "seconde classe".

Dieu ne choisit pas les dirigeants selon nos préjugés, nos normes ou notre logique; la Bible nous en montre un exemple dans Juges 4. Le Seigneur a donné les Israélites entre les mains du roi cananéen Jabin, parce que ceux-ci avaient fait du mal dans leurs yeux (Juges 4: 1-2). Pendant ce temps, une femme a statué en Israël, qui a exercé son office dans le pays d'Ephraïm et les Israélites vinrent à elle pour leur donner son procès (juges 4: 5). Débora était une personne en avance sur son temps.

Dans certaines sociétés et même dans certaines églises, nous nous laissons aussi guider par nos normes et nos préjugés. Nous ne croyons pas que Dieu veut utiliser certaines personnes. Dans le Nouveau Testament, nous lisons que Paul a exhorté Timothée comme suit: "Que personne ne méprise ta jeunesse" (1 Timothée 4:12). Nous pouvons appliquer le même principe à notre vie: Personne ne devrait mépriser les jeunes! Parce que Dieu veut les élever avec puissance pour conduire sa génération à Christ. Aujourd'hui, quand il est nécessaire pour les jeunes (la plus grande population en Amérique latine) est atteint, Dieu désire ardemment pour élever les jeunes avec le pouvoir de signaler le péché, comme des instruments de la grâce rédemptrice de Dieu et aller devant des différents groupes. Dieu désire une jeunesse qui exerce ses dons pour servir des gens qui ne connaissent pas Dieu, qui est fasciné à faire quelque chose grave.

Dans l'histoire d'aujourd'hui, nous voyons que Débora a prouvée être un leader exemplaire pour le temps qu'elle a vécu et a réussi, avec l'aide de Dieu apporter la délivrance à son peuple.

2. Exercer ton ministère

Débora, non seulement elle était un chef qui a dit aux autres ce qu'ils devaient faire. Quand il a dit à Barac (un général de l'armée israélienne) ce que Dieu allait faire à travers de lui et son armée, Barak lui a demandé de l'accompagner (Juges). 4: 8). Débora, a agi, s'est levé et est parti avec lui.

58

Le meilleur leadership que nous pouvons exercer est lorsque nous sommes disposés à aider, à être à l'avant-garde de ce que nous proposons. Débora a donné l'exemple et aussi le défi.

Demandez et discutez à ce sujet: Sommes-nous prêts à quitter nos lieux confortables pour changer le monde? Voulons-nous que les gens connaissent le Christ? Est-ce que nous préparons des programmes pour attirer les non-chrétiens? Est-ce que nous prenons soin de notre témoignage pour que les gens connaissent le Christ? Combien d'entre nous sont des leaders reconnus à l'école, au travail, dans l'entreprise, dans le quartier où nous vivons?

Débora s'est levée et est allée avec Barak. Elle avait une relation intime avec Dieu, et son leadership ne se limitait pas à ''donner des conseils et des prophéties'' du Seigneur. Elle accompagna Barak à la guerre contre Jabin, le roi cananéen. Une femme leader et se battre face à face avec l'ennemi. Aujourd'hui, nous avons besoin de jeunes gens avec cette conviction et cette fermeté, jeunes et fidèles à Dieu, désireux d'apprendre et de servir.

Dieu a ressuscité une femme qui tenait la communion avec lui et de la même manière que Dieu fera aujourd'hui pour que les jeunes gardent leur intimité avec lui. Débora était une femme et la femme et leur culture impossible d'être un chef de file et aller dans les guerres, mais son histoire nous montre que Dieu fait de grandes choses à travers les gens qui sont prêts à être guidés par Lui.

Dieu veut utiliser les jeunes pour changer cette génération qui est perdue sans Christ. Médias la communication et notre culture peuvent indiquer le contraire, mais le Dieu de Débora est la même chose que notre Dieu, qui veut nous conduire et nous faire parvenir à transformer la société.

Avec la victoire remportée dans la bataille d'Israël avait la paix pendant quarante ans (Juges 5:31). Dieu veut élever des jeunes hommes et des femmes qui soient des instruments de paix, d'amour et de justice.

3. Avant et après la guerre

Débora a accepté accompagner Barac à la guerre (Juges 4 :9) et laissa deux enseignements que nous devons considérer bien clairs. La première c'est: Débora n'a jamais pensé qu'elle allait apporter la victoire. Le monde s'est habitué à donner l'honneur a celui qui apporte la victoire (le plus fameux d'une équipe de football est le buteur), mais dans la vie chrétienne, la gloire n'est pas ainsi, l'honneur et la gloire sont à celui qui nous donne la victoire: Dieu. Il est le seul qui nous permet de vivre, grâce à Lui, nous avons des capacités pour faire ce que nous faisons.

Débora a clarifié à Barac que ce ne serait pas leurs noms qui ressortiraient a la fin de tout, mais plutôt ce serait le nom de celui qui avait déjà dans ses plans la façon d'obtenir la victoire (vv. 6-7, 9, 14). C'est un principe merveilleux de la direction chrétienne: Les honneurs, d'avant que nous commencions une tâche, elles devraient être pour le Seigneur.

Guidez leurs étudiants avec les questions suivantes pouvez-vous imaginer la tentation qui était pour une femme reconnu comme chef? Est-ce que vous pouvez imaginer l'occasion que Débora a dû dire aux hommes juifs que les femmes peuvent exercer les mêmes ministères que les mâles? Assurément c'était une tentation possible! Mais elle ne l'a pas fait. Débora savait que Dieu l'a mis pour être un instrument de Dieu.

Le deuxième enseignement est: Qu'une femme a soulevé une autre femme. Jael était femme de Heber, bien qu'elle ait été combinée du roi Jabin, elle n'était pas lui. Quand la guerre était dans son comble, la Bible raconte ce Sisera (majeur de l'armée de l'ennemi) s'est échappé (En juge 4:15). Débora avait prophétisé ce Sisera tomberait dans les mains d'une femme.

Ce soldat courut jusqu'au magasin de Jael. Et il pensait qu'il était en sécurité, et Heber était un homme fidèle à Jabin, ainsi qu'il croyait que son épouse était confidentielle. Et en aucun autre moment des guerriers l'avaient cherché dans un magasin d'une femme (Juges 4 :17). Jael avait la vie du soldat Sisera entre ses mains et profitait le moment pour lui tuer (Juges 4 :18-21).

Dieu a utilisé Débora pour prophétiser sur le travail d'une autre femme. Dieu peut utiliser les jeunes pour que, à travers leurs ministères, ils puissent élever d'autres jeunes.

Guidez la conversation avec les questions suivantes: Croyez-vous que Dieu peut vous utiliser pour atteindre des milliers de jeunes? Croyez-vous que Dieu peut les utiliser pour toucher des milliers d'autres afin qu'ils soient aussi utilisés par Lui? Comment pensez-vous que cela va arriver? Que proposez-vous de faire pour que les autres atteignent le Christ?

Dieu veut utiliser les jeunes qui ont les mêmes caractéristiques, les comprennent, parlent leur même langage et sont dans des endroits où ils fréquentent tous les jours, ils les soumettre à Christ. Dieu veut t'utiliser! Et d'ailleurs, confirmer la mission: Appeler cette génération de jeunes à une vie dynamique en Christ.

Révisez/Application: Donnez un peu de temps pour qu'ils écrivent les blancs caractéristiques bibliques de ''leaders'' avec son compagnon de l'école dominicale dans les espaces vides. Réponses possibles: Valeur, sagesse, direction de Dieu, etc.

Défi: Dis à ta classe: Réfléchis à ta situation actuelle concernant le ministère ou le leadership dans certaines zones que tu vis quotidiennement. Aujourd'hui, tu peux commencer à être un modèle pour les gens autour de toi. Met ta vie à la disposition de Dieu et des personnes qui ont besoin de toi. Demande à Dieu de te donner les capacités nécessaires pour être un bon leader.

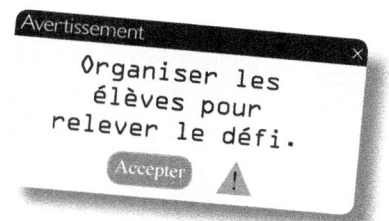

> Avertissement
> Organiser les élèves pour relever le défi.
> Accepter

Au service du Maître

Walter López • Guatemala

Objectif: Que l'élève apprenne que le service au Seigneur est inconditionnel.

Pour mémoriser: *Il y avait aussi des femmes qui regardaient de loin. Qui le suivaient et le servaient lorsqu'il était en Galilée, et plusieurs autres qui étaient montées avec lui à Jérusalem.* Marc 15: 40a-41

> Avertissement
>
> Encouragez-les à commenter l'engagement de suivre Dieu, peu importe ce que cela implique.
>
> Accepter

Connecter · Télécharger

Dynamique d'introduction (12 a 17 ans).
- Matériel: Papier, crayon, ruban adhésif et tableau noir.
- Instructions: Écrivez le mot SERVICE sur le tableau. Donnez un papier à chaque membre du groupe et demandez-leur d'écrire l'idée qu'ils ont de ce mot. Puis demandez-leur de coller le papier au tableau.

  La quantité de mots qu'ils écrivent doit servir d'exemple pour illustrer que le service a de nombreuses approches et domaines de travail.

Dynamique d'introduction (18 a 23 ans).
- Matériaux: Mouchoirs et chaises.
- Instructions: Divisez la classe en deux groupes. Chaque membre de l'un des groupes aura les yeux bandés. Le défi sera pour les membres de l'autre groupe de conduire leurs partenaires les yeux bandés dans la salle de classe sans trébucher sur des chaises ou d'autres partenaires aux yeux bandés.

  Le service à Dieu consiste à répondre aux besoins des gens et à les guider pour les aider à éviter les revers dans leur vie.

Connecter · Télécharger

L'histoire de Marie-Magdala racontée dans les Evangiles est un exemple d'abnégation et de service. Malheureusement, des œuvres littéraires telles que "La Dernière Tentation du Christ" de l'écrivain Nikos Kazantzakis et "Le Code Da Vinci "de Dan Brown a déformé sa figure. Bibliquement, il n'y a pas d'éléments qui offrent une vision de Marie-Magdala telle que celle présentée par les auteurs précédents.

Leurs histoires sont des histoires fictives et n'ont aucun fondement biblique et historique. Les Évangiles, d'autre part, reflètent Marie-Magdala comme une femme vouée au service de Jésus.

1. À la rencontre avec Jésus

La Bible ne décrit pas la rencontre de Jésus avec Marie-Magdala, mais elle indique qu'elle a été libérée des mauvais esprits. Dans Luc 8: 1-2, nous lisons que Jésus était accompagné par les disciples et quelques femmes parmi lesquelles Marie-Magdala dont sept démons ont émergé. Luc n'offre pas plus de détails concernant l'origine de Marie-Magdala, même en dehors du récit précédent et de la mort, de l'ensevelissement et de la résurrection de Jésus (Matthieu 27: 56-61, 28: 1, Marc 15: 40-47; 16: 1-9, Luc 24:10, Jean 19:25, 20: 1-18) il n'y a plus d'informations à ce sujet. Bien qu'il ne soit pas détaillé comment sa libération s'est produite, il est évident que la rencontre avec Jésus a changé sa vie pour toujours. Le miracle que Jésus a opéré en elle a ouvert une perspective de vie au-delà de ce qu'elle avait imaginé. Les mauvais esprits affectent l'être humain dans tous ses domaines: physique, moral, spirituel et social. Celle-ci la condition fait qu'il est impossible pour l'être humain d'agir en tant que tel, c'est-à-dire qu'il ne peut montrer de compassion, d'amour, de respect, d'ouverture à Dieu, etc. Ce type de personne est aliéné et n'agit pas pour son propre compte, il est la propriété de la personne qui l'a asservi. Il n'est pas capable de penser par lui-même, il est dominé par celui qui possède son cœur, en l'occurrence le diable.

D'un autre côté, la situation des femmes en Palestine à l'époque de Jésus était déplorable. Elles ont été confinées à l'anonymat et reléguées par la société. En tant que femme, María Magdala n'était pas étrangère à cette situation et devait faire face à ce contexte. En premier lieu, elle a mis de côté les préjugés de son temps parce que, à cause de sa condition de femme, elle ne pouvait pas entrer dans la synagogue ni parler avec un enseignant de la loi ou un pharisien.

Cependant, elle a suivi le Seigneur malgré les barrières culturelles. Deuxièmement, il a compris le message de Jésus et a marché vers la liberté en servant le Seigneur même avec ses propres ressources (Luc 8: 2-3). Marie-Magdala a été libérée des liens culturels et religieux de son temps. Cela sert d'enseignement à la communauté chrétienne concernant l'importance de la participation et de l'inclusion des femmes dans le ministère et les activités de l'église. Jésus a ouvert la porte à tous ceux qui voulaient le servir avec un cœur entier et reconnaissant. Aujourd'hui nous pouvons dire qu'il n'y a pas d'empêchement sauf notre propre volonté. Jésus a donné à Marie-Magdala l'occasion de le rencontrer et de le suivre. A partir de ce moment, elle a consacré sa vie au Seigneur en permanence. Elle l'a servi de tout son cœur et sans réserve. Son service était si fervent que son nom est mentionné dans les quatre évangiles.

2. La suivie en tant que service

Dans l'introduction, nous lisons qu'il n'y a pas de références historiques pour connaître l'origine de Marie-Magdala. Certains l'ont lié à la femme qui était connue pécheresse qui a versé du parfum sur les pieds de Jésus (Luc 7: 36-39) ou la femme surprise en adultère narrant l'Evangile de Jean (Jean 8: 1-11); d'autres l'ont décrite comme une ancienne prostituée. Pour couronner le tout, dans leurs romans respectifs Kazantzakis et Dan Brown relient Marie-Magdala sentimentalement à Jésus. Cependant, aucune de ces images n'est proche du texte biblique. Ils sont tous faux! Marie-Magdala décrite dans les Evangiles est digne d'admiration. Dans Marc 15: 40-41, il dit que Marie-Magdala et deux autres femmes ont suivi et pris soin de Jésus en Galilée. Elle a suivi Jésus non d'une manière contemplative mais participative qui impliquait le service et qui devrait nous motiver à réfléchir sur ce que signifie servir Jésus.

Demandez: Que signifie servir et s'occuper de Jésus? Cela signifie voir les besoins du monde, les pauvres, les personnes âgées, la veuve et les méprisés (Matthieu 25:40). Si nous l'honorons, nous honorons son nom. Jésus nous enseigne à servir dans notre église et notre communauté en utilisant nos forces et nos ressources.

3. Le service est une mission

Marie-Magdala a suivi Jésus depuis qu'elle a été libérée des mauvais esprits. Il était au service de Jésus dans des moments très importants. Dans Jean 19:25 il dit que plusieurs femmes étaient près de la croix, y compris Marie-Magdala et Marc 15:47 dit que Marie, la mère de Joseph et Marie-Magdala étaient près de la tombe où Joseph d'Arimathée a placé le corps du Seigneur.

Jésus a été placé dans la tombe, Marie-Magdala avec plusieurs autres femmes se préparèrent pour les épices aromatiques du sépulcre (Marc 16: 1-2). Alors que les disciples étaient cachés, les femmes prirent cette responsabilité. Sans crainte elles sont allées rendre un dernier service au Seigneur sans savoir qu'elles assisteraient à un grand événement: La Résurrection! (Marc 16: 3).

Peu importe l'heure du matin ou la pesanteur de la pierre, elle était là (Marc 16: 3). Comme cette foi est admirable! Parfois, il nous est difficile d'arriver tôt à l'école dominicale ou au service du matin. Marie Magdala nous a donné un exemple de livraison et de disponibilité. Il n'y avait pas de raison ou d'excuse pour la décourager d'être attentive au service de Jésus. Cette disponibilité a été récompensée par Dieu quand elle a vu de ses propres yeux le Christ ressuscité. C'était un fait extraordinaire. Les premiers témoins oculaires de la résurrection n'étaient pas les 12 disciples, pas même les sympathisants de Jésus, elles étaient les femmes! Parmi elles, Marie-Magdala. Dieu a récompensé la constance, la disposition, la vertu et le service qu'elle lui a offerts. Elle fut la première porte-parole de la bonne nouvelle aux disciples: Jésus est vivant! (Marc 16:11).

L'exemple de Marie-Magdala nous enseigne que le service est aussi d'annoncer la bonne nouvelle. Il ne s'agit pas seulement d'aider et de collaborer à l'église. La prédication de l'Évangile fait partie de notre service en tant que chrétiens. Le service que Marie-Magdala a offert au Seigneur était en tout temps. Une fois qu'elle l'a rencontré, elle l'a suivi jusqu'aux dernières conséquences, elle était dans sa crucifixion, sa mort, son enterrement et sa résurrection. Elle a été celle qui a apporté la nouvelle aux disciples que Jésus était vivant (Jean 20:18).

Marie Magdala a dû surmonter les préjugés de genre qui existaient à son époque. Elle ne se limitait seulement pour écouter Jésus ou de le suivre de loin, mais elle se mit à la cause de Jésus pour soutenir son ministère dans tous les sens. Cela représente une revendication des femmes dans la communauté chrétienne.

À l'heure actuelle, certaines églises restreignent le service des femmes à des postes de direction. Certaines femmes vivent encore avec l'idée que les institutions ne devraient être dirigées que par des hommes. Nous avons vu que Jésus donnait aux femmes l'occasion de le servir, même dans un contexte hostile à leur égard. L'exemple de Marie-Magdala devrait être une source d'inspiration pour briser ces paradigmes culturels et doit servir inconditionnellement sans nous occuper si nous sommes des hommes ou des femmes.

Révisez/Application: Demandez-leur de répondre aux questions suivantes. Nous incluons quelques réponses possibles.
1. Jésus a-t-il empêché les femmes de le suivre? (Luc 8: 2-3) (Non, Jésus a inclus les femmes et leur a permis d'aider dans le ministère.)
2. Qu'est ce qui s'était produit dans la vie de Marie Magdala qui l'a motivé à suivre Jésus de manière désintéressée? (Luc 8 :2). (Jésus lui chassait sept Démons.)
3. Comment penses-tu que notre service au Seigneur doit-être ? (D'une manière intégrale, qui ne se voie pas tout simplement pour la nécessité de l'église, mais aussi pour les personnes qui sont dans des conditions vulnérables.)
4. Penses-tu que les femmes doivent prendre la responsabilité d'être leaders à l'église? (Oui, parce que Jésus nous donna un exemple meme au sein d'une société machiste.)
5. Comment tu appliques l'exemple de Mari Magdala dans ta vie ?

Défi: Dis à ta classe: Nous pouvons fixer une date en classe pour visiter une maison de retraite et nettoyer les lieux. Rassemble des articles d'hygiène personnelle et organiser une réunion de fraternité avec de la nourriture à partager avec eux.

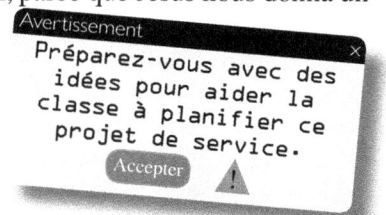

Avertissement
Préparez-vous avec des idées pour aider la classe à planifier ce projet de service.
Accepter

Digne de remerciement

Objectif: Que l'élève comprenne que nous devrions être reconnaissants envers les personnes qui servent dans l'église.

Pour mémoriser: *Car Dieu n'est pas injuste, pour oublier votre travail et l'amour que vous avez montré pour son nom, ayant rendu et rendant encore des services aux saints.* Hébreux 6:10

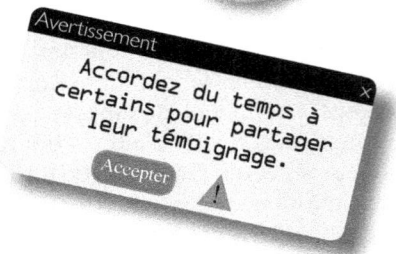

> **Avertissement**
> Accordez du temps à certains pour partager leur témoignage.
> Accepter

Connecter | Télécharger

Dynamique d'introduction (12 a 17 ans).
- Matériaux: Éléments appropriés pour créer un signet.
- Instructions: Demandez aux élèves de concevoir un signet qui comprend un dessin ou une image représentant le service chrétien et sur lequel est écrit le mot "Serviteur" ou "Suppléant" et la citation d'Hébreux 13: 16 À la fin du cours, demandez qu'ils le donnent à quelqu'un dans l'église en remerciement pour son service.

Dynamique d'introduction (18 a 23 ans).
- Matériaux: Marqueurs de couleur fine, grues et grandes feuilles de carton.
- Instructions: Divisez la classe en deux groupes. Un groupe devrait dessiner une main ouverte avec le titre: "La main d'un serviteur" et l'autre une main fermée, avec le titre: "La main d'un indifférent". Chaque groupe notera cinq caractéristiques ou attitudes qu'il considère appropriées à leurs titres respectifs en dessous de leur dessin. Ensuite, vous devez expliquer à l'autre groupe, la liste que vous avez écrite.

Connecter | Télécharger

Jésus a conçu l'église comme une famille qui s'entraide. Tous les croyants ont le "devoir" pour servir les autres, selon l'exemple de notre Maître, Jésus, qui "... n'est pas venu pour être servi, mais pour servir ..." (Matthieu 20:28).

Cependant, Dieu a mis dans le cœur de certains chrétiens en particulier, la disposition amoureuse pour aider les autres dans leurs besoins. Ils exercent cette fonction de façon permanente comme leur façon de servir Dieu.

La Bible nous enseigne à montrer notre gratitude à ceux qui servent dans l'église et à les tenir en haute estime.

Dans le monde où nous vivons, il est très étrange de trouver des gens qui sont prêts à aider les autres d'une manière désintéressée. Mais la Bible nous enseigne que le service est une caractéristique de la vie chrétienne. Et aussi, il nous raconte beaucoup d'histoires uniques de personnes qui ont investi leur propre vie pour répondre aux besoins des autres.

Bien qu'on ne nous parle pas beaucoup de Phoebe, le peu qu'on dit d'elle nous permet de comprendre qu'elle était une femme extraordinaire. Son nom signifie "Pure". Il était estimé par l'église et ses dirigeants. Son mode de vie au service des autres, sans aucun doute, était un mode de vie très influent et inspirant.

1. Ceux qui servent ont une vie hors de l'ordinaire

De nos jours, les gens vivent en fonction de leurs propres besoins. Lorsqu'une personne offre de l'aide, en général, elle s'attend à recevoir quelque chose en Défiur. Le service aux autres est un mode de vie hors de l'ordinaire.

Guidez la classe à penser aux gens qu'ils connaissent avec la caractéristique d'être des serviteurs. Sûrement pas beaucoup. Aidez-les également à se souvenir des moments où ils ont été aidés par d'autres personnes en cas de besoin. Demandez: Qu'est-ce qui ont motivé ces personnes à aider? Pensez-vous recevoir une faveur en récompense ou l'avez-vous fait de façon désintéressée? Vous souvenez-vous que vous avez aidé quelqu'un?

Phoebé, est nommée dans Romains 16: 1 en tant que "diaconesse" de l'église. Ce mot dans l'original grec signifie "serviteur". Dans le Nouveau Testament, le mot s'appliquait aux femmes qui, ayant été appelées par Dieu et commandées par l'église, exerçaient la fonction permanente d'aider les autres dans leurs besoins. Lorsque les hommes ont exercé cette fonction, ils ont été appelés diacres. Ces personnes n'ont reçu aucune forme de rémunération pour leur travail. L'église se consacra avec une grande responsabilité aux soins des nécessiteux, car l'un des principes centraux que les apôtres enseignaient était le devoir chrétien d'aider les pauvres: "Ils nous demandaient seulement de nous souvenir des pauvres; que j'ai aussi cherché à faire avec diligence" Galates 2:10.

Guidez le groupe avec ces questions: L'église se soucie-t-elle suffisamment aujourd'hui des personnes dans le besoin? La responsabilité de servir les autres est-elle sérieusement enseignée?

Phoebé, probablement occupée à s'occuper des veuves qui étaient âgées, leur fournissant de la nourriture et des vêtements au nom de l'église. En outre, il a aidé les personnes touchées par des maladies et d'autres causes. Cela a exigé un style de vie de grande dévotion et de sacrifice. Son ministère, il l'assumait souvent, mettait son propre confort devant son devoir de servir.

Demandez: Seriez-vous prêt à faire un service similaire si vous en aviez l'opportunité? Quelles choses dans votre style de vie devrez-vous changer pour développer un ministère de service? Prévoyez l'opportunité pour que plusieurs expriment leur opinion.

2. Ceux qui servent touchent beaucoup de vies avec l'amour du Christ

Le service motivé par l'amour chrétien devrait caractériser les relations entre les gens dans l'église, "... se servir les uns les autres par amour" Galates 5:13.

Dans l'église et autour de nous, il n'y a jamais de pénurie de personnes dans le besoin. Dans notre quartier ou notre communauté et dans d'autres endroits de la ville, il y a des gens qui ont besoin de notre aide. C'est pourquoi nous aurons toujours des occasions de servir. Malheureusement, souvent vous ne voyez pas la souffrance des autres, même si parfois c'est très proche!

Phoebé, était une femme qui avait "aidé beaucoup ..." et l'apôtre Paul lui-même (Romains 16: 2b). Paul a connu beaucoup de besoins matériels et de souffrances, surtout pendant son emprisonnement. Il a témoigné qu'il pouvait compter sur plusieurs occasions avec l'aide de Phoebé. Cette femme, sans aucun doute, avait touché d'innombrables vies avec l'amour du Christ, l'exprimant à travers son service.

Si nous nous permettons d'être utilisés par le Seigneur pour leur honneur et leur gloire, nous pouvons exercer une influence positive sur de nombreuses vies. Les jeunes sont parfois tentés de consacrer beaucoup de temps et de ressources à leur propre gratification. Mais les valeurs chrétiennes nous enseignent que nous avons beaucoup à offrir aux autres. Dieu attend de nous que nous servions les autres, cela est agréable à ses yeux et il nous bénit pour cela.

Demandez-leur de lire Hébreux 13:16, "Et n'oublie pas de faire du bien et de l'entraide; à cause de tels sacrifices, Dieu est content" "Le mot "sacrifice" désigne ici une offrande ou un acte d'adoration à Dieu. Expliquez que le service aux autres est considéré dans la Bible comme une forme d'adoration du Seigneur. Par conséquent, il ne se réfère pas nécessairement aux personnes qui ont un bureau ou une direction ecclésiastique au sein de l'église. C'est une qualité que tout chrétien doit avoir.

3. Ceux qui servent ont aussi besoin de nous

Plusieurs fois, la gratitude n'est pas exprimée à ceux qui servent à l'église. Ces personnes, même lorsqu'elles font preuve de beaucoup de force et d'encouragement pour aider les autres, subissent parfois aussi des besoins profonds. Plus encore, certains passent par de grandes crises personnelles. C'est-à-dire que les personnes qui servent à l'église ne sont pas des êtres d'un autre monde et ne sont pas "repassées".

Pour une raison quelconque, peut-être personnelle, Phoebé devait voyager à Rome. L'apôtre Paul, supposé que l'aide de l'église pourrait être extrêmement nécessaire pour elle. Pour cette raison, il a instruit la congrégation sur ce que son devoir serait à Phoebe: "... que vous le recevez dans le seigneur" Romains 16: 2a. Autrement dit, ils devraient le recevoir, en tant que membre de la famille de Dieu. Être "frères dans la foi" représente, selon la Bible, un lien beaucoup plus profond que tout autre. " Mais par-dessus toutes ces choses revêtez-vous de la charité, qui est le lien de la perfection" Colossiens 3:14. L'amour chrétien nous permet de nous sentir en famille avec les autres membres de l'église.

En plus de l'amour chrétien, nous devrions nous soucier des personnes qui servent dans l'église par un sens logique de gratitude: "...et que vous l'assistiez dans les choses où elle aurait besoin de vous, car elle en a donné aide à plusieurs et à moi-même" (Romains 16: 2b). Les gens qui servent les autres s'abandonnent, sacrifient leur temps et leurs ressources et souvent, ils ne reçoivent en Défiur que l'oubli et l'indifférence, parfois quand ils ont le plus besoin d'aide.

Encouragez la classe à réfléchir à différentes façons de montrer son intérêt, son affection, sa reconnaissance, etc. pour les besoins des personnes qui servent dans l'église. Promouvoir le dialogue pour que la classe exprime librement ses idées.

Révisez/Application: En vous basant sur ce que vous avez appris dans la leçon, donnez du temps pour répondre aux questions suivantes:

1. Que signifie le mot "diaconesse"? (Servante)

2. Quel est l'enseignement de Galates 5:13? (Le commandement de nous servir les uns les autres.)

3. Quelle attitude devrait caractériser les relations entre les gens dans l'église? (Le service)

4. Quel principe biblique sur le service est enseigné dans Hébreux 13:16? (Ce service est une forme de culte.)

5. En plus du devoir chrétien, quel est l'autre motif de se soucier des besoins de ceux qui servent dans l'église? (Gratitude.)

Défi: Dis à ta classe: Planifions un moyen pratique de montrer notre appréciation aux personnes qui servent dans l'église. Cela pourrait être, en organisant une fête pour eux, en leur préparant des cadeaux personnels, ou une autre forme appropriée de reconnaissance.

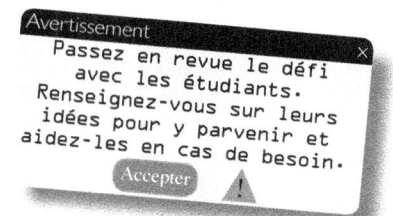

Avertissement ×
Passez en revue le défi avec les étudiants. Renseignez-vous sur leurs idées pour y parvenir et aidez-les en cas de besoin.
Accepter

Une femme compatissante

Objectif: Que l'élève comprenne que la vie chrétienne peut aussi être démontrée par des œuvres de compassion envers les nécessiteux.

Pour mémoriser: *Il y avait à Joppé, parmi les disciples, une femme nommée Tabitha, ce qui signifie Dorcas: elle faisait beaucoup de bonnes oeuvres et d'aumônes.* Actes 9:36

Avertissement

Demandez-leur s'ils ont pensé de manière concrète à montrer leur appréciation. Mais ils ont planifié ensemble avant de commencer la leçon.

Accepter

Connecter — Télécharger

Dynamique d'introduction (12 a 17 ans).
- Matériaux: Vieux journaux, ciseaux, agrafeuse, ruban adhésif avec de la colle, etc.
- Instructions: Formez des groupes en fonction du nombre d'élèves. Indiquez qu'à l'heure indiquée, (trois ou cinq minutes), ils doivent préparer deux vêtements pour l'hiver avec les articles donnés et les habiller avec l'un de leurs compagnons.

   Parlez du travail accompli. Qu'est-ce qui est nécessaire pour préparer un vêtement à s'habiller? Pourquoi est-il important d'avoir des vêtements adéquats pour la saison? Guidez la conversation sur le temps qu'il fait dans un endroit et combien de personnes n'ont pas les bons vêtements.

Dynamique d'introduction (18 a 23 ans).
- Matériaux: Coupures de presse sur l'activité d'organisations caritatives dans votre communauté ou votre pays. Par exemple, Club Rotary, Téléthon, etc. Tableau et marqueurs ou craie.
- Instructions: Demandez aux élèves d'écrire au tableau une liste des organismes d'aide qu'ils connaissent. Demandez ensuite si l'un d'entre eux a fait du travail au sein de l'église, de l'école ou de toute autre organisation. Demandez-leur de partager leur témoignage.

Connecter — Télécharger

Tout au long de l'histoire, il y a toujours eu des femmes qui ont excellé dans leur service à Dieu et à leur église. Au cours de cette unité, nous avons étudié certains d'entre eux comme Débora, Esther, Marie-Magdala, Phoebé, Loida et Eunice, entre autres. On se souvient d'elles pour certaines caractéristiques qui valent la peine d'être imitées. Aujourd'hui, nous étudierons une femme qui, par son service aux autres, a montré l'amour de Dieu. Son nom en grec est Dorcas. Dans la langue aramén, elle s'appelle Tabita. Son nom signifie "gazelle". Beaucoup de détails sur sa vie ne sont pas connus, mais dans le livre des Actes, nous pouvons trouver trois qualités qui méritent d'être imitées.

1. Dorcas était un disciple de Jésus

La première caractéristique que Actes 9:36 nous dit à propos de Dorcas est qu'elle était un disciple. Cela signifie que c'était chrétien. Elle avait reconnu Jésus comme le Fils de Dieu et comme le Sauveur de sa vie.

Elle a vécu dans le port de Joppé près de la mer Méditerranée. En raison de la persécution contre les chrétiens à Jérusalem, de nombreux disciples du Christ ont fui vers différents endroits. Cependant, ils ont prêché et ont partagé le message du salut dans chaque nouvel endroit où ils sont venus. C'est de cette manière qu'il a commencé l'église à Joppé.

Joppé était situé à 55 kilomètres au nord-ouest de Jérusalem et devint un centre chrétien très important pour la propagation de l'évangile pendant l'église primitive. Peut-être que Dorcas connaissait Jésus dans l'église de Joppé et a reçu des enseignements sur ce que devrait être la vie des chrétiens.

Selon Actes 2: 42-47, nous pouvons indiquer que les caractéristiques enseignées et pratiquées dans l'église primitive se référaient à l'étude des Écritures pour persévérer dans la doctrine; profiter de la communion les uns avec les autres; participer aux moyens de grâce tels que la prière et la fraction du pain. Ils ont également partagé ce qu'ils avaient pour répondre aux besoins des autres. Dorcas a été enseigné de cette manière. Son témoignage était connu des autres parce qu'il était reconnu par tous comme un disciple de Jésus. Sa relation avec Christ était forte. Dorcas a montré d'une manière pratique le changement que le Christ a fait dans sa vie. Elle a compris qu'être sauvé était appelé à faire de bonnes œuvres au nom de son prochain. Il est nécessaire de souligner que la foi de Dorcas en Jésus était celle qui se motive pour aider les nécessiteux.

2. Dorcas était une femme compatissante

La caractéristique suivante que nous trouvons à propos de Dorcas est qu'elle était une femme qui "abondait dans les bonnes œuvres et les aumônes". Dans Actes 9:39 nous trouvons que quand Dorcas est morte, les gens, particulièrement les veuves, ont apporté à sa maison les vêtements qu'elle avait cousus pour eux. Aujourd'hui, il y a beaucoup d'organisations ou de ministères qui se consacrent à faire des œuvres compatissantes qui utilisent leur nom.

Dorcas a montré de la compassion pour les femmes veuves et peut-être aussi pour les enfants orphelins. Dorcas a observé le besoin du peuple et a agi généreusement pour les satisfaire. Elle a non seulement donné de l'argent, mais elle a aussi investi du temps et du travail dans la préparation de quelque chose qui allait bénir les autres.

Quand Luc mentionne dans le passage que Dorcas était pleine de bonnes œuvres, elle se réfère à Dorcas étant bonne à faire le bien. Son service aux autres découlait d'un cœur reconnaissant envers Dieu pour sa grâce salvatrice. Un commentateur fait remarquer que la gazelle se distingue par sa forme mince et belle, ainsi que par ses mouvements gracieux et ses yeux brillants. Entre les Hébreux et les nations orientales, ils considèrent la gazelle comme une image de la beauté féminine. Le nom de Dorcas signifie gazelle et bien que nous ne connaissons pas sa beauté physique, nous pouvons affirmer qu'elle a montré la beauté de Jésus. Son acte de compassion envers ceux qui étaient dans

Le besoin a montré la compassion de Jésus comme étant disciple, elle avait certainement foi en Jésus, mais en même temps, elle comprenait que sa foi sans les œuvres était morte (Jacques 2: 14-17).

Nous pouvons nous souvenir quand Dieu a demandé à Moïse, qu'as-tu dans ta main? Et il a répondu à une verge (Exode 4: 2). Cette verge est devenue un symbole de la puissance de Dieu déléguée à Moïse. De la même manière, quand Dieu a demandé à Dorcas, qu'est-ce que tu as dans ta main?, Sûrement elle a répondu "une aiguille". Dieu a utilisé cette aiguille pour montrer une gentillesse pratique envers les nécessiteux, battant ainsi l'enseignement de Jésus concernant la responsabilité avec les autres, Matthieu 25: 34-40 " Alors le roi dira à ceux qui seront à sa droite: Venez, vous qui êtes bénis de mon Père; prenez possession du royaume qui vous a été préparé dès la fondation du monde. Car j'ai eu faim, et vous m'avez donné à manger; j'ai eu soif, et vous m'avez donné à boire; j'étais étranger, et vous m'avez recueilli; j'étais nu, et vous m'avez vêtu; j'étais malade, et vous m'avez visité; j'étais en prison, et vous êtes venus vers moi. Les justes lui répondront: Seigneur, quand t'avons-nous vu avoir faim, et t'avons-nous donné à manger; ou avoir soif, et t'avons-nous donné à boire? Quand t'avons-nous vu étranger, et t'avons-nous recueilli; ou nu, et t'avons-nous vêtu? Quand t'avons-nous vu malade, ou en prison, et sommes-nous allés vers toi? Et le roi leur répondra: Je vous le dis en vérité, toutes les fois que vous avez fait ces choses à l'un de ces plus petits de mes frères, c'est à moi que vous les avez faites" En vérité, je vous le dis, dès que vous l'avez fait à l'un de ces petits frères, vous me l'avez fait.

3. Dorcas a eu un impact sur sa communauté

Actes raconte que Dorcas est tombé malade et est mort. Bien que son âge ne soit pas mentionné, Dorcas a eu une vie active au service des autres. Son mode de vie et son service ont eu une incidence sur sa communauté. Les veuves qui en bénéficiaient allaient pleurer chez elles en montrant les tuniques et les robes que leur donnait Dorcas.

Les gens de l'église de Joppé étaient également très affectés et attristés par la mort de Dorcas. En apprenant que Pierre était à Lida, près de Joppé, ils ont envoyé deux personnes pour le chercher. Ils avaient sûrement entendu parler de certains miracles que Pierre avait accomplis en suivant l'exemple de Jésus. Pierre est bientôt arrivé à Joppé. En suivant l'exemple de Jésus quand il a ressuscité la fille de Jaïrus (Matthieu 9: 24-25)

Il a demandé que les personnes qui accompagnaient le corps soient enlevées. Puis il s'est agenouillé et a prié. Finalement, Pierre avec pouvoir et autorité a dit "Tabitha, lève-toi" et Dorcas est revenue à la vie.

La surprise de l'église et des veuves et peut-être des orphelins présents étaient grands. Ce fait avait deux connotations importantes pour la communauté. D'une part, la foi des membres de l'église de Joppé a été renforcée. Ce miracle a convaincu beaucoup de personnes au sujet du pouvoir réel de Dieu.

D'un autre côté, la nouvelle s'est répandue dans toute la communauté et beaucoup ont cru au Seigneur (Actes 9:42).

Le témoignage de cette femme ressuscitée de la mort physique est venu donner une résurrection spirituelle à beaucoup de gens de Joppé. Actes nous dit que Pierre est resté plusieurs jours à la place et nous pouvons facilement imaginer qu'il enseignait les nouveaux croyants et affirmait l'église de Joppé.

La vie de Dorcas a non seulement eu un impact sur son lieu d'origine, mais a incité d'autres femmes à suivre son exemple en offrant ses talents au service de Dieu et de son prochain.

Défi: Dis à ta classe: Avec tes camarades de classe, prépare un projet de service communautaire. Par exemple, visite d'un orphelinat, d'une maison de retraite ou d'un hôpital pour enfants atteints d'une maladie en phase terminale. Prépare quelque chose à partager avec eux. Par exemple, coudre ou tricoter un vêtement, cuire des biscuits ou des gâteaux, préparer un dessin qui leur plait, etc.

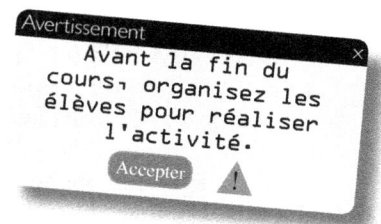

Avertissement
Avant la fin du cours, organisez les élèves pour réaliser l'activité.
Accepter

Servir ensemble

Esmeralda Cortés • Mexique

30

Objectif: Que l'élève connaisse l'importance de servir le Seigneur avec son conjoint.

Pour mémoriser: *Qui peut trouver une femme vertueuse? Elle a bien plus de valeur que les perles. Le coeur de son mari a confiance en elle, Et les produits ne lui feront pas défaut.* Proverbes 31: 10-11

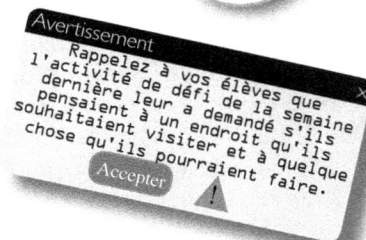

Rappelez à vos élèves que l'activité de défi de la semaine dernière leur a demandé s'ils pensaient à un endroit qu'ils souhaitaient visiter et à quelque chose qu'ils pourraient faire.

Accepter

Connecter | Télécharger

Dynamique d'introduction (12 a 17 ans).

- Matériaux: Laine épaisse ou quelque chose de résistant à l'attache. Grands objets tels que des balles, des boîtes, etc. qui doivent se déplacer entre deux personnes.
- Instructions: Formez des couples mâles-femelles et attachez leurs chevilles en formant une paire à trois pattes. Demandez à chaque couple de déplacer des objets d'un côté de la pièce à l'autre.

  Chaque paire aura son tour et devra utiliser différentes techniques pour pouvoir déplacer les objets, ils devront le faire ensemble.

  Une fois que toutes les équipes ont passé, commentez qui l'a fait plus rapidement et comment ils ont accepté de remplir la mission.

  Quand un couple se marie, il est très important que les deux savent qu'ils sont unis, pour la vie et qu'il est d'une importance vitale qu'ils fabriquent du matériel pour n'importe quelle tâche. Le mariage doit être pour la vie et les deux doivent travailler et servir en équipe.

Dynamique d'introduction (18 a 23 ans).

- Matériaux: Feuilles avec les cas.
- Instructions: Formez des couples hommes-femmes et donnez un cas à chaque couple et demandez-leur d'écrire une histoire. Vous pouvez répéter les cas. Puis demandez à chaque paire de lire le cas et sa fin. Et puis lisez la vraie fin. Dans le mariage, les deux doivent prendre chaque décision de marcher selon le plan de Dieu. Et s'ils sortent ensemble et n'ont pas le même appel, ils devraient réconcilier leur cour et penser ce qui est plus important.

  Cas 1: Mariage d'un an et demi. Un bébé de mois. Ils reçoivent une invitation à servir comme missionnaires bénévoles (sans salaire) dans un autre pays.

  Il accepte immédiatement, il ne veut pas accepter (pense à l'économie de la famille). Vraie fin: Il a prié, il s'est mis entre les mains de Dieu et ils ont servi dans différentes villes pendant sept ans.

  Cas 2: Couple de copains. Il est appelé au ministère et est pasteur d'une église. Il a accepté d'être membre de son église et d'être proche de ses parents. Une vraie fin: Il a arrêté de se promener, ils sont Défiurnés dans sa ville et ont servi comme laïcs dans une église.

Connecter | Télécharger

Dans la Bible il y a des histoires d'hommes et de femmes qui ont obéi à Dieu et leurs histoires nous laissent un enseignement. Aujourd'hui nous allons étudier Priscille, une femme romaine qui a servi Dieu avec son mari.

1. Femme prête à tout laisser

Dans Romains 16, le dernier chapitre de l'épître, Paul a envoyé des salutations à plusieurs personnes, y compris Sœur Phoebé et aussi Priscille et Aquila. Paul a recommandé qu'ils montrent des soins envers sœur Phoebé, elle était dans le besoin. Il a également fait référence à ce couple de maris comme des personnes qui ont risqué leur vie pour lui et ont donc béni les églises des grecs.

Paul a continué à envoyer des salutations à beaucoup d'autres personnes qui l'ont aidé tout au long de son ministère, a mentionné les femmes, les hommes, les mariages et les familles.

Dans cette leçon, le travail de ces conjoints est mis en évidence.

Actes 18: 2-3 dit qu'Aquila et Priscille avaient déménagé d'Italie à Corinthe parce que l'empereur romain Claudius avait ordonné à tous les Juifs de quitter le pays. Leur travail consistait à fabriquer des tentes. Quand ils se sont retrouvés à Corinthe, ils ont connu Paul. Paul a partagé le même bureau avec eux.

Aquila et Priscille ont accueilli Paul pendant un an et demi. Ils ont peut-être été disciple par lui mais ils ont aussi aidé à faire d'autres disciples. Alors Aquila et Priscille sont allés avec Paul en Syrie (Actes 18:18).

C'est remarquable l'engagement qui est observé à Priscille. Elle était prête à suivre son mari non seulement pour un nouvel emploi, mais parce qu'ils servaient Dieu. Passer d'un endroit à un autre n'est pas toujours facile. Cela implique de laisser des amis, des coutumes et de s'adapter à un nouvel endroit. Mais elle était prête à le faire. Bien que les détails ne soient pas connus, Paul mentionne qu'Aquila et Priscille ont préparé leur vie pour l'aider. Priscille était une femme prête à tout faire pour l'amour de Dieu.

2. Femme qui a enseigné aux autres

Dans Actes 18: 24-28, il y a Priscille et Aquila à Éphèse. Ils n'étaient plus avec Paul mais ils continuaient à servir Dieu partout où ils s'installaient. A Ephèse, ils rencontrèrent Apollos. Dans la version en cours, Actes 18:24-25 dit: " Il était instruit dans la voie du Seigneur, et, fervent d'esprit, il annonçait et enseignait avec exactitude ce qui concerne Jésus, bien qu'il ne connût que le baptême de Jean" Dans le verset suivant, cela indique qu'Apollos voulait enseigner le message de Jésus dans la synagogue et il a trouvé Priscille et Aquila.

Actes indique comment ils ne l'ont pas exposé devant les gens pour corriger leur erreur. Apollos ne connaissait pas le baptême du Saint-Esprit, il ne connaissait que le baptême d'eau. Aquila et Priscille l'ont appelé de côté et l'ont aidé à mieux comprendre le message de Dieu.

Priscille et Aquila étaient prêts à aider ceux qui en avaient besoin. Dans ce cas, ils ont enseigné à Apollos et l'ont préparé pour qu'il puisse mieux accomplir son ministère.

Parlez avec vos élèves de la façon dont ils agiraient s'ils connaissaient quelqu'un qui enseigne de façon incomplète ou erronée dans l'église, mais qui a un cœur fervent pour Dieu. Cette personne n'a pas été bien disciplinée mais a le désir d'aider les autres.

Attendez vos commentaires, éventuellement certains encourageraient les frères à les écouter, d'autres le réclameraient. Mais Priscille et Aquila montrent le bon exemple de la façon d'aider la croissance et le renforcement des nouveaux croyants et donc de l'église. L'exemple de ces maris est très clair. Les deux ont travaillé à bénis Apollos.

3. Femme qui ouvre sa maison

Dans les points précédents de la leçon, nous avons étudié comment Priscille et son mari étaient prêts à relever de nouveaux défis pour servir Dieu. Ils ont changé leur lieu de vie et ont formé un nouveau leader à l'église. Dans 1 Corinthiens 16:19 il indique une nouvelle caractéristique de ce couple "Les églises de l'Asie vous saluent. Aquila et Priscille, avec l'église qui est dans leur maison, vous saluent beaucoup dans le Seigneur.

Ces frères avaient une église dans leur maison. À cette époque, les chrétiens n'avaient pas de temples où ils pouvaient se rassembler pour adorer Dieu. Ils se sont rencontrés dans des maisons et parfois ils l'ont même fait secrètement, à cause des persécutions. L'endroit où ils ont ouvert leur maison pour une église était dans une province de l'Asie. C'est qu'il ne connaît pas le nom de la ville à laquelle Paul se réfère. Mais le lien entre eux et Paul a continué d'être fort.

Ceci est un nouvel aspect dans la vie de Priscille, qui non seulement était prête à changer de résidence, à risquer sa vie, à faire du disciple aux nouveaux croyants, mais avec son mari, ils ont décidé d'ouvrir leur maison pour fonder une église et de continuer avec la prédication de l'évangile.

Actuellement, il y a aussi des gens qui sont prêts à s'engager pour le développement de l'église. Il est nécessaire d'ouvrir des points de prédication où différentes personnes peuvent entendre le message de l'Évangile. Pour cela, il est nécessaire que les gens puissent ouvrir leurs maisons, donner leur temps et leurs efforts pour que l'évangile continue à se répandre. Les femmes et surtout les femmes ont un rôle très important à jouer dans ce type de décision. La femme devrait être la bonne aide et non l'aide fausse pour son mari. Ouvrir la maison comme un lieu de prédication est une étape très importante dans la vie de la famille. C'est pourquoi ce passage nous fait connaître un peu de la manière d'être de Priscille, comme les passages précédents.

Ce couple donne un bon exemple aux hommes et aux femmes de service inconditionnel. Encourage, en particulier, les époux à s'engager pour l'extension du royaume de Dieu.

Les jeunes, si nous aimons Dieu, nous sommes prêts à le servir, où que ce soit, quand et quand même, et quand il s'agit de former une maison, nous cherchons que notre partenaire l'aime aussi et soit disposer à le servir.

Révisez/Application: Demandez à identifier de qui il s'agit, et écrivez le nom sur la ligne.

1. Femme romaine qui, avec son mari, faisait des tentes. (Priscille)

2. Homme juif, croyant, qui a vécu à Rome avant de vivre à Corinthe. (Aquila)

3. Apôtre qui connaissait l'office de fabrication des tentes, a vécu pendant un certain temps à Corinthe. (Paul)

4. Juif, originaire d'Alexandrie, homme éloquent, puissant dans les Écritures, qui a été instruit dans la voie du Seigneur et a commencé à parler avec audace dans la synagogue. (Apollos)

5. Empereur qui a ordonné à tous les Juifs de quitter Rome. (Claudius)

Défi: Dis à ta classe: Connais-tu un mariage d'où les hommes et les femmes servent inconditionnellement le Seigneur? Pense à tous les couples que tu connais à propos de ton église, de ta région ou même de ton district. Si tu as de l'opportunité, fixe un temps de rencontre avec eux afin que tu dialogues comment Dieu les a appelés et comment il était pour chacun d'entre eux d'accepter.

Héroïnes de la foi

Objectif: Que l'élève valorise la foi qu'il a héritée des autres chrétiens.

Pour mémoriser: *Gardant le souvenir de la foi sincère qui est en toi, qui habita d'abord dans ton aïeule Loïs et dans ta mère Eunice, et qui, j'en suis persuadé, habite aussi en toi.* 2 Timothée 1: 5

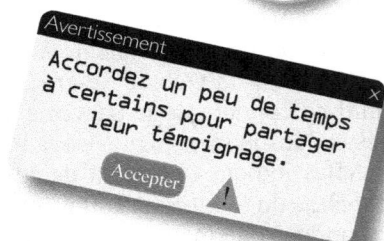

Avertissement
Accordez un peu de temps à certains pour partager leur témoignage.
Accepter

Connecter | Télécharger

Dynamique d'introduction (12 a 17 ans).
- Instructions: Regroupez les membres de la classe par paires et demandez qu'ils soient placés l'un en face de l'autre sur deux rangées parallèles. Puis, à son tour, un participant fera des mouvements comme s'il se tenait devant un miroir et l'autre répétera simultanément de tels mouvements comme s'il était le miroir. Durée par couple, 30 seconds maximums. Terminez en expliquant que notre exemple de la vie quotidienne affecte les autres positivement ou négativement.

Dynamique d'introduction (18 a 23 ans).
- Matériaux: Papier de construction ou carton couleurs, marqueurs ou marqueurs de couleur, autocollants ou découpes de papier d'emballage, caoutchouc, etc.
- Instructions: Donnez à chaque élève une feuille de piocher une carte et d'écrire sur une phrase de remerciement pour donner à quelqu'un qui a été un exemple pour sa vie. À la fin du cours, vous devez le donner, ce peut être un parent ou quelqu'un de la congrégation. Cela aidera l'étudiant à apprécier l'importance de reconnaître le bon exemple des autres chrétiens.

Connecter | Télécharger

Sœur Catalina avait l'habitude de s'occuper de ses petites-filles pendant que sa fille allait travailler. Le dimanche, elle a emmené ses petites-filles à l'église, où elles ont appris la foi chrétienne. Vous souvenez-vous de quelque chose d'important.

Qu'est-ce que votre grand-mère vous a enseigné? Quelles bonnes choses avez-vous appris de votre mère? Vous rappelez-vous qui était la personne qui vous a invité à venir à l'église? Y a-t-il une personne spéciale qui a influencé votre vie? Aujourd'hui, nous étudierons les femmes qui ont servi les desseins de Dieu en jouant efficacement leur rôle de grand-mère et de mère.

Demandez aux élèves de lire 2 Timothée 1: 3-5. Si possible, apporter une version différente à la Reina Valera de 1960, comme la nouvelle version internationale ou une autre. Le passage à étudier aujourd'hui a été écrit au cours du premier siècle après le Christ, peut-être de Rome, lorsque Paul a été emprisonné pour l'amour de l'Évangile. Au cours de son ministère de prédication, l'apôtre Paul a rencontré de nombreuses personnes qui ont partagé la foi en Christ. Il mentionne certaines de ces personnes dans ses écrits, tout comme Timothée et sa famille.

1. La grand-mère

Certaines grand-mères sont consentantes et d'autres très vilaines. La grand-mère de Timothée s'appelait Loida. Bien qu'on ne sache pas trop d'elle, le petit record de sa vie explique l'influence sur la vie dans l'un des premiers dirigeants de la première jeunesse de l'église.

Loida était une femme juive qui, comme la plupart d'entre elle, a consacré sa vie à prendre soin de sa famille, tandis que son mari est sorti pour gagner assez pour soutenir la famille.

Bien que les femmes n'assistent pas à la synagogue comme les hommes, elles peuvent apprendre de la Parole de Dieu les jours de sabbat. En outre, avec l'avènement du christianisme, les femmes se sont réunies dans la prière et les groupes d'étude des Écritures à la maison (Romains 16: 5, Colossiens 4:15). Tenant compte du fait que les opportunités d'apprendre sur Dieu étaient moins pour les femmes que pour les hommes, il est nécessaire de reconnaître la grande valeur de la foi en Dieu que grand-mère Loida avait développée. L'apôtre a fait référence à elle comme une femme de foi sincère et influençait la vie de son petit-fils d'une manière puissante.

L'influence d'une grand-mère ou d'une personne âgée peut laisser des traces dans la vie d'un jeune pour le meilleur ou pour le pire. Il y a des garçons qui sont gâtés parce que leur grand-mère les a consentis; d'autres peuvent devenir amers à cause de la flagellation injuste et réprimande de leur grand-mère impatiente. Mais une grand-mère sage et pieuse peut influencer ses petits-enfants avec une telle efficacité qu'elle les conduit à développer une foi ferme et authentique en Dieu.

Demandez: Est-ce que quelqu'un a une grand-mère chrétienne qui les encourage à chercher Dieu? Expliquez la bénédiction que cela signifie, car même si vous n'avez pas de fortune pour en hériter, vous laisserez le meilleur cadeau: la foi en Jésus-Christ qui sauve et donne la vie éternelle. "Dès ton enfance, tu connais les saintes lettres, qui peuvent te rendre sage à salut par la foi en Jésus Christ" 2 Timothée 3:15.

2. La mère

Son nom était Eunice qui signifie "bonne victoire", ce qui peut être interprété comme "victorieuse" ou "elle qui gagne". Eunice était une femme juive vivant à Lystre (Actes 16: 1). Il est curieux qu'elle ait épousé un Grec, car il n'était pas fréquent qu'une femme juive épouse quelqu'un d'une autre nationalité. Aussi, à cette époque, les jeunes femmes ne choisissaient généralement pas qui épouser, mais les parents. Ainsi, pour des raisons inconnues, Eunice épousa un Grec et, ensemble, ils procréèrent Timothée, qui grandit sous l'influence de deux cultures différentes.

Eunice a été bien enseignée dans la foi par sa propre mère (2 Timothée 1: 5). Loida était très efficace dans la responsabilité d'instiller la foi en Dieu dans sa fille, parce que l'Écriture dit à la fois qui avait une feinte, la foi authentique et si réelle ne rentre pas qui a été transmis de la mère à la fille, puis à la prochaine génération de Timothée.

3. Le résultat de l'enseignement par l'exemple

Beaucoup de chrétiens ont une telle foi superficielle qu'ils ne peuvent pas influencer même ceux qui leur sont les plus proches. Ils peuvent influencer les autres, mais ceux qui vivent avec eux ne peuvent être convaincus de la nécessité de croire en Christ et d'abandonner leur cœur à Dieu.

Le nom de Timothée signifie "Qui adore Dieu ou le bien-aimé de Dieu". Timothée était aussi jeune, imprudent et serviable; Il était sérieusement engagé envers le Seigneur et envers l'œuvre de l'Évangile à cause de la sincérité qu'il avait placée en Dieu. Ce style de vie qu'il voyait chez sa grand-mère et chez sa mère, influença puissamment sa propre vie.

La Bible mentionne seulement que son père était grec; peut-être il était aussi un chrétien ou un prosélyte du judaïsme. Luc mentionne dans Actes 16: 1 que sa mère était connue pour être croyante, c'est-à-dire chrétienne. Les deux Loida et Eunice ont clairement indiqué qu'ils avaient déposé leurs vies avec ferveur dans les mains de Dieu. Ils ont effectivement servi les buts de Dieu en conduisant Timothée au Seigneur Jésus-Christ. Timothée a décidé d'embrasser la foi de ces nobles femmes, donc j'ai eu un bon témoignage aux frères de Lystre et Derbe et Paul voulait être son compagnon sur la mission de prêcher l'Evangile (Actes 16: 2-3). Des années plus tard, quand Timothée servait le Seigneur en tant que pasteur (1 Timothée 1: 3), Paul se souvient avec affection pour son dévouement et son dévouement à servir le Seigneur et même lui a demandé de lui rendre visite en prison (2 Timothée 4: 9).

Dans l'église, nous rencontrons souvent le problème de ne pas trouver de jeunes qui veulent vraiment s'engager au service du Christ.

Pourquoi pensez-vous que les jeunes résistent au service du Seigneur? (Prévoyez du temps pour eux d'exprimer leurs opinions). Parfois, les gens acceptent des compromis mais seulement mentalement ou émotionnellement, mais la vie du chrétien passe par des convictions et pas seulement par des émotions.

Demandez: Y a-t-il quelqu'un dans votre famille ou votre congrégation qui vous inspire pour servir le Seigneur pour votre fidélité, votre bon témoignage et votre service? (Donnez à vos élèves l'occasion de partager leurs expériences).

Quelle attitude avez-vous lorsque votre collaboration est requise dans l'église? Participez-vous ou attendez-vous à ce que les autres fassent des choses pour vous? Ne sois pas un spectateur. Examinez votre vie et prenez l'exemple de Timothée. Demandez: Votre foi est-elle aussi sincère que la sienne? Sinon, vous devriez demander pardon à Dieu et changer votre attitude, parce que votre exemple affecte les autres.

Révisez/Application: Prévoyez du temps pour répondre aux questions suivantes:

1. Quels aspects de la vie de Loida et Eunice qui ont attiré votre attention?

2. Comment pensez-vous qu'elles ont réagi lorsque l'apôtre a décidé de prendre Timothée pour aller prêcher? (Peut-être qu'elles s'inquiétaient parce que la mission était dangereuse.)

3. Qu'est-ce que ta mère aurait fait à la place?

4. Que pensez-vous des femmes qui n'emmènent pas leurs enfants à l'école dominicale?

Défi: Dis à ta classe: Pense au peuple chrétien qui était et qui est un bon exemple pour toi, louant maintenant Dieu pour eux. Exprime-leur la manière dont ils ont influencé ta vie. Partage l'expérience du dimanche prochain avec tes collègues.

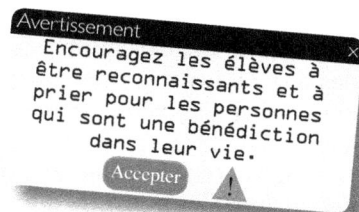

Avertissement

Encouragez les élèves à être reconnaissants et à prier pour les personnes qui sont une bénédiction dans leur vie.

Accepter

Tu n'auras pas d'autres dieux

Flavia de Ventura • Argentine

Objectif: Que l'élève comprenne qu'il n'y a qu'un seul Dieu à qui il faut rendre l'adoration.

Pour mémoriser: *Tu n'auras pas d'autres dieux devant moi.* Exode 20: 3

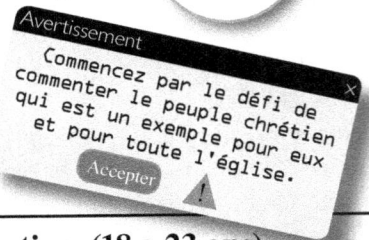

> **Avertissement**
>
> Commencez par le défi de commenter le peuple chrétien qui est un exemple pour eux et pour toute l'église.
>
> Accepter

Connecter | Télécharger

Dynamique d'introduction (12 a 17 ans).

- Matériaux: Feuilles de papier, stylos ou plumes.
- Instructions: Donnez une feuille de papier à chaque élève. Demandez-leur de dessiner quelque chose qu'ils peuvent voir ou toucher (une glace, un livre, etc.) au milieu de la page. Et dans l'autre moitié, ils représentent quelque chose qu'ils ne peuvent pas voir ou toucher (vent, odeur, douleur, etc.).

  Il est plus facile de dessiner ou de définir quelque chose que nous pouvons voir ou toucher, que quelque chose que nous ne pouvons pas voir où toucher.

  Comment pouvons-nous voir le Dieu invisible? Comment pouvons-nous concentrer notre regard sur le vrai Dieu?

Dynamique d'introduction (18 a 23 ans).

- Matériel: feuilles de papier et stylos ou plumes.
- Instructions: Formez deux groupes. Un groupe signera dans ses propres mots: Auto, crayon, mère, école. Le deuxième groupe définira: Espoir, douleur, honte, salut.

  Il est plus facile de définir quelque chose que nous pouvons voir ou toucher, que quelque chose que nous ne pouvons pas voir ou toucher.

  Comment pouvons-nous voir le Dieu invisible? Comment pouvons-nous concentrer notre regard sur le vrai Dieu?

Connecter | Télécharger

Le premier commandement donné par Dieu dit: "Tu n'auras pas d'autres dieux devant ma face" Exode 20: 3. Tout ce qui veut ressembler à Dieu ou occuper la place qu'Il devrait avoir dans nos vies, représente un faux dieu qui veut prendre ce qui appartient à Dieu. C'est un danger réel dans la vie des êtres humains qui s'est manifesté dès le début de l'humanité.

C'est pour cette raison que le Seigneur nous a fortement mis en garde de retirer de nos vies tout signe d'idolâtrie, parce que cela nous éloigne de Lui.

Le Commentaire Biblique Beacon dit à propos du premier commandement: "Devant ma face" signifie "côte à côte avec moi" ou "en plus de moi". Dieu ne s'attendait pas à ce qu'Israël l'abandonne; Il savait que le danger était dans une autre direction. celle de le mettre sur un pied d'égalité avec les autres dieux. Ce commandement souligne le monothéisme strict du judaïsme et du christianisme. Le premier commandement interdit toute forme d'idolâtrie mentale et toute affection désordonnée des choses terrestres et sensibles. (Commentaire Biblique Beacon, Volume 1. CNP, USA: 1991, p.239).

1. Dieu unique et jaloux

Habituellement, quand nous parlons d'une personne jalouse, nous imaginons quelqu'un de possessif qui prive des libertés à qui il aime et qui peut parfois blesser ou aliéner l'autre personne. Cependant, la jalousie de Dieu est totalement différente puisque, par sa jalousie, Il veut nous protéger d'être séduit par l'ennemi.

Dieu ne partage pas son règne, Il est le seul vrai Dieu et présente cette façon de faire le grand commandement de mensonge exprimé dans Deutéronome 6: 4-9.

Dieu déclare qu'Il est le seul vrai Dieu et nous appelle à l'aimer de tout notre cœur, l'âme et la force. Dieu désire être le seul objet de culte dans nos vies. Considérez l'importance du mot tout dans "de tout ton cœur, de toute ton âme et de toute ta force" (Deutéronome 6: 5).

Dieu a également communiqué la responsabilité pour les familles à perpétuer cet enseignement aux générations suivantes et garder à l'esprit en tout temps de la vie (Deutéronome 6: 7-9). Nous ne pouvons pas aimer Dieu seulement individuellement. Cet amour doit transcender tous ceux qui nous entourent.

À travers l'histoire du christianisme, ce premier commandement a été souligné aux différentes générations. L'apôtre Paul a écrit aux Corinthiens à ce propos dans 1 Corinthiens 8: 4,6. La coutume à cette époque était de donner des offrandes aux idoles, des images créées par l'homme à ceux qui adoraient; c'est pourquoi Paul a souligné la suprématie de notre Dieu. De même dans notre temps, la société soulève périodiquement une nouvelle idole à qui les gens dépensent leur argent, le temps et l'attention.

Nous voyons dans les différentes cultures et communautés comment apparaît du jour au lendemain un personnage qui attribue des pouvoirs qui veulent être comparé au divin. Et les idoles populaires qui attirent surtout les jeunes et les personnes qui sont en mesure de faire quoi que ce soit à voir ou toucher à un moment donné. C'est quelque chose que Dieu déteste, parce que ce verset dit bien qu'une idole n'est rien dans ce monde.

Bien que les gens veuillent élever de faux dieux, nous devons nous attacher en ce que nous avons cru (1 Corinthiens 8: 5). De cette façon, se manifeste la distinction en ce qui concerne les fils de Dieu, même si sur cette terre les gens veulent adorer d'autres dieux et autres seigneurs, les enfants de Dieu doivent savoir de qui sont et à qui ils appartiennent. Dieu ne "concurrence" personne parce que personne n'est égal à Lui.

Deutéronome 8: 11-20, était un avertissement aux Israélites de ne pas oublier les merveilles de Dieu pour eux. Dieu était très clair indiquant qu'avoir d'autres dieux, la conséquence serait la destruction d'Israël.

Cependant, pour beaucoup, il est plus facile de réaliser un certain nombre de sacrifices personnels pour attirer l'attention de leurs idoles et des faux dieux, plutôt que de renoncer à son cœur à Dieu, comme il est dit le psalmiste (Psaume 51: 16-17).

La pratique d'idolâtrie nous éloigne de Dieu, c'est par choix parce que Dieu n'a jamais voulu que cela se produise. Avoir d'autres dieux, c'est mettre à Dieu à la place qui correspond à toute autre chose ou personne. Pour nous un dieu étranger peut devenir un petit ami ou une petite amie, les amis, la famille, les études, le travail, les loisirs, etc. Il y a beaucoup de choses qui, bien que bonnes, entravent notre relation avec Dieu. Tout objectif ou quel que soit le but que nous avons dans notre vie, il doit être acheminé par l'obéissance à Dieu.

2. Israël et ses villes voisines

Pendant de nombreuses années, Israël a été soumis à l'esclavage d'Egypte, un peuple idolâtre de différentes façons. Israël, une fois libéré, ne plus être lié à d'autres villages voisins qui pratiquaient l'idolâtrie. Ainsi, dans Deutéronome 6: 13-15 Dieu leur a rappelé: "Tu craindras l'Éternel, ton Dieu, tu le serviras, et tu jureras par son nom. Vous n'irez point après d'autres dieux, d'entre les dieux des peuples qui sont autour de vous; Car l'Éternel, ton Dieu, est un Dieu jaloux au milieu de toi. La colère de l'Éternel, ton Dieu, s'enflammerait contre toi, et il t'exterminerait de dessus la terre. Dieu est jaloux, désire ardemment notre exclusivité pour Lui. De toute évidence, Dieu connaît bien l'inclinaison de l'être humain, qui est exposée à la capture de mauvaises habitudes.

La nécessité de réaffirmer ce premier commandement était permanent, au cours de la marche du peuple Israël vers la Terre promise. Le Seigneur avait besoin à nouveau de leur rappeler de ne pas chercher d'autres dieux en dehors de Lui, en insistant sur les conséquences destructrices que cela pourrait avoir pour tout le peuple (Exode 22:20).

Dieu est jaloux et ne partage pas sa gloire avec quelqu'un ou quelque chose (Deutéronome 6: 14-15).

Avoir d'autres dieux est aussi un problème aujourd'hui. Qu'allons-nous faire chrétiens, pour aller à l'encontre de cette réalité? Nous devons réfléchir et agir en annonçant que, en dehors de Dieu, personne, rien ne vaut l'amour, la puissance et la majesté. Personne n'a pensé à notre salut éternel, et a donné son fils unique pour nous sauver (1 Timothée 2: 5).

3. Il existe d'autres faux dieux parmi les chrétiens aujourd'hui

Nous avons déjà mentionné au cours de la leçon, comment dans notre présent moment, les dieux se déguisent et contextualisent, pour être attrayant pour les besoins humains.

Jésus a surmonté la tentation qui venait de Satan en disant: "Je te donnerai toutes ces choses, si tu te prosternes et m'adores" 4: 9). Plusieurs fois, les gens veulent atteindre leurs objectifs, leurs rêves, leurs plans, sans tenir compte de ce que cela signifie d'engager leur foi. Cette tentation est présentée très subtilement en prenant part à nos pensées, notre argent, notre temps et notre affection. Impliquer notre cœur, notre âme et notre force, qui doivent appartenir complètement à Dieu (Deutéronome 6: 5).

Jésus répondit Satan: "Jésus lui dit: Retire-toi, Satan! Car il est écrit: Tu adoreras le Seigneur, ton Dieu, et tu le serviras lui seul" (Matthieu 4:10). Jésus a précisé que pour lui, le plus important était d'adorer et de servir Dieu, son Père.

Nous devons commencer à voir avec des yeux spirituels ce que l'ennemi veut nous offrir en échange de notre attention de Dieu. En qui est notre confiance, protection et sécurité? Certaines coutumes comme des rubans rouges sur le bras d'un bébé, l'ail ou des fers à cheval sur les portes, a dit qu'il n'a pas entièrement confiance à Dieu pour la protection et on a besoin d'ajouter quelque chose.

De la même manière, si nous ne faisons confiance qu'à notre bonheur dans la relation avec une personne, au travail ou dans l'argent acquis, nous laissons Dieu de côté.

Si nous investissons notre temps dans l'étude, le travail, le divertissement, les loisirs attenants un moment à des mesures de goudron en Dieu et Sa Parole ou aller à l'église, nous énonçons la place que Dieu occupe dans nos vies.

Dieu est jaloux et veut avoir tout notre cœur. Il désire ardemment que nous donnions nos vies et vivions chaque jour avec Lui (Matt. 6:21).

Révisez/Application: Aidez vos élèves à répondre aux questions suivantes:

1. Pourquoi Dieu se présente-t-il comme un Dieu jaloux? (Parce qu'il ne partage pas sa gloire avec personne, et parce qu'il veut prendre soin de ses enfants de tomber entre les mains de l'ennemi.)
2. Quelle est la signification de l'expression "par devant moi" citée dans le passage d'Exode 20: 3? (L'expression "Devant ma face" signifie "côte à côte avec moi" ou "en plus de moi".)
3. Comment pouvons-nous avoir des diocèses étrangers? (Quand nous mettons d'autres choses en premier dans nos vies et ne donnons pas à Dieu la place qu'il mérite.)
4. Quel exemple Jésus-Christ nous a-t-il donné à cet égard? (Jésus a surmonté la tentation en disant que seul Dieu adorerait et qu'Il ne servirait que Lui.)

Défi: Dis à ta classe: Tu n'as peut-être pas remarqué, mais beaucoup de choses apparemment bonnes prennent la place de Dieu. Dans la semaine, essaie de détecter ce qu'elles sont et une fois que tu les as détectés, demande pardon à Dieu dans la prière et donne-lui la place qui lui correspond. Ensuite, remplis ta vie de la parole de Dieu pour que tes yeux spirituels soient ouverts et détecte tous les signes d'idolâtrie qui veulent t'affecter.

Tu ne feras point d'image taillée

Walter López • Guatemala

Objectif: Que l'élève comprenne que rendre l'adoration aux images ou aux idoles est une offense à Dieu, qui a besoin d'adoration et de loyauté absolue.

Pour mémoriser: *"Tu ne te feras point d'image taillée, ni de représentation quelconque des choses qui sont en haut dans les cieux, qui sont en bas sur la terre, et qui sont dans les eaux plus bas que la terre. Tu ne te prosterneras point devant elles, et tu ne les serviras point; car moi, l'Éternel, ton Dieu, je suis un Dieu jaloux, qui punis l'iniquité des pères sur les enfants jusqu'à la troisième et la quatrième génération de ceux qui me haïssent,* Exode 20: 4-5

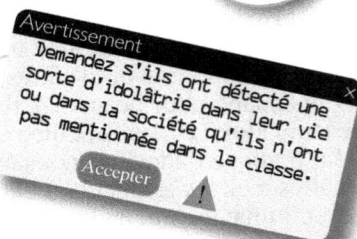

Demandez s'ils ont détecté une sorte d'idolâtrie dans leur vie ou dans la société qu'ils n'ont pas mentionnée dans la classe.

Accepter

Connecter | Télécharger

Dynamique d'introduction (12 a 17 ans).
- Matériaux: Papier et crayon
- Instructions: Demandez aux élèves de dessiner une image d'un humain ou d'un animal. Demandez-leur comment ils se sentiraient en train de rendre hommage ou de demander un miracle.

   Toute création humaine a une expiration et est finie. Notre Dieu est éternel et sa majesté ne réside pas dans le bois, le papier, l'or ou tout autre matériel.

Dynamique d'introduction (18 a 23 ans).
- Matériaux: Une feuille de papier et crayons pour chaque étudiant.
- Instructions: Préparez des cartes avec les mots monothéisme, polythéisme, panthéisme et athéisme. Et d'autres avec la signification de chaque (monothéisme, le culte d'un seul Dieu. Polythéisme, adorant divers dieux. Adoration panthéisme de l'univers ou dans le monde. Chaque créature est Dieu. Athéisme, ne croit pas à l'existence de Dieu).

   Formez deux groupes et demandez-leur de relier le mot à la signification.

Connecter | Télécharger

Ce n'était pas l'unicité d'Israël mais la miséricorde de Dieu qui faisait de lui l'objet de son amour. En correspondance avec cet amour, le Seigneur a demandé la loyauté et le dévouement en renonçant à d'autres dieux. L'interdiction des images était toujours présente dans le peuple d'Israël. Dieu a choisi Abraham qui a donné la promesse d'une grande nation (Genèse 12: 1-2) et l'alliance que Dieu a faite avec sa progéniture, des années plus tard, il était très catégorique à cet égard (Exode 20: 4). La vertu de croire en un seul Dieu serait ce qui différencierait Israël des peuples environnants. Dieu a fait un appel fort contre le culte et l'inclination à d'autres dieux et images. Seulement Dieu est digne de vénération et d'adoration parce qu'il n'y en a pas d'autre en dehors de Lui.

1. Les images dans l'Ancien Testament

L'utilisation d'images et de sculptures pour représenter les dieux était très commune parmi les peuples païens de l'Ancien Testament. Les dieux étaient représentés avec des figures animales (Deutéronome 4: 16-18). L'image représentait la proximité de la divinité à qui elle était vénérée. C'était l'évidence qui a montré la faveur des dieux au peuple. Cela signifiait un symbole de protection et de proximité.

C'est pourquoi Dieu a ordonné dans le deuxième commandement de ne rien ériger pour le représenter ou un faux dieu (Exode 20: 4-5) La deuxième partie a indiqué qu'en plus aucune image ne devrait être adorée. La restriction de créer des images et adorer d'autres dieux était à proximité de l'élection d'Israël et de son appel à être lumière pour les nations (Deutéronome 7: 6). L'alliance de Dieu a établi la fidélité du peuple à Dieu. Il y avait un avertissement que nous devons considérer, en plus de ne pas prendre des images d'autres dieux, Israël ne devrait pas pour une raison quelconque, se couper du Seigneur: l'image (Deutéronome 4, 15-17). L'expérience entre Dieu et Israël à Horeb était auditive et ils n'ont jamais observé de forme (Deutéronome 4:12). Dieu a demandé aux gens de croire en Sa Parole. Les actes salvifiques en Égypte, la traversée de la mer Rouge, le nuage et la colonne de feu étaient des signes visibles de la grâce de Dieu.

Le Seigneur est le créateur des cieux et de la terre et de tout ce qui s'y trouve. Il est impossible que sa majesté et la puissance peuvent être représentées et contenues dans une image créée par des mains humaines et affermit comme un objet inerte qui ne parle pas, voir, entendre, ou respirer (Psaume 135: 15-17).

2. Les images dans le Nouveau Testament

Les premiers chrétiens ont suivi le commandement donné à Israël. Le rejet de l'idolâtrie peut être observé dans de nombreux passages du Nouveau Testament. Par exemple, quand Paul est arrivé dans la ville d'Athènes, il a vu avec tristesse qu'ils pratiquaient l'idolâtrie (Actes 17:16). Quand Paul a parlé à l'Aréopage il a fait une très forte critique de l'idolâtrie et a dit aux Athéniens qu'ils ne devraient pas penser que Dieu était comme l'or, l'argent ou la pierre sculptée par des mains humaines. Dans son discours, il renvoie l'image de Dieu à Jésus-Christ qui viendra juger la terre avec justice (Actes 17: 24-31).

Dans Actes 19: 23-41, la prédication de Paul aux Éphésiens aboutit à la conversion de plusieurs à l'Évangile. Ces nouveaux convertis ont probablement adoré la déesse Diane (Actes 19: 26-27). La prédication de Paul a tenté de lutter contre le culte de la déesse et surtout contre les affaires des artisans qui ont eu beaucoup de gains.

Dans leur mécontentement, les artisans excitaient le peuple à poursuivre les compagnons de Paul sans obtenir ce qu'ils voulaient. La prédication apostolique a essayé contre les fondements du système idolâtre et économique qui s'est déplacé autour du culte de Diane. Le culte à l'image de cette déesse a généré de grands gains qui ont été affectés par la conversion des éphésiens à l'évangile. La lutte contre l'idolâtrie a conduit à un domaine pratique dans lequel ils se sont battus contre l'exploitation commerciale d'une image.

L'idolâtrie était aussi liée au désir de gagner des profits en exploitant la foi du peuple. Le Christ est venu pour libérer de cet esclavage. Les deux exemples montrent que l'utilisation d'images dans le Nouveau Testament n'est pas un enseignement évangélique.

3. Les images dans le christianisme

À l'heure actuelle, il existe encore en Orient des religions telles que l'hindouisme et le bouddhisme qui utilisent des images pour vénérer leurs dieux. En Amérique latine, des images telles que "la mort sainte" au Mexique; "Maximón" au Guatemala; "Gauchito gil" en Argentine; entre autres, elles font l'objet de prières et d'offrandes parmi leurs fidèles. Ces derniers exemples appartiennent à des religions et des sectes en dehors du christianisme, mais qu'en est-il des images utilisées dans les traditions chrétiennes catholique et orthodoxe? L'utilisation des images dans le christianisme est-elle valide? La plupart des protestants sont assez intolérants à ce sujet.

Il y a quelques considérations avant de porter un jugement de valeur. L'utilisation des images dans le christianisme remonte à des temps très anciens. Les gens qui ne savaient ni lire ni écrire voyaient en eux le moyen le plus simple de connaître les enseignements bibliques. C'était une façon de représenter l'enseignement évangélique.

Plus tard dans l'Est, l'église orthodoxe a commencé à développer des images qui ont eu leur splendeur dans l'art byzantin. Pour sa part, Rome, a eu sa splendeur dans l'art de la Renaissance avec les œuvres de Michel-Ange et Leonardo Da Vinci. Il est vrai que ces images représentent un trésor pour l'histoire de l'art et de l'église, mais rien ne justifie leur vénération. Bien qu'à un moment les images aient pu être une manière accessible de représenter les enseignements bibliques pour les pauvres, elles ont fini par prendre une importance qui ne leur correspond pas.

Alors, pourquoi sont-elles utilisées? Il y a une différence cruciale pour expliquer pourquoi, contrairement aux protestants, ces deux traditions chrétiennes utilisent des images. L'église était unique jusqu'au mouvement de la Réforme de 1517. La Réforme initiée par Martin Luther se distinguait par un Défiur aux Saintes Ecritures. Ce fut un facteur déterminant dans le protestantisme et l'utilisation des images. Alors que nous accordons plus d'attention à l'écriture, les catholiques et les orthodoxes accordent plus d'attention à la tradition. Cependant, la Bible est très claire dans cette affaire. Il n'y a aucune base pour utiliser des images dans la liturgie et la dévotion chrétienne.

Parlez avec vos élèves du nombre de personnes qui ont besoin de voir, de toucher, de percevoir avec leurs sens quelque chose qui renforce leur foi. Par exemple, les gens font des processions, des sacrifices (ils marchent sur leurs genoux, portent une habitude pendant une certaine période, des bougies allumées, etc.) essayant de plaire à Dieu ou à un saint de leur dévotion et ainsi obtenir ce qu'ils veulent. Psaume 51:17 nous dit: "Les sacrifices qui sont agréables à Dieu, c'est un esprit brisé: O Dieu! tu ne dédaignes pas un coeur brisé et contrit"!

Encouragez vos élèves à rechercher Dieu avec un cœur sincère et à renforcer leur foi dans l'étude de la Parole, le souvenir de leur gentillesse et de la communion avec leurs frères.

Il n'est pas rare que les protestants soient trop sévères dans nos jugements sur l'utilisation des images. Peut-être que la plupart le font avec une jalousie sacrée parce que la Bible nous enseigne à ne pas faire d'images d'or, d'argent, de cuivre, de bois ou de plâtre. Elle nous exhorte à ne pas nous incliner devant elles. Cela nous met en garde contre le péché d'idolâtrie. Mais même si nous n'avons pas d'images de Christ, de saints ou de vierges, nous courons le risque d'utiliser des images idéologiques. Ce ne sont peut-être pas des sculptures ou des tableaux auxquels nous donnons des fleurs ou des prières, mais parfois nous créons des images mentales de Dieu qui se transforment en idées nuisibles et en pratiques idolâtres.

Défi: Dis à ta classe: Il est très important de connaître la Parole de Dieu comme base de notre foi. Aussi obéir à Dieu avec sagesse. Au cours de la semaine, mémorise les versets étudiés en classe sur le deuxième commandement. Écris un article expliquant pourquoi tu n'adores pas les images. Utilise au moins trois extraits bibliques. Partage-le avec tes amis et parle-en.

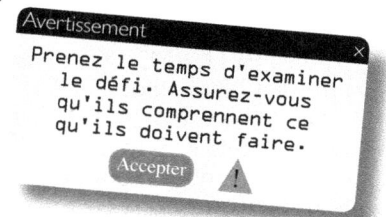

Avertissement

Prenez le temps d'examiner le défi. Assurez-vous qu'ils comprennent ce qu'ils doivent faire.

Accepter

Ne prenez pas le nom de Dieu en vain

Objectif: Que l'étudiant reconnaisse que le caractère sacré du nom de Dieu exige un grand respect lorsqu'il l'utilise.

Pour mémoriser: *Tu ne prendras point le nom de l'Éternel, ton Dieu, en vain; car l'Éternel ne laissera point impuni celui qui prendra son nom en vain.* Exode 20: 7.

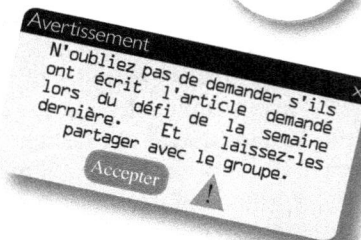

Avertissement

N'oubliez pas de demander s'ils ont écrit l'article demandé lors du défi de la semaine dernière. Et laissez-les partager avec le groupe.

Accepter

Connecter · Télécharger

Dynamique d'introduction (12 a 17 ans).

• Matériaux: Plusieurs affiches avec chaque lettre de l'alphabet. Inclure trois affiches supplémentaires pour chaque voyelle. Préparez un total de 2 ou 3 séries de lettres, selon le nombre d'élèves. Papier, colle, marqueurs.

• Instructions: Mettez les lettres dans une boîte et demandez à chaque élève de prendre cinq cartes et d'essayer de mettre leur nom ensemble. Si vous n'avez pas toutes les lettres qui dessinent celles qui manquent et faites une affiche avec votre nom décoré.

Pour chacun de nous, notre propre nom est important. C'est la manière que nous nous identifions.

La quantité de mots qu'ils écrivent doit servir d'exemple pour illustrer que le service a de nombreuses approches et domaines de travail.

Dynamique d'introduction (18 a 23 ans).

• Matériaux: Feuilles blanches et stylo pour chaque participant.

• Instructions: Demandez à chaque participant de préparer un acrostiche avec son nom, avec des phrases qui reflètent sa personnalité. Par exemple Raquel: Souriante, contente, qui cherche unité en tout lieu. Chacun de nous donne la vie à notre propre nom selon notre personnalité.

Connecter · Télécharger

Parlez à vos élèves des expressions qu'ils savent où le nom de Dieu mentionné et dans quelles circonstances elles sont utilisées. Par exemple, Dieu! Dieu saint! Je jure devant Dieu! Mon Jésus! Que Dieu te bénisse! Entre autres expressions. Ces expressions n'indiquent ni admiration ni respect pour Dieu, mais se sont des expressions généralisées. Même plusieurs fois ils se réfèrent à Dieu d'une manière péjorative.

1. Les noms de Dieu

Demandez: Est-ce que quelqu'un connaît les noms attribués à Dieu? Clarifier qu'il n'y a pas de nom qui puisse décrire Dieu. La première fois que nous trouvons la référence à Dieu dans la Bible est dans Genèse 1: 1. En analysant leur écriture dans la langue originale, le mot qui apparaît là est "ELOHIM" qui signifie dans la langue originale le pouvoir, la force, la puissance. Surtout dans les premiers chapitres de Genèse "ELOHIM" se réfère à Dieu comme le Créateur, qui a créé tout ce qui existe avec son pouvoir.

À d'autres moments, seul le mot "EL" était utilisé plus un autre terme qui renforçait une caractéristique de Dieu. Dans les citations bibliques suivantes, la manière dont certains personnages se réfèrent à Dieu est appréciée.

Genèse 14: 18-20-22: Le neveu d'Abram, Lot, a été fait prisonnier par les nations voisines. Abram est allé le sauver et a gagné. À son Défiur, il rencontra Melchisédek et lui donna la dîme de tout ce qu'il avait. Melchisédek l'a béni. Dans ce passage, ils se réfèrent à Dieu comme "Dieu le plus haut" (EL ELYON).

Genèse 16: 7-8; 13: Quand Agar attendit le fils d'Abram, il s'enfuit de la présence de Saraï. En route, elle rencontra un ange qui la réconforta et l'encouragea à revenir. Agar désignait Dieu comme "Le Dieu qui voit" (EL RO'I). Genèse 17: 1: Dieu est apparu à Abram pour confirmer son alliance. Il lui a demandé d'aller devant Lui et d'être parfait. Dieu a changé le nom d'Abram en celui d'Abraham et s'est manifesté en tant que "Dieu Tout-puissant "(EL SHADDAI).

Avec ELHOIM, il y a un autre mot qui se réfère aussi à Dieu mais d'une manière plus personnelle, en tant que nom propre. C'est le mot YHWH. En espagnol, ce mot est traduit par Jéhovah.

Dans Genèse 4:26 nous trouvons cette parole: "... Alors les hommes commencèrent à invoquer le nom de Jéhovah." Dans Exode 3: 1-15, dans la rencontre entre Dieu et Moïse, quand il lui a demandé de sauver les Israélites. Moïse a demandé à quoi répondrai-je quand ils voudront connaître ton nom? (Exode 3:13) Dieu lui a dit "JE SUIS QUI JE SUIS" et "ainsi vous direz aux enfants d'Israël: JE SUIS envoyé à vous" (v.14). Dans ce cas, dans la figure originale YHWH. C'est une façon très personnelle de se référer à Dieu par son nom: Jéhovah.

2. Le nom de Jésus-Christ

Dieu s'est révélé aux hommes dans la personne de Jésus-Christ. Maintenant, nous pouvons clairement identifier Dieu Trinitaire comme Dieu le Père, Dieu le Fils et Dieu le Saint-Esprit. Nous croyons en un Dieu qui se manifeste en trois personnes.

Dans Matthieu 1: 20-23, l'ange confessa à Joseph l'identité du bébé que Marie attendait et lui indiqua le nom qu'il devait lui donner. Le nom de JÉSUS signifie "Il sauvera son peuple de ses péchés" (Matthieu 1:21). Dans la prophétie d'Ésaïe, le nom Emmanuel est mentionné, ce qui signifie Dieu avec nous (Ésaïe 7:14). Jésus a également été appelé Christ, qui en hébreu signifie "le Messie ou l'oint". Jésus est le Messie promis à l'humanité depuis la chute d'Adam et Eve et a prophétisé tout au long de l'Ancien Testament.

Jésus-Christ est la combinaison des deux mots: Jésus et Christ, qui signifie "l'oint ou le messie qui sauve son peuple". Le fait est que même si nous disons Jésus, Christ ou Jésus-Christ, nous faisons référence à la même personne. Philippiens 2: 5-11 nous dit que le nom de Jésus est digne d'adoration et de respect parce que c'est Dieu lui-même fait homme. Jésus a rendu notre rédemption possible. Il était le sacrifice nécessaire pour le pardon de nos péchés en qui nous trouvons le salut. Nous ne pouvons pas prendre le nom de Jésus en vain.

3. L'Usages et abus du nom de Dieu

Les Israélites étaient très conscients du commandement donné par Dieu (Exode 20: 7). La Bible donne quelques indications sur l'utilisation du nom de Dieu. Psaume 34: 1-3 indique que l'on doit "exalter" le nom de Dieu par ses merveilles. Exalter signifie élever quelqu'un ou quelque chose à une grande hauteur ou dignité. Exalter Dieu fait partie de notre culte, c'est la reconnaissance de sa grandeur et de sa miséricorde pour nous.

Joël 2:32 et Romains 10:13 disent que nous devons «invoquer» son nom pour le salut. Invoquer, c'est demander de l'aide par un plaidoyer véhément. Invoquer le nom de Dieu, c'est crier vers Lui, confiant que Lui seul peut nous aider. Nous avons principalement besoin de votre aide pour notre salut, mais en même temps notre Dieu est attentif à tout ce qui nous arrive. Il ne ferme jamais ses yeux ou ses oreilles à nous.

Dans 1 Samuel 20:42 le nom de Dieu est utilisé pour faire un "serment" ou une "alliance" entre deux personnes ou plus. Jurer, c'est affirmer ou nier quelque chose ou accepter de réaliser un but commun. Quand une alliance ou un serment est fait devant Dieu, c'est très sérieux. Ce n'est pas seulement parmi les personnes impliquées, mais elles mettent aussi Dieu en tant que partie. Par exemple, dans la cérémonie du mariage, le pacte du couple n'est pas seulement un à l'autre, c'est un pacte avec Dieu pour toujours être uni.

Dans 2 Samuel 6:18, il est utilisé pour "bénir". Dans le passage, David venait de rendre l'arche de Dieu à Jérusalem. Cela signifiait beaucoup pour les Israélites, cela représentait la présence de Dieu au milieu d'eux. Puis David a offert des sacrifices et des offrandes de paix en reconnaissance de Dieu et a béni le peuple. David ne pouvait pas bénir le peuple, mais il pouvait crier à Dieu pour une bénédiction pour le peuple. Beaucoup de gens utilisent la phrase "Je vous bénis au nom de Dieu". Cela signifie que nous demandons à Dieu de bénir cette personne. Malheureusement, c'est devenu une habitude et la phrase est dite sans scrupule.

Enfin, le nom de Dieu est utilisé lors du "baptême" (Matthieu 28: 19-20). Quand Jésus est monté au ciel, il a donné la grande commission à ses disciples. L'une des tâches que les disciples devaient accomplir était de baptiser les croyants au nom du Père, et du Fils, et du Saint-Esprit.

Voyons maintenant comment nous abusons de l'utilisation du nom de Dieu. Exode 20: 7 commande de ne pas prendre son nom en vain. Vain dans l'original signifie vanité, irréel, frivole, vide.

En d'autres termes, il interdit de s'exprimer avec irrévérence de Dieu. Demandez: Comment utilisons-nous votre nom de façon irrévérencieuse? Parfois, des blagues sont utilisées en mentionnant Dieu; ou des expressions dans les moments de colère; etc. De cette façon, nous parlons de Dieu en vain.

Dans Matthieu 5: 33-37, il se réfère à de faux serments. Plusieurs fois, les gens veulent mettre plus de valeur à leurs paroles, même si elles sont fausses, en jurant au nom de Dieu. C'est-à-dire que Dieu soit témoin que ce qu'ils affirment est vrai. Matthieu nous dit que nous devons être responsables dans notre parler, si c'est oui, ou ce n'est pas le cas.

Parlez à vos élèves et partagez quelques exemples. Beaucoup utilisent l'expression "par Dieu!", "Au nom de Dieu"! Cependant, ils racontent un mensonge ou une demi-vérité.

Révisez/Application: Aidez la classe à lire les citations bibliques suivantes et expliquer dans quelle situation le nom de Dieu devrait être utilisé.
1. Psaume 34: 1-3: Exalte son nom par ses merveilles.
2. Joël 2:32; Romains 10:13: Invoque son nom pour le salut.
3. 1 Samuel 20:42: Jurer ou faire un pacte entre deux personnes ou plus.
4. 2 Samuel 6:18: Bénissez le peuple.
5. Matthieu 28: 19-20: Baptiser au nom du Père, et du Fils, et du Saint-Esprit.

Abus du nom de Dieu - Demandez-leur de lire les citations bibliques suivantes et d'indiquer à quelles occasions nous abusons de l'utilisation du nom de Dieu.
1. Exode 20: 7: Parler irrévérencieusement de Lui.
2. Matthieu 5: 33-37: Faire de faux serments.
3. Lévitique 24: 10-16: Outrager le nom de Dieu.

Avertissement ✕

Révisez le défi avec les élèves. Les motiver avec un prix pour mémoriser les noms de Dieu.

Accepter ⚠

Défi: Veux-tu faire une alliance avec Dieu pour faire très attention en te référant à lui? Dieu nous connaît et veut nous aider à changer notre cœur et nos expressions.

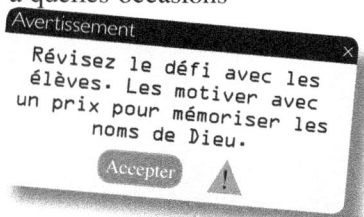

Dimanche dernier!

Objectif: Que l'élève comprenne et analyse l'importance du sabbat dans sa vie chrétienne.

Pour mémoriser: *"Souviens-toi du jour du repos pour le sanctifier.* Exode 20: 8

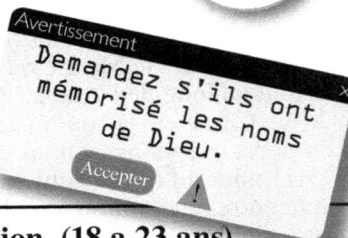

Avertissement
Demandez s'ils ont mémorisé les noms de Dieu.
Accepter

Connecter · Télécharger

Dynamique d'introduction (12 a 17 ans).

- Matériaux: Feuilles de papier et crayons.
- Instructions: Demandez à vos élèves d'écrire un calendrier des activités qu'ils font habituellement le dimanche. Demandez-leur de préciser le moment de chaque activité, puis déterminez combien de temps ils consacrent à adorer Dieu. Demandez-leur de partager les résultats avec le groupe. Nous sommes responsables de l'administration de notre temps et de la place que nous donnons à Dieu dans nos vies.

Dynamique d'introduction (18 a 23 ans).

- Matériaux: Feuilles de papier et crayons.
- Instructions: Écrivez les questions suivantes au tableau et demandez aux élèves d'y répondre individuellement: Depuis quand fréquentez-vous l'église le dimanche? Pourquoi venez-vous au temple le dimanche? Quelles autres activités faites-vous le dimanche, en plus de venir au temple? Puis demandez-leur de partager leurs réponses avec la classe. Comme nous grandissons dans notre foi, nous devons être plus prudents avec le temps que nous donnons à Dieu.

Connecter · Télécharger

1. L'établissement du Sabbat

Le quatrième commandement dit: "Souviens-toi du jour du repos pour le sanctifier" Exode 20: 8. Étymologiquement, le mot "repos" signifie cesser, se reposer ou se reposer de tout travail. "Sanctifier" est de séparer, de séparer des autres et de réserver comme s'il s'agissait d'une fête religieuse. Ce terme était aussi utilisé pour désigner quelque chose qui était consacré exclusivement à Dieu. Pour que les élèves en sachent plus sur ce commandement, il est important qu'ils lisent le texte biblique, analysent et réfléchissent sur le sujet. Divisez la classe en trois équipes et assignez à chaque équipe l'un des passages suivants: Exode 20: 8-11; 31: 12-18; Deutéronome 5: 12-15 Demandez-leur de répondre aux questions suivantes: Qui a institué que nous observons le sabbat? Dieu a institué le sabbat. Quel jour de la semaine était le sabbat? C'était le septième jour. Dieu a créé tout ce qui existe en six jours et a reposé le septième. Pour les Juifs, c'est le jour du repos ou le Sabbat. Qu'est-il arrivé à ceux qui n'ont pas observé le sabbat? La personne a été punie de mort (Exode 31:14). Pourquoi devrions-nous garder le sabbat? C'est une alliance que Dieu a faite avec son peuple Israël. Permettez à chaque équipe de partager ses réponses.

Depuis les temps de l'Ancien Testament, les Juifs ont gardé le septième jour (le sabbat ou samedi) et aujourd'hui certaines dénominations continuent à observer le sabbat comme un samedi. Cela a apporté beaucoup de controverse pendant des siècles. Les premiers chrétiens de l'église primitive ont pris une décision concernant le sabbat et Ils l'ont changé pour dimanche, le premier jour de la semaine et ils l'ont appelé "le jour du Seigneur". Ils ont dédié le premier jour de la semaine au Seigneur parce que Christ a été ressuscité ce jour-là (Luc 24: 1, Jean 20: 1). Dans les citations bibliques suivantes, il y a quelques références concernant le jour de la réunion de l'église primitive: Actes 20: 7; 1 Corinthiens 16: 2

Dans Apocalypse 1:10, il est mentionné que Jean adorait Dieu ce jour-là. Il ne mentionne pas qu'il était avec la congrégation, mais il est intéressant de reconnaître que même dans son temps d'exil, Jean a consacré ce jour à un temps d'adoration à Dieu.

Dieu connaît l'être humain et sa tendance à l'oublier, c'est pourquoi ce commandement est toujours valable aujourd'hui. L'importance d'observer le jour du sabbat n'est pas tellement dans la journée, mais dans l'intérêt de Dieu que nous nous reposions un jour pour le bénéfice personnel et pour nous consacrer à l'adorer, en communion avec les autres frères et aussi personnellement.

2. Nous devons organiser le temps

Il est important de souligner que, pour garder ce saint jour, nous devons organiser toutes les tâches et responsabilités au cours des 6 jours avant "Six jours, et tu feras tout ton travail" (Exode 20: 9). Autrement dit, il faut y avoir une planification intentionnelle, pour être libre de travail le dimanche. Cela implique qu'on doit se préparer toute la semaine pour profiter du septième jour.

Aujourd'hui, les jeunes étudient, travaillent ou font les deux et le dimanche est leur seul jour de congé et ils veulent se reposer, s'amuser ou faire leurs devoirs. En tant que jeunes chrétiens: Comment devrions-nous nous préparer au sabbat? Parlez avec vos élèves à ce sujet. Il est important d'avoir la disposition et la décision de continuer à aller à l'église même quand il y a beaucoup de tâches impliquées. Plusieurs jeunes peuvent témoigner de la manière dont ils ont été bénis dans leurs études pour avoir placé Dieu en premier. Dieu honore ceux qui l'honorent et donnent la première place dans leurs vies.

Dieu précise clairement qui sont ceux qui ne devraient pas travailler le jour du sabbat: membres de la famille, serviteurs, étrangers et bêtes de somme (Exode 20:10).

Dieu s'intéresse à tous les êtres humains et animaux qui travaillent chaque jour à se reposer un jour pour leur bien-être physique, émotionnel et social, mais les êtres humains doivent aussi le faire pour prendre soin de leur spiritualité et de leur communion.

3. Un temps avec le Seigneur et son peuple

Dieu expliqua à son peuple pourquoi que le sabbat était spécial:

- Parce que, en six jours, Il a fait tout son travail de création et le septième jour, il l'a béni et s'est reposé pour être en communion avec toute la création (Exode 20:11, 31: 17).

- Parce qu'Il a signé un accord avec son peuple. Le sabbat serait un signe que Dieu a mis à part, un peuple saint et spécial pour l'adorer. Et l'accomplissement de cette alliance servirait à renforcer la foi des générations futures (Exode 31: 13,16). De la même manière aujourd'hui, alors que nous enseignons à nos enfants à garder le jour du Seigneur, nous renforçons leur foi et nous leur apprenons à faire de même avec leurs propres enfants.

- Parce que son peuple a été libéré de l'esclavage en Egypte, avec sa main puissante. Pendant cette période d'esclavage, ils n'étaient pas libres d'adorer Dieu. Par conséquent, le Sabbat serait gardé comme un signe de cette grande libération (Deutéronome 5:15). Comme il est important de se souvenir que nous avons été libérés du péché. Cela nous aide à grandir et à renforcer notre foi.

Dans la journée d'Isaïe, le peuple d'Israël a oublié d'obéir à ce commandement et donc le prophète a donné un message au peuple de Dieu: Si pour le sabbat, ils ont décidé de trouver plaisir à lui, au lieu de se soucier pour leurs propres activités; Dieu les bénirait pleinement (Esaïe 58: 13-14).

Dans le Nouveau Testament, Jésus a laissé un exemple de continuer à obéir à ce commandement, non pas tant à cause de l'importance du jour, mais à cause de l'attitude que l'on a en ce jour (Matthieu 12: 1-4).

Les juifs gardent le sabbat sans travailler, mais leurs cœurs étaient remplis de haine et de ressentiment contre Jésus, et ils ne répondaient pas à l'esprit du commandement, qui devait être en communion avec Dieu et le culte (Matthieu 12: 7). L'église primitive a changé le sabbat juif célébré en jour du dimanche. Ils ont décidé de prendre le premier jour de la semaine, le dimanche et l'appeler ''le jour du Seigneur'', il n'y avait pas de confusion avec les chrétiens juifs qui voulaient insérer les lois du judaïsme dans la première église chrétienne et pour Jésus qui a été ressuscité le premier jour de la semaine.

Les restrictions établies pour le sabbat juif n'ont pas été transférées au premier jour de la semaine. Le Nouveau Testament ne donne pas de précisions sur ce qui devrait ou ne devrait pas être fait ce jour-là (Colossiens 2: 16-17). Ce que le Nouveau Testament enseigne, c'est que l'église primitive s'est réunie pour adorer Dieu, écouter le message de sa parole, recevoir des offrandes et participer à la communion avec les frères. Nous devons nous rappeler qu'à cette époque, certains d'entre eux ne pouvaient pas le faire avec une ample liberté en raison des persécutions contre les chrétiens. Cependant, la fidélité à Dieu était en premier lieu et chaque chrétien a été renforcé dans sa foi et l'église a grandi.

Révisez/Application: Guidez-leur à lire le passage d'Exode 31: 14-16 et Esaïe 58: 13-14 et demandez-leur de répondre aux questions suivantes:

1. Qu'est-il arrivé aux gens qui n'ont pas gardé le sabbat? (Ils ont été condamnés à mort.)

2. Pourquoi pensez-vous que Dieu a ordonné des mesures aussi drastiques, pour ne pas avoir obéi à ce commandement? (Parce que les gens avaient le cœur dur et ont oublié facilement d'adorer Dieu et de le reconnaître comme leur seul Dieu.)

3. Comment Dieu a-t-il voulu que son peuple se souvienne du sabbat, selon le verset 16? (Comme une célébration de l'alliance éternelle entre Dieu et son peuple.)

4. Quelles bénédictions obtiendrons-nous si nous observons le sabbat, selon le prophète Ésaïe? (Nous ferons la volonté de Dieu et pas la nôtre, nous nous réjouirons en l'adorant, il nous élèvera au ciel et nous serons avec lui éternellement.)

5. Pourquoi aujourd'hui nous ne gardons plus le jour juif de repos, mais le jour du Seigneur chrétien? (Parce que les premiers chrétiens ont décidé de célébrer la résurrection du Christ et de ne pas créer de confusion avec les ordonnances juives.)

Défi: Dis à ta classe: Comment ce que tu as appris en classe aujourd'hui affecte-t-elle ta vie? Au cours de la semaine, réorganise ton temps pour pouvoir consacrer le dimanche au repos et à l'adoration à Dieu. Partage cela avec ta famille et encourage-les à tenir le "Jour du Seigneur".

Investissez sagement

Leçon 36
Rolan Calvo • Costa Rica

Objectif: Que l'élève reconnaisse l'importance d'obéir à Dieu et la transcendance de la relation entre parents et enfants.

Pour mémoriser: *Honore ton père et ta mère, afin que tes jours se prolongent dans le pays que l'Éternel, ton Dieu, te donne.* Exode 20:12

Avertissement — Demandez à la classe s'ils ont dû apporter des modifications pour observer le jour du Seigneur et s'ils en ont parlé avec leur famille. Accepter

Connecter | Télécharger

Dynamique d'introduction (12 a 17 ans).
- Matériaux: Papier et crayon.
- Instructions: Divisez les jeunes en trois groupes, demandez-leur d'écrire une liste de leurs tâches à leurs parents. Ensuite, demandez à chaque groupe de présenter leur "liste de leurs devoirs à leurs parents" et de faire ensemble une seule liste. Par exemple:
  1. J'ai le devoir d'écouter mes parents.
  2. J'ai le devoir de leur donner de l'amour et de l'affection, etc.

Dynamique d'introduction (18 a 23 ans).
- Matériaux: Papier et crayon.
- Instructions: Divisez les jeunes en trois groupes, demandez-leur d'écrire une liste des droits de leurs parents. Demandez ensuite à chaque groupe de présenter sa "Liste des droits parentaux" et de faire une seule liste. Par exemple:
  1. Ils ont le droit de savoir où et avec qui nous sommes.
  2. Ils ont le droit de commenter une de mes affaires personnelles, etc.

Connecter | Télécharger

Honorer nos parents est un commandement du Seigneur, probablement l'un des plus connus de tous, mais parfois le moins compris au moment de sa mise en pratique. Dieu a conçu la famille et mettre les parents en tête de sorte que les enfants l'honorent à travers notre père et notre mère.

1. Un juste ordre de Dieu

Quand Dieu a conçu l'humanité, comme avec toute sa création, Il l'a rendu parfaite par des règles ou des lois qui soutiennent tout ce qui a été créé "Et Dieu a vu tout ce qu'il avait fait, et voici, c'était très bon. Et il y eut un soir et il y eut un matin, le sixième jour "(Genèse 1:31). Si nous violons ses lois, nous recevrons les conséquences d'un tel acte, c'est comme si nous sautions d'un avion sans parachute, espérant nous convaincre que la loi de la gravité n'existe pas. Peut-être que les conséquences de la rébellion de l'homme ne sont pas aussi évidentes que la gravité, mais à long terme elles peuvent être encore pires, parce que leurs conséquences peuvent être éternelles, s'il n'y a pas de repentance (Lévitique 26: 3-4).

Les commandements que Dieu a mis sont le guide de notre vie. Le cinquième commandement nous dit: "Honore ton père et ta mère, afin que tes jours soient longs dans le pays que l'Éternel, ton Dieu te donne" (Exode 20:12). Dès le début, Dieu a établi l'importance de la famille et l'autorité des parents dans la maison. La bénédiction pour les enfants qui aiment, obéissent et respectent leurs parents sont pour la vie. Dieu voulait que le peuple d'Israël soit un exemple pour les nations voisines et a souligné l'importance de la famille comme base de toute société. Actuellement, cet ordre de Dieu est de plus en plus transformé. On parle beaucoup des droits des enfants, sans leur rappeler leurs devoirs.

Le signe de notre amour pour Dieu passe par l'accomplissement de ses commandements, une relation dans laquelle nous nous soumettons à sa voix et à sa volonté.

2. Ou deside!

Quand Dieu a ordonné d'honorer les parents, il se référait uniquement à obéir (Ephésiens 6: 1-2). Le vocable honorer ou "timão" en grec cela signifie également récompenser, fixer valeur et vénérer. Honorer transcende la frontière de l'obéissance et la complète avec respect et amour. Ce commandement comme dit la Bible est un ordre qui apporte la promesse (v.2). Si nous l'accomplissons, Dieu promet de nous donner une longue vie sur cette terre.

Dieu le Père savait ce dont il parlait quand il parlait d'honorer son fils Jésus l'a toujours honoré dans son ministère sur la terre: "Et voici, une voix du ciel, en disant: Ceci est mon Fils bien-aimé, en qui je mis toute mon affection" (Matthieu 3:17). Il a plu à Dieu le Père par l'honneur qu'il a reçu de son fils par son obéissance et l'amour. Nous devons honorer nos parents avec des actes d'amour et de comportements qui parlent bien d'eux et glorifient Dieu.

Obéissants et honorer nos parents et à Dieu, peut être difficile pour nos vies, peut-être même "savourer" l'idée de ne pas obéir et qui est une possibilité à laquelle nous avons accès. Regardons ce que Jésus a fait à un moment de grande difficulté et de la décision: "Il leur dit alors: Mon âme est triste jusqu'à la mort; restez ici, et veillez avec moi. Puis, ayant fait quelques pas en avant, il se jeta sur sa face, et pria ainsi: Mon Père, s'il est possible, que cette coupe s'éloigne de moi! Toutefois, non pas ce que je veux, mais ce que tu veux"(Matthieu 26: 38-39).

Sans tenu compte de la situation, l'honneur et l'obéissance seront toujours synonymes de pureté et de la sainteté qui sont des commandements de Dieu "Soyez saints, car je suis Saint" (1 Pierre 1:16). D'autre part, si nous vivons dans la sainteté et l'obéissance du Seigneur, Il sera avec nous pour donner vie à notre vie.

Demandez: À la lumière des Ephésiens 6: 1-3 Est-ce l'obéissance aux parents pour la vie? Et l'honneur? La Bible ne précise pas qu'il y a une limite à ce commandement. Les enfants doivent apprendre à honorer leurs parents dès leurs enfance, et doivent mettre en œuvre tout en vivant dans la même maison et de respecter leurs parents quand ils s'en vont. Beaucoup de jeunes croient que parce qu'ils ne vivent plus avec leurs parents ou ne pas dépendre de cent pour cent d'entre eux, ils ne les doivent plus de respect ou considération. D'autres croient que parce qu'ils ont formé leur propre maison, ils n'ont plus besoin de soutenir leurs parents.

Jésus s'est référé à cette question dans Matthieu 15: 4-6. Les traditions juives exigeaient des offrandes supplémentaires à celles que Dieu avait indiquées. Jésus a dit que si un fils a donné l'offrande comme une excuse pour ne pas aider ses parents, il ne l'honore pas. Il est intéressant que ce problème soit également apparu dans l'église primitive. Paul a envoyé une lettre à Timothée en disant: "Si une veuve a des enfants ou des petits-enfants, qu'ils apprennent avant tout à exercer la piété envers leur propre famille, et à rendre à leurs parents ce qu'ils ont reçu d'eux; car cela est agréable à Dieu"(1 Timothée 5: 4). Cet enseignement est basé sur le cinquième commandement. L'honneur aux parents ne se termine pas quand l'enfant devient un adulte. Devrais-je obéir à mes parents en tout? Ephésiens 6: 1 dit "Efants, obéissez à vos parents" est très difficile de déclarer quand les parents ne sont pas guidés par Dieu. Le fils qui est un chrétien verra leur foi testé plusieurs fois, mais ont finalement de mettre Dieu en premier (Actes 04:19, 05:29). Cependant, les parents devraient toujours être aimés et honorés sans compromettre la foi. Parlez-vous avec vos élèves de ce que seraient des exemples pratiques d'honorer les parents?

3. Investir dans l'avenir

À maintes fois, quand les chrétiens parlent de ce que Dieu a pour eux, ils se réfèrent aux futures récompenses célestes comme le ciel. Mais la réalité est plus proche, parce que nos actions et les choix de vie à la fois ont des conséquences immédiates et futures, Galates 6: 7.

Dieu veut que nous semions bien afin que nous ne récoltions que le bien et la miséricorde qu'Il a pour nous. Dieu a arrangé toutes choses selon sa volonté, Il veut que nous vivions sur cette terre étant lumière et en sortir avec un témoignage qui parle bien de Dieu, qui est le sauveur de nos âmes. Quand nous honorons nos parents, nous semons correctement, et Dieu a ajouté une promesse à ce commandement "... afin que tes jours se prolongent et que tu sois heureux dans le pays que l'Éternel, ton Dieu, te donne" Deutéronome 5:16. Quelle belle garantie du futur!

Quand un enfant accomplit ce commandement, il enseigne par son exemple à ses propres enfants à accomplir ce commandement à eux-mêmes. Deutéronome 6: 7-9 indique la responsabilité des parents de répéter ces commandements à leurs enfants en tout temps et en tous lieux: à la maison, sur la route, au moment du coucher et en se levant. Il demande même de mettre des rappels dans la maison. Si chacun d'entre nous s'engage à remplir ce commandement, nous formerons une nouvelle société basée sur l'amour, le respect et l'honneur des parents.

Le Tout-Puissant Seigneur Dieu nous donne dans Sa Parole la promesse que si nous honorons nos parents, notre vie sur cette terre sera longue et que ce sera aussi une bonne vie. C'est ce qu'on appelle un bon avenir assuré, il n'y a pas de meilleur investissement que nous puissions faire en tant qu'enfants qui honorent nos parents pour influer sur notre vie présente et future dans ce monde.

Révisez/Application: Divisez la classe en groupes et demandez-leur de définir un ordre plus ou moins important des mots suivants dans la relation des enfants aux parents: Honneur - Courage - Obéissance - Respect - Dignité - Amour. Demandez qu'ils Justifient l'ordre des mots.

Défi: Dis à ta classe: Planifie un moment spécial avec ta famille, prépare un après-midi de jeux ou de passe-temps que tout le monde apprécie chez toi, fais des invitations à tous pour indiquer la date, l'heure et le lieu de l'événement. Si possible, prépare quelque chose à boire et à manger, comme des biscuits ou du maïs soufflé.

Tu ne tueras pas

Objectif: Que l'élève comprenne qu'il doit respecter la vie des autres.

Pour mémoriser: *Tu ne tueras point*. Exode 20:13

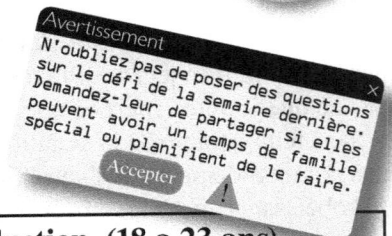

Avertissement

N'oubliez pas de poser des questions sur le défi de la semaine dernière. Demandez-leur de partager si elles peuvent avoir un temps de famille spécial ou planifient de le faire.

Accepter

Connecter — Télécharger

Dynamique d'introduction (12 a 17 ans).
- Matériaux: Découpage de magazines et de journaux sur homicides, marqueurs de couleur, cartes blanches, crayons à dessiner, magazines d'occasion, colle et ciseaux.
- Instructions: Divisez la classe en groupes de trois ou quatre personnes. Demandez-leur de faire une affirmation qui conscientise aux jeunes sur le danger de la violence et de l'homicide. Chaque lettre doit avoir une phrase en grosses lettres et un bref verset biblique qui reflète le problème de l'homicide.

À la fin, visualisez et commentez le contenu des affixes élaborés. Discutez du défi que cela représente pour le ministère de l'évangélisation des jeunes.

Dynamique d'introduction (18 a 23 ans).
- Matériaux: Pièces de journaux ou magazines. Chroniques policières avec des rapports d'homicides.
- Instructions: Divisez la classe en petits groupes et remettre un rapport à chaque groupe. Chaque groupe doit répondre: 1. Selon vous, quelle était la motivation de cet homicide? 2. Pourquoi pensez-vous que le monde donne si peu de valeur à la vie humaine? 3. Que peut faire le ministère des jeunes de notre église pour aider notre communauté ou notre ville à prévenir les homicides?
- À la fin, discutez des réponses des groupes et discutez des réponses à la question numéro 3.

Connecter — Télécharger

La Bible enseigne que l'être humain était l'œuvre la plus excellente de la création de Dieu. Il l'a fait de manière personnelle et directe "à sa propre image".

Dieu nous a donné des commandements exprès sur le respect de la vie humaine. Sa volonté est que les hommes considèrent la vie de nos semblables comme sacrée. Cependant, l'une des principales manifestations de la violence qui prévaut dans le monde aujourd'hui est l'homicide. C'est tellement commun, qu'il y a des gens qui se consacrent à mettre fin à la vie des autres êtres humains "par ordre". Tuer les autres pour de l'argent est devenu un moyen de gagner sa vie. Comme cela est contraire au but de Dieu, notre Père et Créateur. Dieu dit dans sa Parole que sa volonté est que tous les êtres humains puissent vivre comme des frères.

La Bible enseigne que la vie humaine est un don de Dieu. Par conséquent, quiconque s'oppose à la vie d'un autre être humain est opposé à la volonté de son Créateur.

1. La vie humaine appartient à Dieu

Il existe une "théorie de l'évolution" qui enseigne que les êtres humains sont le résultat de l'évolution d'une autre "espèce". Mais cette théorie n'est pas vraiment scientifique mais simplement une "hypothèse". Il a été dit que l'acceptation de l'évolution exige plus de foi qu'il n'est nécessaire pour croire ce que la Bible dit à propos de l'origine de la vie.

Dans Genèse 1: 26-27, nous lisons que Dieu a créé l'homme "à son image". La vie humaine n'a pas vu le jour par un processus occasionnel mais est le résultat du dessein divin. Cette conception est pleine de sagesse et de but. En outre, l'être humain est la seule créature qui a été faite avec la similitude avec le Créateur, pour cette raison il a tellement de valeur.

Dans Genèse 1, quand la création originale est décrite, une phrase répétée apparaît: "Dieu a dit ... et c'était ainsi". Mais quand il se réfère à la création de l'homme, les mêmes mots ne sont pas utilisés (Genèse 2: 7). Nous pouvons dire que cela indique que l'être humain est une création personnelle et spéciale de Dieu. En outre, Dieu a assigné à l'être humain une place spéciale en tant qu'administrateur de sa création (Genèse 1:26, Psaume 8: 6).

En tant que créateur et souverain suprême de l'univers, Dieu a établi des lois qui régissent toutes choses. L'un des dix commandements de la loi de Dieu, le sixième, nous interdit d'essayer contre la vie d'une autre personne. Il se trouve dans Exode 20:13 et ne contient que deux mots simples mais avec une grande signification: "Tu ne tueras pas".

Ce commandement indique l'excellence de la vie humaine et la volonté expresse du Créateur de la préserver.

2. Règlementations sur l'homicide

L'homicide est très commun aujourd'hui. Les films et séries télévisées sur les meurtres sont les plus populaires, et que dire des jeux vidéo violents. Il y a une sorte d'intérêt pathologique et excessif à ce sujet. La violence n'est pas seulement quelque chose de présent dans notre société. Tout au long de l'histoire, à différents moments et cultures, l'homme a montré des signes de cruauté envers d'autres êtres humains. Par exemple, diverses civilisations anciennes comme le mésoaméricain (aztèque, maya, etc.), ils offrirent des humains vivants à leurs dieux et ils l'ont fait avec une grande cruauté. Les historiens et les sociologues nous parlent de l'immense complaisance ressentie par les spectateurs et ceux qui ont participé en tant que bourreaux. C'est ainsi, à cause de la tendance naturelle de l'homme au péché et de son ignorance de la Parole de Dieu.

L'homicide était présent à partir des mêmes origines bibliques, mais il n'est pas approuvé par Dieu. La deuxième histoire biblique après la désobéissance d'Adam est l'histoire d'un meurtre dans le sein de la première famille (Genèse 4: 8). De là, l'homicide était un fait continu dans le monde. Le déluge au temps de Noé est venu comme une punition pour la propagation de ce type d'œuvres pécheresses (Genèse 6:11).

Afin d'empêcher la tendance pécheresse naturelle d'amener l'homme à commettre des actes violents et injustes contre son prochain, Dieu a établi dans sa loi des ordres exprès contre l'homicide. Exode 21: 12-25 enseigne que tuer une personne avec préméditation et trahison méritait la peine de mort. Même le fait de blesser son père ou sa mère était passible de la peine de mort.

Cependant, qui a causé la mort d'une autre personne sans intention pourrait se réfugier dans l'un des "villes de refuge" établie par Dieu en Israël, jusqu'à ce qu'il soit jugé formellement par le témoignage de plusieurs témoins (Nombres 35: 9-34). Cela indique le souci de Dieu pour l'application impartiale de la justice. Il est clair que dans son grand amour pour l'être humain, l'intérêt de Dieu est de protéger la vie de tous sans exception.

3. Jésus et l'homicide

Très souvent, une discussion ou une controverse entre deux personnes ou plus peut déclencher des actes violents. Quand l'orgueil de quelqu'un est piétiné par un autre, ou que la personne est exposée à la dérision et au ridicule public, la tendance naturelle est de se venger. Il arrive très souvent que les discussions sur des "choses simples" conduisent à des faits de sang.

Jésus appelle les croyants à être des pacifistes. D'où la grande importance des paroles de Jésus dans Matthieu 5: 21-22 sur l'homicide. Bien que le sixième commandement interdise l'homicide et qu'il y avait une série de règlements dans la loi pour sa punition, le commandement de Jésus cherchait à corriger la motivation elle-même.

L'homicide, en tant qu'acte pécheresse, vient du cœur même de l'individu. Un sentiment de colère ou de malignité envers notre prochain pourrait nous amener à nous opposer à sa vie; par conséquent, il est aussi condamnable que le fait même de l'homicide.

Les sentiments de colère sont généralement exprimés en mots offensants. Jésus a mentionné dans Matthieu 5:22 les mots les plus usités en son temps pour offenser les autres. Le mot qui signifie "Hébété" est "Raca", ce qui signifie quelque chose comme imbécile, stupide ou tête creuse. L'autre terme qui est traduit par "Fatuo" est "More", dont la signification est stupide, ou voyous. Il était utilisé pour désigner les gens de basse ou de basse classe.

Dans les moments de colère, la personne a tendance de chercher les mots les plus blessants pour répondre à l'autre personne. Pour Jésus, le langage insultant et méprisant, celui qui est chargé de la colère pécheresse, est aussi condamnable que l'homicide lui-même.

1 Jean 3: 11-15, enseigne aussi qu'en conservant le ressentiment dans le cœur ou de l'amertume contre des frères dans la foi, nous devenons des "assassins" devant Dieu (1 Jean 3:15). Ce type d'attitude peut entraver notre salut (v.15b).

Heureusement, Jésus et l'apôtre Jean nous disent que la solution au problème de la violence et de l'homicide dans le monde est la vie remplie de l'amour de Dieu. Jésus parle dans Matthieu 5: 23-24 de l'attitude du pardon qui nous conduit à atteindre la réconciliation avec nos adversaires. L'apôtre Jean nous enseigne que l'amour chrétien nous conduit à assumer l'attitude du Christ (1 Jean 3:16) qui ne veut que le bien des autres.

Révisez/Application: Demandez que dans la liste des attitudes suivantes, rapportant avec le terme de l'étude, signalez brièvement et ses significations dans vos propres mots (les réponses ne doivent pas être identiques à celles proposées, mais doivent contenir l'idée correspondante):

1. Désir de vengeance : *Disposition pour payer mal pour mal, faire le mal qu'on nous a fait.*

2. Attitude pacifiste : *Attitude qui démontre le pardon et la réconciliation comme moyen pour arranger les différences.*

3. Cruauté : *Mauvaise disposition, attitude violente et miséricorde contre les autres.*

4. Respect pour les autres: *Considération de la valeur et la dignité humaine des autres personnes.*

5. Racine de l'amertume: *Ressentiment intérieur profondément enraciné contre une autre personne.*

6. Disposition de pardon : *Attitude qui pardonne les offenses et les maux reçus.*

Défi: Dis à ta classe: Envisageons de réaliser le projet suivant: Peigne une murale sur un mur du quartier ou de la communauté où se trouve l'église, en réfléchissant à la violence des jeunes et aux homicides.

Attention sur la façon que tu regardes

Objectif: Que l'élève comprenne que l'adultère ne plaît pas à Dieu, détruit les autres et détruit la personne qui le commet.

Pour mémoriser: *Tu ne commettras point d'adultère*. Exode 20:14

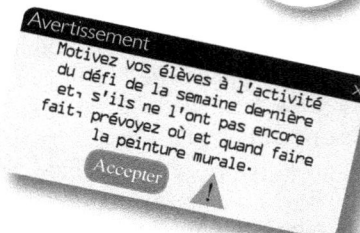

Connecter | Télécharger

Dynamique d'introduction (12 a 17 ans).
- Matériaux: Papier bristol ou carton épais, marqueurs ou feutre et ciseaux.
- Instructions: Écrivez la phrase suivante sur une affiche: "Celui qui regarde une femme pour la convoiter a déjà commis un péché". Ensuite, couper le carton en petits morceaux pour former un casse-tête. Prévoyez du temps pour armer et commenter la phrase.

Dynamique d'introduction (18 a 23 ans).
- Matériaux: Une feuille de papier et des crayons ou des stylos.
- Instructions: Demandez-leur d'écrire sur le papier toutes les idées qu'ils ont concernant le mot adultère. Ensuite, qu'ils partagent l'écriture avec leurs compagnons.

Connecter | Télécharger

Le septième commandement dit: "Tu ne commettras point d'adultère", mais dans toute l'histoire de l'humanité cela a été et continue d'être brisé. La confiance de l'institution la plus sacrée créée par Dieu est violée et détruite: le mariage. L'adultère affecte à la fois le foyer et la société. Il apporte également d'autres maux, tels que le divorce, l'abandon des enfants, la violence domestique, les suicides et les homicides.

1. Qu'est-ce que l'adultère?

L'adultère est défini, comme l'union charnelle, ou les rapports sexuels volontaires entre une personne mariée et une autre personne de sexe différent, autre qui n'est pas son conjoint. Ne confondez pas l'adultère avec la fornication, qui est aussi un péché. La fornication fait référence à une relation sexuelle illicite, qu'elle soit mariée ou non. En adultère, l'existence d'un mariage est implicite. Ce péché contamine notre corps et la relation avec Dieu. La Bible est très claire en soulignant que ceux qui la pratiquent n'hériteront pas le royaume des cieux (Galates 5: 19-21).

Dans les Dix Commandements, l'interdiction de l'adultère est très claire: "Tu ne commettras point d'adultère" Exode 20:14. Et la violation de ce commandement était punissable par la mort (Deutéronome 22: 22-29). Si les personnes qui ont commis l'adultère l'ont fait d'un commun accord, la conséquence a été la mort pour les deux. Cependant, si la femme était violée par un homme marié, seule la vie de l'homme était requise. Aussi Proverbes 6: 29-35 enseigne comment l'adultère peut être destructeur et qu'il ne peut y avoir de restitution pour un tel acte. Identifier l'adultère avec une personne qui manque de compréhension; et qu'aucune rançon n'est suffisante pour obtenir le pardon de la personne offensée (l'autre conjoint). Ce péché marque la vie des deux pécheurs et de la victime.

Aujourd'hui, beaucoup d'hommes et de femmes dans cette situation humiliante préfèrent tuer leur conjoint et ensuite se suicider. D'autres optent pour le divorce ou pour l'abandon de la famille. Malheureusement, cela provoque les enfants et les jeunes sont laissés orphelins, sans défense, émotionnellement affectés à tel point qu'ils deviennent parfois des délinquants rebelles dans la société.

1 Corinthiens 15-20, souligne que le corps du chrétien appartient aussi à Dieu et qu'il est un temple du Saint-Esprit. Par conséquent, nous devons honorer Dieu avec notre corps. Cela indique également l'intimité de la relation sexuelle. Quand Dieu a créé le premier couple, il a indiqué que les deux seraient une seule chair Genèse 2:24. Paul a pris cela pour indiquer que la même chose arrive en commettant l'adultère ou la fornication. L'adultère a lié si intimement avec une autre personne qu'il ne sera pas facile de rompre cette relation. Elle a péché contre son propre corps.

2. L'adultère est né dans le cœur

Jésus a fait allusion à l'adultère pendant ses enseignements aux disciples et au peuple. Dans Matthieu 5: 27-30, Jésus a non seulement condamné l'acte d'adultère, mais aussi l'intention du cœur (v.28). Un prédicateur a commenté:

"Si vous êtes marié et que vous regardez une femme la première fois que vous utilisez le sens de la vue. Si vous le regardez une seconde fois, vous vous permettez d'être tenté. Si vous le regardez pour la troisième fois, vous avez ouvert votre cœur au péché. Au-delà d'une troisième fois, c'est définitivement le péché". Il est clair que Jésus exprime dans sa parole que si un homme regarde une femme avec de la cupidité, il a déjà commis le péché. La même chose s'applique à la femme qui regarde un homme avec de la cupidité.

Dans Matthieu 15: 18-20, Jésus a étendu cette idée en soulignant que ce qui sort de la bouche de l'homme vient du cœur. Ce n'est pas ce qui entre dans la bouche qui contamine l'être humain mais ce qui sort de la bouche. Il a expliqué que les mauvaises pensées, les homicides, les adultères, les fornications, les vols, les faux témoignages et les blasphèmes viennent du cœur. Alors le péché d'adultère commence dans le cœur et longtemps avant de commettre l'acte lui-même. Pour les scribes et les pharisiens, la religion était l'observance des règles et des règlements dans un légalisme strict. Son culte était la loi cérémoniale et rituelle. Pour Jésus, la religion avait une place dans le cœur, qui devait se manifester au-delà du légalisme. Jésus a déclaré que l'état des rituels était plus important que l'observance des rituels.

C'est pourquoi il dit que tout ce qui entrave l'entrée dans le royaume des cieux doit être éliminé (Matthieu 5: 19-30).

La télévision, les pages Internet, les magazines et même les chansons promeuvent une vie avec des valeurs opposées à celles enseignées par Jésus. L'adultère, la fornication, les passions désordonnées sont de plus en plus acceptées dans notre société. Demandez: Qu'est-ce qui nourrit notre cœur? Comment pouvons-nous prendre soin de notre cœur? Parlez avec vos élèves à ce sujet.

Actuellement, de nombreux mariages se terminent par un divorce parce que l'un des conjoints veut une autre personne. Les histoires d'amour des politiciens, des millionnaires, des cinéastes et des chanteurs célèbres sont très médiatisées. En outre, les romans de films et de télévision promeuvent l'adultère et la fornication. Le chrétien doit être gouverné par les Écritures, qui sont le guide d'une conduite morale qui plaît à Dieu. L'adultère est péché et comme tout péché commence avec la tentation. Jésus lui-même a offert d'aider la personne qui est tentée. Nous devons chercher son aide dès le début (Hébreux 4:16).

3. Le plan de Dieu pour le mariage

Dieu attend de chaque croyant, connaissant sa Parole, qu'il ait sa propre femme ou son propre mari. Les deux doivent remplir leur devoir conjugal (1 Corinthiens 7: 2-3). Par le mariage, le besoin sexuel des hommes et des femmes est satisfait. Ceci est garanti par Dieu, puisque la relation sexuelle du mariage est propre et pure. Ils ne devraient pas en être privés, car cela les rendrait vulnérables à la tentation. Les relations sexuelles hors mariage placent immédiatement la personne sous le jugement de Dieu.

Dieu a créé l'homme et la femme pour partager la vie avec un amour réciproque. Le mariage est le plus beau cadeau que Dieu a donné aux êtres humains. Dieu honore le mariage (Hébreux 13: 4). Jésus a également enseigné que même si un homme ou une femme a péché, il offre le pardon. Dans Jean 8: 1-6, nous voyons comment les Juifs ont essayé d'impliquer Jésus dans un piège. Ils ont trouvé une femme en flagrant délit d'adultère et ont demandé l'avis de Jésus. Il savait que la loi exigeait que la femme soit lapidée, mais elle cherchait sa restauration (Jean 8: 7-7).

11). Jésus lui a pardonné et lui a dit de "ne plus pécher". Le pardon que Jésus offre est accompagné d'une nouvelle vie. Il veut aider à recommencer et bien qu'il y ait des conséquences inévitables, vous pouvez croire qu'avec son aide, ils seront plus supportables.

Selon Galates 5:19, l'une des œuvres de la chair est l'adultère, mais ceux qui appartiennent à Christ doivent crucifier ces passions et ces désirs (Galates 5:24). De la même manière que Christ est mort sur la croix, tout ce qui peut produire en nous une distance de la grâce de Dieu, doit mourir. L'adultère est l'un des péchés les plus communs et également accepté par la société. Nous, les chrétiens, devons être très clairs à propos de l'enseignement biblique et demander l'aide de Dieu pour vivre selon lui.

Révisez/Application: Prévoyez du temps pour les élèves de commander les lettres et d'écrire une phrase avec chaque mot, selon la leçon étudiée.

1. L'adultère (l'union sexuelle entre deux personnes qui ne sont pas mariées)

2. Mariage. (Il a été institué par Dieu. Il doit rester pur.)

3. Adultère. (Personne qui commet l'adultère.)

4. Commandement. (Une loi de Dieu.)

5. Tentation. (L'inclination à désobéir à Dieu dans quelque chose que nous savons.)

Défi: Dis à ta classe: Pendant la semaine, tu peux chercher dans la Bible des versets qui t'aideront à te fortifier spirituellement. La Bible nous donne des exemples de jeunes qui ont été tentés et n'ont pas péché. Écris une liste de choses que tu fais habituellement et qui ne t'aident pas à maintenir ta pureté sexuelle. Demande à Dieu de t'aider à les quitter, puis brise-les.

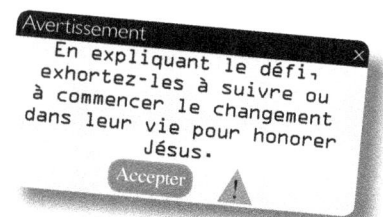

Avertissement

En expliquant le défi, exhortez-les à suivre ou à commencer le changement dans leur vie pour honorer Jésus.

Accepter

Tu ne voleras pas!

Objectif: Que l'étudiant ait la conviction de ne pas dérober, de le mettre en pratique avec intégrité et en toutes circonstances.

Pour mémoriser: *Tu ne déroberas point.* Exode 20:15

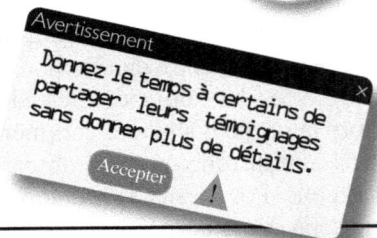

Avertissement

Donnez le temps à certains de partager leurs témoignages sans donner plus de détails.

Accepter

Connecter | Télécharger

Dynamique d'introduction (12 a 17 ans).

- Matériaux: Feuilles blanches et crayons.
- Instructions: Divisez la classe en paires ou en groupes et donnez-leur le temps d'écrire leur propre version d'Exode 20:15. Il doit être clair et doit inclure un exemple de moyens subtils dans lesquels nous pouvons voler. Une fois qu'ils l'ont, qu'ils collent la feuille sur le tableau et écrivent un seul texte entre eux. Et parle des exemples.

Dynamique d'introduction (18 a 23 ans).

- Instructions: Formez deux ou trois groupes et demandez-leur de dramatiser le commandement dans Exode 20:15 rapidement et facilement. Ils ne doivent pas être les formes traditionnelles de vol, mais plutôt des formes subtiles dans lesquelles même ceux qui fréquentent l'église peuvent participer. Il y a plusieurs façons de briser ce commandement, nous devons être prudents dans tous nos actes.

Connecter | Télécharger

L'expression "Ama sua" de la langue quechua fait partie du code moral des Incas. L'honnêteté est une vertu que de nombreux êtres humains cultivent, basée sur l'enseignement de la famille, l'enseignement, éducation scolaire, éducation religieuse, éducation juridique; qui, dûment intériorisés, forment profondes et convictions chez les praticiens de cette vertu.

Cependant, beaucoup d'êtres humains ne considèrent pas l'honnêteté comme une bonne pratique de la coexistence sociale et sont dédiés à la déformer, avec la pratique du vol.

Depuis des temps immémoriaux, le vol a été une pratique qui a dégénéré le comportement de l'être humain. Pour cette raison, Dieu a jugé pertinent d'inclure dans le décalogue, le huitième commandement: Tu ne déroberas point. Le vol dans notre société moderne est punissable par la loi. Voyons ci-dessous ce qui est enseigné à ce sujet, le code moral le plus autoritaire pour le bien-être de l'être humain, c'est-à-dire les Saintes Écritures:

1. Tu ne déroberas point, c'est un commandement

Exode 20:15 contient le huitième commandement qui dit clairement "Tu ne déroberas point". En hébreu, ce mot signifie voler au sens propre ou figuré; par implication. Nous pouvons dire ce que signifie prendre quelque chose qui ne m'appartient pas sans le consentement ou la connaissance de son propriétaire.

Ce mandat a été exprimé par Dieu au Mont Sinaï, tandis que le peuple juif a fait un pèlerinage à la terre promise. Avec neuf autres, ils constituent ce qu'on appelle le Décalogue. Dieu connaît la nature humaine qui a été affectée à cause du péché originel. Les gens veulent souvent obtenir ce qu'ils veulent d'une manière rapide et sans effort. Dieu voulait que le peuple juif soit un exemple pour les nations voisines. Aujourd'hui, Dieu veut que l'église soit cet exemple pour le monde.

Avec ce commandement, Dieu veut protéger les droits de propriété des personnes, ainsi que de bonnes relations sociales dans un cadre de coexistence et de respect mutuel. Le décalogue est constitué dans un code moral et éthique qui doit être appliqué par l'être humain en faveur de lui-même et de son prochain, ne doit pas être brisé.

2. Modalités et "justifications" du vol

Il existe diverses modalités, pratiques et «justifications» pour violer le commandement divin et perturber la paix personnelle et collective des personnes lésées. Il est juste de clarifier que le vol, sous toutes ses formes, viole la loi divine et c'est donc un péché. Il n'y a pas de justification qui valide l'action.

La violation du droit civil. Les nations ont des lois qui caractérisent le vol et imposent des sanctions. Malgré la loi, il y a beaucoup d'impunité en faveur des contrevenants et cela favorise davantage le vol. Les autorités politiques volent systématiquement, volent l'armée, les autorités judiciaires, les hommes d'affaires, les commerçants et autres. Les modalités varient selon les cas: évasion fiscale, frais indus (pots-de-vin, transactions frauduleuses, pots-de-vin, etc.), violation du droit d'auteur, cyber-vol, plagiat, etc. Parlez avec vos élèves de ces modalités, en particulier du plagiat. Avec la facilité de trouver des informations sur les pages Internet, certains élèves ne font que copier les écrits sans mentionner l'auteur et le présenter comme leurs propres idées ou leur propre analyse. Ceci est connu comme le plagiat et s'inscrit dans la catégorie du vol.

Infraction à la loi divine sur la dîme. Voler, comme décrit dans le point précédent, c'est violer la loi de Dieu. À ce stade, nous nous référons à une infraction très commune parmi les professeurs de la foi chrétienne, l'appropriation illicite des dîmes et des offrandes (Malachie 3: 8). Il n'y a aucune justification pour éluder le mandat de prendre la dîme à l'entrepôt, pour la subsistance de la maison de Dieu et de ceux qui y servent et y exercent leur ministère.

Infraction à la loi de la conscience. Notre intuition et notre capacité à différencier le bien du mal nous permettent de toujours choisir le bien et d'agir avec justice dans les moments opportuns. Cependant, nous pouvons violer notre conscience et agir en faisant le mal. Par exemple, quand au supermarché nous avons livré par erreur plus d'argent que ce qui correspond, si nous tenons est consciemment un détournement. Cela peut aussi arriver à la banque ou dans n'importe quel commerce ou quand ils nous prêtent quelque chose et nous ne le restituons pas. Ce comportement peut être avec toutes sortes d'objets. Nous devons obéir aux indications de notre conscience et toujours chercher à faire du bien à notre prochain. A cherché à "justifier" le vol, prétendant des faux raisonnements comme "saisir l'occasion", "en raison de la pauvreté et la nécessité de répondre aux besoins immédiats" peut être quelque chose de simple et commun et fait valoir que "tout le monde le fait" etc. Cependant, Dieu considère le vol comme un péché.

3. Recommandations

Changement de comportement "Celui qui a volé, qu'il ne vole plus ..." (Ephésiens 4: 28a). Les chrétiens sont de nouvelles créations, les « comportements » et les actions passées, à gauche derrière, maintenant, nous sommes de nouvelles créatures en Christ (2 Corinthiens 5:17); nous devons persévérer dans notre foi et notre sainteté de vie (1 Pierre 1: 13-16).

Travail responsable "... mais travaillez, faites de vos mains ce qui est bien, ..." (Éphésiens 4: 28b). Le travail est l'un des antidotes contre la conduite du vol. Dieu nous a créés pour travailler. Le travail n'est pas une punition divine. Dans le récit de la création, avant la chute, Dieu assigna le travail à l'homme (Genèse 1: 26-28). Comme un enfant a chanté un refrain en disant: "Cuidadito les manitos ce qu'ils font ... il y a un Dieu d'amour, qui est à la recherche ..." elle est toujours valide comme un avertissement. Quand j'étais un petit garçon, mon père m'a conseillé: "Fils, que le travail soit la récréation de ta vie" Nous nous amusons toujours!

Généreux aux nécessiteux. "... afin que je puisse avoir quelque chose à partager avec celui qui en a besoin" (Éphésiens 4: 28c). Travailler élimine le comportement de vol et doit produire de la générosité en faveur des nécessiteux. Aider les nécessiteux est un mandat biblique. Bénis le destinataire et le donneur. Le chrétien qui vit dans la sainteté est généreux et authentique (Actes 20:35).

Fidélité à l'intendance économique. " Apportez à la maison du trésor toutes les dîmes, Afin qu'il y ait de la nourriture dans ma maison; Mettez-moi de la sorte à l'épreuve, Dit l'Éternel des armées. Et vous verrez si je n'ouvre pas pour vous les écluses des cieux, Si je ne répands pas sur vous la bénédiction en abondance" (Malachie 3:10). En étant fidèles à nos offrandes et à nos dîmes, nous obéissons à un mandat de Dieu et il accomplira sa promesse.

Restitution "Mais s'il a été volé, il rendra son maître" (Exode 22:12). Le terme "indemniser" signifie indemniser, restituer, réparer les dommages, Défiurner, payer les dommages, Défiurner, réparer. Cette action est très importante pour annuler la faute du contrevenant. Après la rencontre entre Jésus et Zachée, il décida de restituer quatre fois plus sur celui qu'il avait volé. Cette action était une restitution (Luc 19: 1-10).

Le vol sous toutes ses formes est un péché contre Dieu et le prochain. Le délinquant doit se repentir de son péché, il doit modifier son comportement et il doit restituer le grief. Ce n'est que de cette manière qu'il obtiendra le pardon et la paix intérieure que seul le Christ accorde.

Révisez/Application: Prévoyez du temps pour qu'ils répondent aux questions suivantes en fonction de ce qu'ils ont étudié en classe.

1. Pourquoi est-il appelé Décalogue aux commandements de Dieu, dans Exode 20? (Parce qu'ils sont dix.)

2. Quel est le huitième commandement? (Tu ne déroberas point)

3. Quels sont les types de vols que la leçon nous présente? (Violation de la loi civile, de la loi divine et de la loi de la conscience.)

4. Quelles sont les recommandations suggérées par l'auteur de la leçon? (Changement de comportement, travail responsable, générosité envers les nécessiteux, fidélité à l'intendance économique et restitution.)

5. Qu'est-ce qui t'a laissé la leçon aujourd'hui?

Défi: Dis à ta classe: Prépare une phrase qui représente quelque chose que tu as appris dans cette leçon et envoie-la à tous tes contacts. Essaie de réaliser à quel point il est important de remplir ce commandement.

Des mots au vent!

Tabita González • EUA

Objectif: Que l'élève comprenne la signification du faux témoignage et s'engage à ne pas parler quelque chose qui nuit au prochain.

Pour mémoriser: *Tu ne diras pas de faux témoignage contre ton prochain.* Exode 20:16

> **Avertissement**
> Commencez par demander s'ils ont écrit leur phrase représentative de ce qu'ils ont appris.
> Accepter

Connecter | Télécharger

Dynamique d'introduction (12 a 17 ans).
- Matériaux: Tableau et marqueurs.
- Instructions: Faire que la classe s'assoie en cercle. Demander à chaque participant (ou à certains si la classe est très grande) de dire trois phrases sur lui ou elle, deux vrai et un faux. Les autres partenaires indiqueront quelle phrase est fausse. Après que chaque étudiant ait donné son avis, l'étudiant révélera la fausse déclaration, ceci sera fait avec chacun jusqu'à ce que tous (ou ceux qui sont choisis pour cela) aient dit leurs affirmations. Écrivez au tableau les noms de tous les participants et notez un point à la personne qui découvre la fausse affirmation. A la fin, celui qui aura le meilleur scoré sera celui qui connaîtra le meilleur de ses camarades de classe. Faites-les réfléchir sur les occasions où ils ont dit quelque chose au sujet de quelqu'un qui n'était pas vrai. Le faux témoignage peut être une demi-vérité.

Dynamique d'introduction (18 a 23 ans).
- Matériaux: Trois enveloppes avec des copies qui ont ces 10 phrases placées dans un ordre différent: Elle était avec ses amis / Elle a quitté la maison / Elle a rencontré son petit ami / Elle a mangé du maïs soufflé / Elle est Défiurnée à la maison / Elle a nettoyé la vaisselle du repas. / Il a terminé son travail / Il a poli ses dents / Il a peint ses ongles / Il a lu la Bible. Et avec l'une des cartes suivantes: le Pasteur d'Ana, les parents d'Ana, le professeur d'Ana.
- Instructions: Divisez la classe en trois groupes et demandez à chacun d'ordonner les faits de l'histoire d'Ana pour en dire à la personne à qui elle est demandée. Chaque groupe racontera la version de son histoire et à qui il s'adresse et défendra son histoire. Finalement, lisez l'histoire dans l'ordre qui est dans le livre en tant qu'original. Demandez: Avez-vous déjà dit quelque chose qui n'était pas vrai juste pour faire plaisir aux auditeurs ou pour se débarrasser d'un problème? Peu importe la situation, la parole de Dieu nous encourage à ne pas donner un faux témoignage de notre prochain.

Connecter | Télécharger

Les fausses accusations et les faux témoignages ne sont pas nouveaux. Depuis le livre de Genèse, on trouve des histoires de personnages bibliques qui, à cause de fausses accusations ont perdu leur emploi, ont été séparés de leurs amis et ils ont même fait face à la mort. Parmi eux, nous pouvons nommer Joseph (Genèse 37 et 39), l'apôtre Paul (Actes 21: 27-36) et même Jésus lui-même (Luc 23). Ils ont été faussement accusés devant les autorités et ont reçu une punition imméritée. Nous pouvons également nous souvenir d'une histoire, personnelle ou d'une autre personne, qui a été touchée par un faux témoignage.

Dieu n'aime pas le mensonge ou ceux qui donnent un faux témoignage. La Bible, qui est la Parole de Dieu, bien qu'elle ne cache pas les récits de faux témoignages et leurs conséquences, nous donne des indications claires sur ce sujet.

1. Qu'est-ce qu'un faux témoignage?

Le neuvième commandement de Dieu pour le peuple d'Israël avec les six derniers commandements se rapporte à la responsabilité que nous avons envers nous-mêmes et envers les gens qui nous entourent. Un faux témoignage c'est de dire quelque chose qui n'est pas la vérité sur quelque chose ou quelqu'un. Cela inclut de dire des faussetés, des demi-vérités ou même de tromper les autres. Cela veut aussi dire, dire des choses injustes qui nuisent à la réputation d'autrui et / ou qui témoignent faussement en les rendant coupables de choses auxquelles ils n'ont pas participé, que ce soit en cour ou à l'extérieur. Cela inclut de parler mal derrière le dos de quelqu'un d'autre. Il se réfère aussi à l'exagération d'une histoire pour s'exalter en dénigrant une autre personne.

Nous ne devons pas parler mal ou mentir au sujet de notre voisin. Dans Luc 10: 25-37, Jésus a raconté l'histoire du Bon Samaritain pour répondre à la question: Qui est mon prochain? La relation qui existait entre les Samaritains et les Juifs nous enseigne que notre voisin est une personne qui n'est pas seulement référée à nos parents ou amis. Les Juifs et les Samaritains avaient de nombreuses différences entre eux pour des raisons politiques et sociales. Jésus a enseigné que notre prochain est celui avec qui nous entrons en contact (que cela nous plaise ou non) et que nous

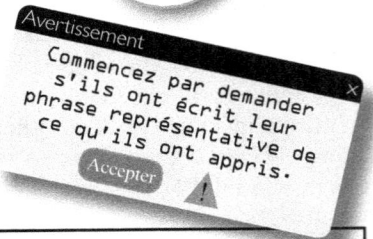

ayons l'opportunité de bénir. Nous pouvons les trouver dans la rue, à l'école ou au travail. Parlez avec vos élèves de qui ils considèrent comme leurs voisins et comment ils se réfèrent à eux.

2. Conséquences du faux témoignage

Le livre de Proverbes 25:18 déclare que: "Comme une masse, une épée et une flèche aiguë, Ainsi est un homme qui porte un faux témoignage contre son prochain". On ne peut pas remonter le temps et supprimer ou modifier les mots dits. C'est comme flétrir un poulet sur une route. Les plumes ne peuvent plus être ramassées. Nous n'avons aucun contrôle sur la façon dont les gens vont utiliser ce que nous disons des autres. Les mots prononcés au vent ne s'accrochent pas aux réseaux! Un faux témoignage blesse l'autre, comme s'il était blessé au couteau, dénigre sa personne et lui fait douter de son caractère.

Rappelez-vous l'histoire de Joseph dans la maison de Potiphar (Genèse 39: 1-20). La femme de Potiphar, fâchée de ne pas avoir attiré l'attention de Joseph, dit à son mari: "Alors elle lui parla ainsi: L'esclave hébreu que tu nous as amené est venu vers moi pour se jouer de moi. Et comme j'ai élevé la voix et que j'ai crié, il a laissé son vêtement à côté de moi et s'est enfui dehors"(Genèse 39: 17- 18). À cause de ce mensonge, Joseph a passé de nombreuses années de sa vie en prison. Jusqu'à ce que le moment venu, Dieu l'a fait sortir de là et l'a mis comme gouverneur de l'Egypte afin de sauver sa famille et beaucoup de gens.

Les conséquences d'un mensonge ou d'un mauvais témoignage peuvent être très néfastes, mais cela ne se limite pas à la personne dont on a parlé. Jésus dans le sermon sur la montagne a déclaré: "Quiconque se met en colère contre son frère mérite d'être puni par les juges; que celui qui dira à son frère: Raca! Mérite d'être puni par le sanhédrin; et que celui qui lui dira: Insensé! mérite d'être puni par le feu de la géhenne" (Matthieu 5:22, NIV). Parler mal de quelqu'un blesse la personne, blesse nos relations et nous empêche de maintenir une bonne relation avec Dieu. C'est pourquoi dans Proverbes 6: 16-19 nous lisons: "Il y a six choses que hait l'Éternel, Et même sept qu'il a en horreur; Les yeux hautains, la langue menteuse, Les mains qui répandent le sang innocent, Le coeur qui médite des projets iniques, Les pieds qui se hâtent de courir au mal, Le faux témoin qui dit des mensonges, Et celui qui excite des querelles entre frères" (NIV). Ces six choses sont en relation directe avec notre voisin et mettent en évidence les dommages que les mots peuvent faire à quelqu'un.

3. Comment éviter les faux témoignages?

La Parole de Dieu nous montre au moins trois façons d'éviter un faux témoignage: Dire la vérité: Le meilleur remède contre un faux témoignage est une bonne dose de la vérité (Éphésiens 4:25).

Un conseiller, aidant un étudiant qui avait des problèmes du mensonge, lui conseilla quelque chose de simple mais très puissant et facile à suivre: "Si vous réalisez que vous dites quelque chose qui n'est pas vrai, ne finissez même pas de le dire, dites simplement - Ce n'est pas vrai, désolé, ce qui s'est passé était en fait ... " Remplacer l'habitude de dire des mensonges par la vérité a aidé l'élève à corriger ses mauvaises habitudes et à s'engager à la vérité.

Écoutez plus et parlez moins: Celui qui parle beaucoup est plus susceptible de dire ce qui n'est pas vrai ou d'exagérer les faits. Quand nous nous efforçons d'écouter, nous devenons conscients de choses que nous ne connaissions pas auparavant et que nous avions même une mauvaise idée (Jacques 1:19).

Bénédiction: Jacques 3: 9-10 nous enseigne que si nous avons la pratique de bénir les autres par ce que nous disons, nous parlerons mal des gens et éviterons de leur faire du mal. Que les paroles de notre bouche cherchent à plaire à Dieu et aux autres (Psaume 19:14).

Si nous gardons dans nos cœurs que Dieu veut que nous aimions les autres comme nous-mêmes, nous ne courrons pas le risque de briser ce commandement si important pour nous et pour les autres. Jésus, dans Matthieu 7:12, nous invite à traiter les autres à tout moment comme nous voudrions qu'ils nous traitent. Nous aimerions certainement qu'ils nous disent la vérité, nous donnent l'occasion d'expliquer et d'être entendus avant de tirer des conclusions. Nous avons l'opportunité de le faire et aussi d'être une bénédiction pour notre prochain à travers ce que nous disons.

Révisez/Application: Guider vos étudiants à réfléchir selon les questions suivantes:

1. Pourquoi pensez-vous que Proverbes 25:18 dit que "Celui qui parle mal de son ami le blesse plus qu'une épée"? (Parce que le faux témoignage ou le fait de parler mal de quelqu'un fait mal et tue sa réputation. Cela le fait semblant mal devant les autres.)

2. De quelle manière accomplissons-nous ce que Matthieu 7:12 nous dit de nous libérer de tomber dans un faux témoignage? (Parce que le faux témoignage est quelque chose que nous ne voulons pas pour nous-mêmes.)

3. Que pensez-vous qu'il est plus facile de parler ou d'écouter? (Comment l'écoute nous aide-t-elle dans nos relations interpersonnelles? L'écoute nous aide à éviter les malentendus et à connaître les faits tels qu'ils sont et, de cette façon, à ne pas dire des choses qui ne sont pas vraies.)

Défi: Dis à ta classe: Écris une liste de la façon dont tu aimerais que les gens parlent de toi. Rédige un contrat personnel en t'engageant à traiter tout le monde comme tu le souhaiterais. Demande à deux amis de signer l'engagement en tant que témoins.

Tu ne convoi-teras point

Joel Castro • Espagne

Leçon 41

Objectif: Les élèves reconnaissent les gammes néfastes de la cupidité dans chaque personne et ceux qui vous entourent.

Pour mémoriser: Tu ne convoiteras point la maison de ton prochain; tu ne convoiteras point la femme de ton prochain, ni son serviteur, ni sa servante, ni son boeuf, ni son âne, ni aucune chose qui appartienne à ton prochain" Exode 20:17.

> *Avertissement*
> Demandez s'ils ont signé leur contrat d'engagement personnel et les témoins l'ont signé.
> Accepter

Connecter | Télécharger

Dynamique d'introduction (12 a 17 ans).
- Matériaux: Donnez une feuille vierge à chacun un de vos étudiants.
- Instructions: Demandez à chaque élève d'écrire une liste de toutes les choses qu'ils veulent et pourquoi ils les veulent. Après environ cinq minutes, demandez à tout le monde de partager ce qui est écrit. Des fois, la raison pour laquelle nous voulons quelque chose n'est pas valide. Nous devons analyser notre cœur et identifier la raison de nos désirs.

Dynamique d'introduction (18 a 23 ans).
- Matériaux: Coupures des dernières nouvelles de dispositifs électroniques (ordinateurs portables, téléphones portables, entre autres).
- Instructions: Demandez aux élèves d'écrire cinq raisons pour lesquelles ils pensent avoir besoin d'un ou plusieurs de ces objets et trois actions qu'ils feraient pour l'obtenir. Ensuite, qu'ils partagent avec leurs camarades de classe. Des fois, la raison pour laquelle nous voulons quelque chose n'est pas valide. Nous devons analyser notre cœur et identifier la raison de nos désirs.

Connecter | Télécharger

1. Définir la cupidité

Qu'est-ce que la cupidité? La cupidité est le "désir excessif de richesses". Bibliquement, la cupidité est "la passion charnelle de vouloir se satisfaire matériellement". En tant que sentiment, la cupidité ne glorifie pas Dieu, mais montre l'égoïsme et l'arrogance. Passons en revue ce que certains auteurs de la Bible disent sur le sujet:
- Paul dit que la cupidité est le désir charnel qui est contre l'Esprit (Galates 5:17).
- Le prophète Esaïe dit que la cupidité est l'iniquité qui habite dans le cœur rebelle (Esaïe 57:17).
- Moïse nous dit que la cupidité est une pierre d'achoppement à aimer Dieu (Deutéronome 07:25).
- Salomon dit que la cupidité est l'ambition de trouver des richesses, peu importe si quelqu'un doit être tué (Proverbes 1: 11-19).
- Pierre dit que la cupidité est une mauvaise habitude du cœur (2 Pierre 2:14).
- Jésus-Christ dit que la cupidité est le désir de posséder toutes choses (Marc 4:19); c'est aussi adultère avec le cœur (Matthieu 5:28).

Ce sont quelques-unes des contributions que nous avons dans la Bible à propos de la cupidité; Mais, dans quelle mesure la cupidité nuit-elle à notre être? Quel est le résultat d'un cœur cupide?

2. La maladie de la cupidité

Notre monde est plein d'aspirations avides. Par exemple, beaucoup de pays sont soumis à la faim et à la pauvreté parce que leurs présidents subjuguent les gens et dans leur avidité ne veulent pas quitter le pouvoir; dans le lieu du travail, il y a ceux qui travaillent avec des trucs pour enlever l'emploi de leurs collègues; dans certaines familles, il y a le problème de la cupidité dans l'héritage; il y a des cas de familles dont les enfants ne se parlent pas parce que leur avidité les a remplis de ressentiment quand ils ont partagé l'héritage.

En outre, la cupidité se trouve dans les amusements tels que les jeux d'argent, les casinos, les loteries, les jeux d'argent et autres choses similaires. L'Espagne est l'un des pays où il y a un grand désir d'obtenir de l'argent grâce aux jeux de hasard; Il y a toujours des occasions de placer des paris ou des loteries, en commençant par le football professionnel, les jours de Noël et d'enfant et tous les week-ends. Selon les nouvelles, il y a une grande méfiance des gens à dépenser dans ces jeux afin de gagner quelque chose. À une occasion, j'ai parlé avec une personne qui était habituée à un casino. Il m'a dit que seulement la première fois qu'il a participé, il a gagné mais après cela il n'a jamais rien gagné et qu'il a investi beaucoup d'argent dans l'espoir de gagner quelque chose mais il ne pouvait pas arrêter de parier.

On doit également faire attention au jeu. Le jeu est une attraction irrésistible pour les jeux de compétition. Il se manifeste chez les personnes car ce sont des adolescents ou des jeunes et cela devient un vice. La cupidité pour vouloir avoir, la cupidité pour vouloir gagner, la cupidité pour le matériel peut finir par apporter cette maladie à nos vies.

3. Conséquences personnelles de la convoitise

La cupidité fait beaucoup de dégâts, bien que beaucoup de gens ne réalisent pas ses effets. Voyons quelles conséquences que le cœur avide a apporté dans les histoires de deux jeunes hommes de l'Ancien Testament.

1. L'histoire de Guéhazi (2 Rois 5)

Naaman, le général syrien, guéri de la lèpre par le ministère d'Elisée, voulut gratifier le prophète en lui donnant une grande richesse matérielle (2 Rois 5: 5 et 15), mais Élisée était totalement opposé à recevoir de tels cadeaux. Guéhazi, serviteur d'Elisée, et de la plus grande confiance du prophète, ému par sa cupidité, mentait et utilisait sa ruse pour obtenir des gains malhonnêtes. Sur le chemin du Défiur, Guéhazi a pensé à l'erreur supposée d'Elisée en ne recevant pas les présents (2 Rois 5:20). Son cœur a commencé à être envahi par la cupidité. Et dans cet effort, il a fait ce qui suit:

a. "Il a abusé le nom de Dieu" (v.20b), il a dit: "Vive Jéhovah", selon lui, son plan avait l'approbation de Dieu. Combien peuvent confondre leurs vues avec le point de vue de Dieu; Si nous ne cherchons pas la direction de Dieu dans la consécration, nous pouvons tomber dans la cupidité de notre cœur (Proverbes 3: 7). Guéhazi avait le maître Elisée de son côté et n'a pas demandé son avis.

b. "Il a menti pour accomplir sa cupidité" (v.22, 25). Guéhazi a eu le courage de répondre à Naaman qui a été envoyé par le prophète. La cupidité a cet ingrédient, ce mensonge ou cette tromperie. Nous assumons le besoin de croire qu'il est nécessaire de l'avoir. Les publicités qui font croire que tout est indispensable et peu importe comment nous devrions l'avoir. Beaucoup se sont endettés pour acheter des produits dont ils n'avaient pas vraiment besoin. Une personne m'a dit que chaque fois qu'elle passait par la parfumerie, elle voyait un parfum dans le magasin qu'elle voulait acheter, bien que le coût représentait 80% de son salaire mensuel. Bien qu'elle ait d'autres parfums dans sa maison, elle voulait la nouvelle. La cupidité nous trompe parce que nous sommes émus par une passion charnelle. Guéhazi ne se souciait pas de son image devant son maître parce qu'il était assombri par sa cupidité.

L'histoire de Guéhazi a eu une fin très triste et c'est un exemple de la fin du gourmand (v.27). Élisée savait que tout ce qui était arrivé puisqu'il était un prophète de Dieu et lui disait la punition qu'il subirait, la lèpre de Naaman tomberait sur lui et à sa famille. La maladie de la lèpre représente la malédiction que nous portons lorsque nous sommes menés par la passion de la cupidité. Guéhazi n'était pas seulement atteint de la lèpre, mais toute sa génération souffrait de la même chose. Méfiez-vous de la cupidité, ses résultats sont désastreux. Cela peut être agréable pendant un moment, quand vous obtenez ce que vous voulez, mais alors il y aura des pleurs et de la tristesse accompagnés de maladies terribles.

2. L'histoire de David

Le roi David est également tombé dans la cupidité et a été frappé par des conséquences désastreuses. C'était un de ces jours où les rois sont allés à la guerre, mais David est resté dans sa maison royale. Marchant sur son toit, il vit Bath Schéba de loin, prenant un bain, cherchant des informations sur elle et la faisant amener au palais. Par sa cupidité, il a commis l'adultère avec la femme d'un autre homme (2 Samuel 11: 1-4). Cela a entraîné une grossesse. David, pour couvrir son péché, a préparé un piège dans lequel le mari de la femme a été tué. Il pensait probablement qu'en tant que roi, personne ne lui dirait quoi que ce soit; Cependant, le prophète Nathan, guidé par Dieu, est venu à David et à travers une parabole, il lui fit comprendre que son attitude était un acte injuste, mauvais et laid aux yeux de Dieu (2 Samuel 12: 9-12). La conséquence de la cupidité de David était la mort du fils que Bath Schéba, attendait.

Guéhazi et David ont violé le dixième commandement du Seigneur: "Tu ne convoiteras point la maison de ton prochain; tu ne convoiteras point la femme de ton prochain, ni son serviteur, ni sa servante, ni son boeuf, ni son âne, ni aucune chose qui appartienne à ton prochain" (Exode 20:17). La punition de Dieu était réelle pour les deux. La cupidité est une maladie qui a des conséquences graves pour notre vie physique et beaucoup plus pour notre vie spirituelle. Demandons la sagesse et le discernement pour savoir comment agir dans différentes situations. Dieu peut nous aider à surmonter tous les péchés et à avoir une vie libre en Lui.

Révisez/Application:

Guidez vos élèves à trouver les versets bibliques et identifier le personnage qui convoita et ce qu'il convoita.

1. 2 Samuel 15: 1-6. (Absalom convoitait le règne de son père David.)
2. Josué 7: 20-21. (Achan convoitait les richesses de l'ennemi.)
3. Actes 5: 1-11. (Ananias et Saphira convoitent l'offrande promise à Dieu.)
4. Luc 15: 11-15. (Le fils prodigue convoitait les versions et vaine gloire du monde.)

Défi:

Dis à ta classe: Sais-tu que récemment tu as été envahie par ce sentiment? Aujourd'hui, je t'invite à le reconnaître devant le Seigneur, comme le fit le jeune David (2 Samuel 12:13). Demande à Dieu de te pardonner et de te donner la sagesse de savoir comment diriger tes désirs et ne pas tomber dans la cupidité. En semaine, pense aux choses que tu vas acheter, de quoi as-tu vraiment besoin? Regarde tes priorités et fais une liste.

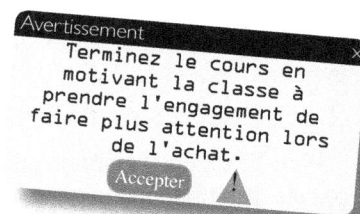

Avertissement
Terminez le cours en motivant la classe à prendre l'engagement de faire plus attention lors de l'achat.
Accepter

Seulement la vérité

Objectif: Que l'étudiant reconnaisse que le mensonge va à l'encontre de la volonté de Dieu et que son utilisation entraîne des conséquences.

Pour mémoriser: *Éloigne de moi la voie du mensonge, Et accorde-moi la grâce de suivre ta loi!* Psaume 119: 29

> Avertissement
> Commencez par demander s'ils ont établi leur liste de priorités lors de l'achat.
> Accepter

Connecter | Télécharger

Dynamique d'introduction (12 a 17 ans).

- Matériaux: Draps ou nappes. Elles peuvent être remplacées par des journaux.
- Instructions: Demandez aux élèves de lire le passage d'Actes 5: 1-10 et de le dramatiser. Ils devront utiliser les draps ou les journaux pour créer leurs vêtements.

    Demandez quel enseignement pratique laisse ce passage et comment peuvent-ils mettre en pratique ce qu'il enseigne.

Dynamique d'introduction (18 a 23 ans).

- Instructions: Demandez aux élèves de préparer une représentation du passage dans Actes 5: 1-10, mais adaptée au présent. Il peut se référer à une situation produite à la maison, à l'école, au travail ou à l'église. Donnez quelques minutes pour le préparer. À la fin, demandez quel enseignement pratique laisse ce passage et comment peuvent-ils mettre en pratique ce qu'il enseigne.

Connecter | Télécharger

Parfois, les gens sont tentés de mentir. Le mensonge est un péché très commun. Certaines personnes sont esclaves du mensonge et ne s'en repentent jamais, parce qu'elles le font comme quelque chose de commun et de nécessaire. Ces gens mentent délibérément et aussi sans trop y penser, ils utilisent les mensonges dans leur vie quotidienne parce qu'ils croient que c'est la manière la plus facile et que cela leur apportera plus de bonheur. Ils sont en paix avec le mensonge, ils le définissent même comme quelque chose de juste et de nécessaire dans certaines circonstances. D'un autre côté, il y a des gens qui comprennent que le mensonge est mauvais, mais ils l'utilisent parfois. Dans les deux cas, le mensonge est faux et comme Dieu l'a ordonné: "D'un mensonge tu iras loin ..." (Exode 23: 7).

1. Partager ce qu'ils avaient

Les premiers chrétiens ont donné aux apôtres le montant de la vente de leurs propriétés à distribuer selon les besoins du peuple. Dans Actes 4: 34-35 il est dit: "Car il n'y avait parmi eux aucun indigent: tous ceux qui possédaient des champs ou des maisons les vendaient, apportaient le prix de ce qu'ils avaient vendu, et le déposaient aux pieds des apôtres; et l'on faisait des distributions à chacun selon qu'il en avait besoin".

Dans Actes 5: 1-11, il dit qu'Ananias et Saphira voyaient dans cette situation une occasion d'exceller, ils ne savaient pas dans quoi ils s'engageaient. Ce couple a décidé de vendre une propriété et d'apporter l'argent de la vente aux apôtres (vv.1-2) comme beaucoup d'autres chrétiens l'ont fait. Quand Ananias a pris le prix de la vente, il s'attendait probablement à recevoir des applaudissements. Mais le contraire est arrivé, parce qu'il n'était pas complètement sincère.

(Effectuez l'activité de 12 à 17 ans ou de 18 à 23 ans de la feuille de l'élève selon le groupe que vous avez).

2. Combattre le bien et le mal

Quand Ananias et sa femme Saphira ont vendu leur propriété, ils ont accepté de ne donner qu'une partie de la vente totale aux apôtres, ce qui était une proposition valable.

Mais la situation est entrée en conflit parce qu'ils ont dit à l'apôtre qu'ils ont vendu la propriété à un prix qui n'était pas le vrai (puisqu'ils ont soustrait la partie v.2). Les deux avaient prémédité leur action. Ils auraient pu voler leur part et apporter le reste aux apôtres, mais ils ont décidé de mentir et de dire que ce qu'ils apportaient était le prix auquel ils avaient vendu l'héritage, ils voulaient se fiancer.

Plusieurs fois, le mensonge cache quelque chose qui est très profond dans le cœur ou peut-être un péché déjà commis. Jacques 1: 12-15 nous dit que le péché vient après que la tentation ait été logée dans le cœur de la personne et que la personne a décidé d'agir. Ananias et Saphira nourrissaient l'idée avant de mentir aux apôtres.

3. L'utilisation du mensonge

Pierre était une personne guidée par le Saint-Esprit. C'est pourquoi il a rapidement reconnu le mensonge d'Ananias et n'a pas été impressionné par une fausse attitude. Il a précisé à Ananias que Dieu avait vraiment offensé avec son mensonge (v.4).

Lorsque Saphira entra dans la scène trois heures plus tard (Actes 5: 8), Pierre lui donna l'occasion de dire la vérité, mais elle resta dans le mensonge.

Un mensonge donne l'apparence d'une aide temporaire et au fil du temps le cœur de la personne s'habitue au mensonge. Cependant, les conséquences seront évidentes plus tôt que la personne ne l'imagine.

Le mensonge est une fausse vérité, cela peut être total ou partiel. C'est quelque chose qui est dite ou affirmée comme vraie, mais ce n'est pas le cas. Le mensonge n'est pas seulement parlé, parfois il est utilisé quand il apparaît quelque chose qui n'est pas senti ou n'est pas et s'appelle l'hypocrisie.

Pour la personne qui ment pour atteindre son but, elle doit rester ferme dans sa fausse argumentation. Après le premier mensonge, il sera difficile d'arrêter de mentir, parce que de nouvelles questions ou situations qui pourraient révéler la vérité apparaîtront, c'est pourquoi la personne continuera à mentir de plus en plus, à soutenir son argument et à devenir complice du mal.

Jésus a montré le chemin de la vérité: la croix. Pierre a appris cela pour exceller, être promu, être bien avant les autres, ou pour sortir rapidement d'un problème, etc. ce n'était pas la voie que Jésus suivrait (Marc 8: 31-33). Pierre a également appris que la tentation vient de Satan (Actes 5: 3).

Partagez l'exemple suivant: "Une personne approche les autres avec des mensonges pour obtenir des informations qui peuvent aider un ami". Demandez: Pensez-vous que c'est correct? Vaut-il la peine de mentir pour aider un autre? Bien que l'objectif de cette personne d'utiliser le mensonge semble bon, ce n'est pas comme ça. Elle n'utilise pas les bonnes manières parce qu'elle trompe les autres et désobéit à un ordre de Dieu. C'est comme essayer de mélanger de l'eau avec du pétrole. Ces deux éléments ne peuvent pas être mélangés par leurs propres caractéristiques. De la même manière, on ne peut pas faire le bien, en utilisant le mal.

Personne n'a imaginé la réponse de Dieu à Ananias et Saphira (Actes 5: 5,10). Le passage nous dit qu'il y avait beaucoup de peur à propos de ceux qui étaient dans le lieu. Dieu est amour, il est saint et ne tolère pas le péché même s'Il aime le pécheur. Dieu a enseigné à tous, de façon drastique quelles sont les conséquences du mensonge. Romains 3:23 dit que le salaire ou la conséquence du péché c'est la mort.

Satan était un ange qui voulait être égal à Dieu, il était rempli de fierté et de mensonges. Voilà pourquoi chaque mensonge vient de lui (Jean 8:44). C'est quelque chose dont il faut se souvenir quand la tentation de mentir vient.

4. L'utilisation de la vérité dans le chrétien

David, l'un des rois les plus importants d'Israël, a écrit le Psaume 119. Au verset 29, il dit: "Éloigne de moi la voie du mensonge, Et accorde-moi la grâce de suivre ta loi...". David est aussi tombé dans le péché de mentir, (1 Samuel 21: 1-10, 2 Samuel 11, David et Bath Schéba).

David savait à quel point la tentation pouvait être forte et à quel point il était vulnérable au mensonge. C'est pourquoi il a reconnu qu'il avait besoin de l'aide de Dieu.

Jean 14: 6, dit que Jésus est le chemin et la vérité, et la vie indique que "la voie du mensonge ou du péché" c'est une ligne d'action ou un mode de vie différent de celui que Jésus a enseigné.

Parler toujours la vérité est un signe de foi en Christ. En pratiquant une vie sans mensonge, on affirme le témoignage de vouloir être comme le Christ.

Dans Actes 5 nous trouvons cinq points très précieux:
1. Ceux qui sont de la vérité reconnaissent le mensonge (v.3).
2. Ceux qui sont de la vérité ont l'Esprit de vérité (v.3, Jean 14:17).
3. A ceux qui sont de la vérité, Dieu leur révèle par son Esprit comme le sont les intentions de l'autre (v.3-4; 16: 16-18).
4. Ceux qui sont de la vérité savent qu'avec Dieu on ne joue pas, on doit respecter le Saint-Esprit et avoir crainte de Dieu, qui est le feu qui consume (vv. 5, 10, Hébreux 12:29).
5. Le mensonge est souvent fait parce que nous voulons cacher un péché que nous avons déjà fait (Actes 5: 3,8). Dieu connaît chaque faiblesse, Il connaît les circonstances et n'aime pas que les problèmes soient résolus avec le mensonge. Dieu veut aider chaque croyant à être convaincu que la vérité est la meilleure solution à toute circonstance. Dire la vérité, c'est dire les choses telles qu'elles sont sans rien cacher et sans ajouter d'appréciations personnelles: en utilisant la vérité, on démontre la confiance en Dieu.

L'apôtre Paul a aussi enseigné combien il est important de dire la vérité et spécialement dans le corps de Christ qui est l'église, Ephésiens 4:25 dit: "C'est pourquoi, renoncez au mensonge, et que chacun de vous parle selon la vérité à son prochain; car nous sommes membres les uns des autres".

Encouragez la classe à examiner ses attitudes et à faire confiance à la grâce de Dieu. Guidez la conversation avec ces questions: Est-ce que je déteste la moindre tromperie dans mon discours et mon comportement? Est-ce que dire la vérité est une vertu hautement souhaitable pour moi? Ai-je envie d'être comme Jésus-Christ, qui n'a jamais menti, pas une seule fois, pas même sous les plus grandes menaces contre son corps et son âme?

Révisez/Application: Prévoyez du temps pour réfléchir et écrire sur les personnes qui mentent fréquemment et indiquer la raison. Prévoyez du temps pour qu'ils écrivent une liste des plus grandes tentations auxquelles ils sont confrontés pour mentir.

Défi: Dis à ta classe: Mémorise le Psaume 119: 29 et réfléchis pendant cette semaine quelle est ton attitude envers le mensonge. Demande à Dieu en prière de t'aider à surmonter cette situation et engage-toi également avec lui à le chercher lorsque tu es confronté à la tentation de mentir. Hébreux 4: 14-16 nous donne la promesse que Jésus nous comprendra et nous aidera quand nous demanderons de l'aide à temps.

Un prophète difficile

Objectif: Que le jeune comprenne l'importance de servir Dieu avec sa vie.

Pour mémoriser: *Et moi, je n'aurais pas pitié de Ninive, la grande ville, dans laquelle se trouvent plus de cent vingt mille hommes qui ne savent pas distinguer leur droite de leur gauche, et des animaux en grand nombre?* Jonas 4:11

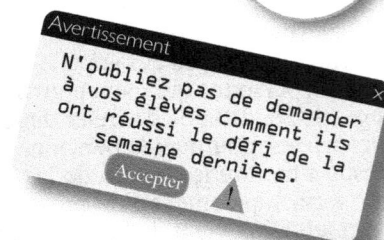

Avertissement

N'oubliez pas de demander à vos élèves comment ils ont réussi le défi de la semaine dernière.

Accepter

Connecter | Télécharger

Dynamique d'introduction (12 a 17 ans).

- Matériaux: Tableau et craie, ou marqueurs d'ardoise.
- Instructions: Écrivez au tableau, en grosses lettres "SERVICE A DIEU". Demandez à la classe de décrire certaines façons spécifiques de servir Dieu (par exemple, parler de Jésus à quelqu'un, peindre la chambre d'un voisin âgé, aider un enfant à traverser la rue, visiter les hôpitaux, etc.).

   À la fin, rappelez-leur que tout ce qui est fait pour la gloire de Dieu et au nom de Jésus est un service à Dieu.

Dynamique d'introduction (18 a 23 ans).

- Matériaux: Une feuille de papier pour chaque étudiant et crayons.

- Instructions: Demandez aux élèves de faire une chronologie sur leurs feuilles (de "zéro secondes" jusqu'à "éternité"). Puis leur demander de pointer avec une petite flèche sur la ligne pour la durée de différents événements ou choses (par exemple, pour réchauffer un café (2 minutes), un programme télévisé (1 heure), un match de football (90 minutes), devoirs scolaires (2 heures), etc.

1 min	1 heure	1 ane
réchauffer un café	regarder la télévision	passer une année scolaire

   Finalement, demandez: Quand nous servons Dieu, combien de temps durera notre investissement? La ligne est un exemple visuel qui aide à voir en perspective combien de temps occupe chaque activité et que certaines choses sont momentanées et d'autres beaucoup plus durables (et peut-être plus importantes). Lorsque nous servons Dieu, nous investissons dans quelque chose qui durera pour l'éternité.

Connecter | Télécharger

1. Fuyant Dieu

Lisez Jonas 1: 1-17. Il n'y a pas beaucoup d'informations sur la personne de Jonas, mais nous connaissons l'un des événements les plus importants de sa vie. Dieu a parlé à cet homme et lui a demandé d'aller prêcher à Ninive, parce que les habitants de cette ville commettaient beaucoup de choses mauvaises (vv.1-2). Le comportement de ce peuple n'a pas plu à Dieu et ils auraient des conséquences négatives.

Cependant, Jonas a décidé de ne pas obéir à la voix de Jéhovah et a acheté un billet de bateau pour Tarsis, qui était dans la direction opposée de Ninive (v.3). Il est triste de reconnaître que Jonas ait décidé de fuir Dieu et de son appel. Dieu aime, Jonas 4:11 montre que Dieu aime l'humanité. Son amour le pousse à nous inviter à travailler avec lui pour donner une opportunité de salut à chaque être humain. Mais l'égoïsme de Jonas a été démontré dans son manque d'amour et de miséricorde pour les habitants de Ninive et était un grand obstacle dans son service à Dieu.

Jonas 1: 1-10 dit que Dieu a permis à Jonas de subir les conséquences de son entêtement (vv.4-17). Jéhovah a préparé un grand poisson qui avalerait Jonas (v.17). Bien que cela semble être une punition de Dieu envers Jonas, être dans l'estomac du grand poisson a sauvé Jonas de la noyade dans la mer. Cela lui a aussi donné l'occasion de prier et de montrer de la repentance pour sa désobéissance. Dieu a accepté la véritable repentance de son cœur. Dans la prière, Jonas 2: 2-9 a décrit la terrible conséquence de sa désobéissance. Cependant, la prière a rappelé que "le salut est de Jéhovah" (2: 9b). Dieu est toujours prêt à pardonner à une personne véritablement repentante et à la changer.

Dans Matthieu 12:40 de nombreuses années plus tard, cette expérience de Jonas "dans le ventre du poisson" a été comparée à l'expérience de Jésus dans le "cœur de la terre".

Le service à Dieu inclut le sacrifice, Jésus a fait la volonté du Père, jusqu'à la mort. Plusieurs fois pendant le service à Dieu, nous devons sacrifier le temps de sommeil, l'argent, les efforts, etc. mais ce n'est pas en vain (1 Corinthiens 15:58). Dieu veut que nous Le servions et le but du service à Lui est le salut de plusieurs. Jésus a également promis que ceux qui croient en lui feraient de grandes choses (Jean 14:12).

2. Prêcher la parole de Dieu

Dieu a entendu la prière de Jonas, lui a pardonné et lui a donné une nouvelle occasion d'obéir à son commandement. Dieu était toujours intéressé à utiliser Jonas pour prêcher aux gens de Ninive (3: 1-2). Nous devons nous rappeler que Dieu est déterminé pour le bien et que sa parfaite et bonne volonté est enfin accomplie.

Finalement, Jonas alla à Ninive et, prêchant l'Évangile, il put voir que tous les habitants de la ville, des plus hauts chefs aux animaux, offraient le jeûne à l'Eternel (vv.7-8a). Le mandat incluait clamer et se détourner de leurs mauvaises voies (v.8b). Dieu, en entendant le cri, leur pardonna (3:10), car il pardonne incontestablement.

Quand Dieu appelle à son service, il y a l'assurance que sa présence et son pouvoir seront présents, nous devrions nous encourager et ne pas laisser la peur être un obstacle au service de Dieu (Éphésiens 3: 20a).

3. Lutter avec Dieu

Étonnamment, le livre de Jonas continue de nous dire au chapitre 4 que Jonas s'est fâché quand il a vu que Dieu pardonnait à ceux qui vivaient à Ninive. Jonas a déclaré qu'il préférait mourir à cause de l'indignation qu'il ressentait de savoir que les habitants de Ninive étaient pardonnés plutôt que punis (4: 1-3). Jonas a reconnu que Dieu est "miséricordieux et compatissant, lent à la colère [lui-même], et riche en bonté, et [se repent] du mal" (4: 2). Dans sa colère, Jonas décida une fois de plus d'essayer d'échapper de la présence de Dieu et alla dans le désert. Voyant la chaleur à travers laquelle il est passé, Dieu a fait pousser une plante pour l'ombrager (v.6), mais après un jour, il a envoyé un insecte qui a séché la plante qui avait grandi (v.7). Il est triste de lire que Jonas a continué dans sa colère. Probablement sa colère a été causée par l'égoïsme, le grand nationalisme et l'envie envers les gens de Ninive.

Ces sentiments étaient des obstacles qui l'empêchaient encore une fois de servir Dieu de manière agréable et efficace. Dieu, dans son grand amour pour Jonas, a continué à essayer de parler avec lui pour le convaincre de son amour infini, non seulement pour lui, mais pour toute l'humanité.

À la fin du chapitre 4 de Jonas, nous avons les paroles de Dieu à Jonas qui révèlent la qualité de miséricorde qui caractérise notre Dieu (v.11): "Et moi, je n'aurais pas pitié de Ninive, la grande ville, dans laquelle se trouvent plus de 120 000 hommes qui ne savent pas distinguer leur droite de leur gauche, et des animaux en grand nombre!"

La chose la plus importante pour Dieu est que les gens soient sauvés et qu'Il veuille utiliser les gens pour accomplir cette grande tâche. Il ne fait aucun doute que Dieu peut transmettre son message aux autres de différentes façons, mais il veut travailler avec ses enfants. Les bénédictions reçues pour servir Dieu sont plus que nous ne pouvons l'imaginer. Ils ne sont que des bénédictions matérielles et périssables, mais des bénédictions spirituelles éternelles et vraiment satisfaisantes. Tout comme Dieu a travaillé patiemment avec Jonas pour l'aider à mûrir et à grandir personnellement, il veut aussi travailler dans chacune de nos vies et nous invite aujourd'hui à le rejoindre dans l'aventure de le servir.

À la fin de la leçon, encouragez les élèves à prier et à parler avec Dieu de leurs peurs, de leur insécurité, de leur manque de désirs, etc. Demandez-leur de prendre un moment pour parler avec Dieu et lui dire honnêtement ce qui ait dans leur cœur.

Il est important de comprendre que nous avons la liberté d'atteindre Dieu, que nous pouvons l'approcher sans réserve et confesser ce que nous ressentons que ce soit la fierté, la peur, l'insécurité, le manque de désir et / ou d'énergie, etc. Dieu peut nous comprendre et nous traiter avec le même amour et la même patience qu'il avait avec Jonas. Dieu nous aime et veut le meilleur pour ses enfants. Nous pouvons être sûrs que ses plans pour nos vies sont merveilleux. Dieu montrera de la patience avec nous comme il l'a montré avant avec Jonas, l'important est que nous sachions que l'appel à servir Dieu est pour tout le monde, peut-être de différentes façons, mais il couvre tous ses enfants.

Dieu ne nous a pas appelés à juger. Lui seul est juge. Lorsque nous prenons cet endroit, nous perdons l'opportunité de vous servir efficacement et de provoquer l'effet inverse. Le Seigneur est grand dans la miséricorde et lent à la colère (Psaume 145: 7-9). Nous, en tant que ses disciples, devons être prudents et sages dans notre traitement des personnes qui partagent d'autres croyances ou modes de vie. L'appel à la lumière doit s'accomplir avec l'exemple et transmettre l'amour de Dieu.

Défi: Dis à ta classe: As-tu déjà ressenti l'appel de Dieu pour un service? Comment as-tu répondu? Rappel-toi toujours que Dieu est intéressé à toi pour te donner le meilleur mais que tu veux être servi. Tu ne dois pas avoir peur le jour de demain. Jérémie 29:11 est une merveilleuse promesse appropriée pour ta vie! Au cours de la semaine, pense aux différentes manières dont tu pourrais commencer à servir le Seigneur.

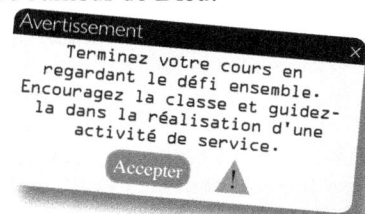

Avertissement

Terminez votre cours en regardant le défi ensemble. Encouragez la classe et guidez-la dans la réalisation d'une activité de service.

Accepter

Tu vas me payer pour elles!

Objectif: Que l'élève se souvienne que la vengeance est un acte qui ne nous correspond pas, mais seulement à Dieu.

Pour mémoriser: *A moi la vengeance, à moi la rétribution, dit le Seigneur.* Romains 12: 19c

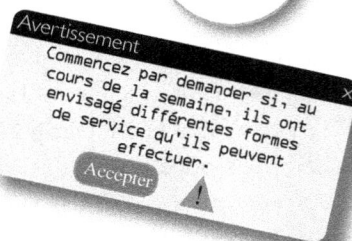

Avertissement
Commencez par demander si, au cours de la semaine, ils ont envisagé différentes formes de service qu'ils peuvent effectuer.
Accepter

Connecter | Télécharger

Dynamique d'introduction (12 a 17 ans).

- Matériaux: Préparez une liste d'actions négatives et attribuez-leur un score. Par exemple, tuer une personne 30 points, mensonge 15, rester avec la monnaie 17, désobéir aux parents 24 etc. Papier et crayon.
- Instructions: Donnez une feuille à chaque élève. Commencez l'activité en attribuant 100 points à chacun et expliquez qu'ils seront nécessaires pour aller au paradis. Ensuite, lisez la liste des actions avec votre score. Lorsque vous lisez les actions et le score, ils devraient marquer des points s'ils ont commis une de ces actions négatives tout au long de leur vie. Par exemple, si quelqu'un a été assassiné, il marquera 30 points, s'il a menti 15 points, s'il restait avec la monnaie 17 points, etc. Finalement, demandez-leur d'ajouter les points et de les soustraire aux 100 points initiaux. Si à la fin quelqu'un a encore 100 points pour entrer dans le "ciel", souhaitez-lui la bienvenue la plus cordiale.

  Cette activité aidera à comprendre que tout le monde, y compris nous, méritait d'être puni, mais que Dieu nous a pardonné parce qu'il nous aime et que, par repentance, son amour infini a couvert beaucoup de péchés.

Dynamique d'introduction (18 a 23 ans).

- Matériaux: Feuilles de cas: Cas 1. Mme Martinez a assassiné son mari une nuit quand il est arrivé ivre et il voulait battre et violer sa fillette de 7 ans. Elle a pris une casserole de la cuisine et l'a frappé à la tête plusieurs fois jusqu'à ce qu'il soit inconscient.

  Cas 2: Ángel est un garçon de 17 ans. Il est parti sans la permission de ses parents pour une fête avec des amis. À la fête, il a pris plusieurs boissons alcoolisées. Quand il est revenu, il a été distrait pendant une seconde et a heurté une autre voiture dans laquelle toute une famille allait (papa, maman, une fillette de cinq ans et un bébé d'un an). Dans l'accident, la mère de la famille est décédée.

- Instructions: Divisez la classe en 3 groupes et partagez les cas avec chaque groupe. Demandez-leur de décider lequel d'entre eux dictera la peine de mort et pourquoi. Prévoyez du temps pour la discussion entre les groupes. Enfin, ils doivent décider pourquoi ils vont condamner et pourquoi ils vont sauver les gens des cas lus. Les jeunes comprendront que juger les autres n'est pas si facile. Il y a des implications morales pour chaque décision prise et qui doit être responsable pour elles.

Connecter | Télécharger

"**C**elui qui le fait, doit le payer" dit un vieil proverbe. Et certainement quand une personne est endommagée, cette famille ou elle cherche à se venger. Cependant, la vengeance ne renouvelle pas la perte et ne donne pas la paix à celui qui la cherche.

Dans cette leçon, nous nous souviendrons que l'acte de vengeance ne peut être exercé que par Dieu et nous devons chercher à pardonner au contrevenant, ou à nous-mêmes pour une mauvaise décision du passé.

Lisez Genèse 34. Il serait plus intéressant pour les étudiants de raconter la partie biblique comme une anecdote. S'il y a un bon narrateur dans votre congrégation, ou un enseignant d'école maternelle, demandez-lui de préparer l'histoire pour partager avec les jeunes.

1. Dina et son discrédit

Dans le cas de l'histoire d'aujourd'hui Dina, la fille de Jacob et Léa, a été déshonorée par Sichem. Le père de Siquem gouverne la région. La Bible ne nous donne pas les détails de l'incident, elle dit seulement que Dina est allée rendre visite aux femmes du lieu, que Siquem l'a vue et l'a forcée à coucher avec lui.

Il y a quelques points dans cette tragédie que nous devrions considérer: 1) Il était interdit aux Israélites de vivre avec les Cananéens. Les Hivites étaient d'anciens colons de Canaan. Donc, lors de la visite des femmes dans la région, Dina a commis un acte interdit. 2) Sichem a commis une violence contre Dina et cela n'est jamais justifiable. Différentes versions de la Bible clarifient que Sichem a forcé Dina, d'autres versions disent qu'il l'a violée. En tout cas, c'était un incident déplorable et un affront à la famille.

Les frères de Dina, les autres fils de Léa et Jacob, étaient furieux quand ils ont entendu ce qui s'est passé (Genèse 34: 7). Peut-être qu'ils étaient surpris parce que leur père savait déjà ce qui s'était passé et n'avait rien fait. L'offense à sa famille était très grande et sa réaction aussi. Quand une personne est confrontée à une situation similaire, comme le viol ou la mort d'un être cher par un conducteur ivre ou la mort d'un proche par un agresseur, la première réaction est la vengeance. Cette personne doit payer!

Au Moyen-Orient, lorsqu'une femme perd sa virginité, c'est une honte pour la maison de ses parents (Deutéronome 22:21). Dina, peut-être a été lapidé d'être commis à un jeune Israélite (Deutéronome 22:24). De cette taille était la honte et la punition que Dina et sa famille souffrirait. Ce n'était pas quelque chose qui pouvait être caché, toute la ville parlait d'eux.

2. La réaction face à l'infraction

La virginité des femmes est protégée par la grande majorité des cultures. Même aujourd'hui, dans certaines cultures musulmanes, une femme qui perd sa virginité sans être mariée peut être punie de lapidation (mort par lapidation) même si elle n'a pas consenti à l'action. Et si elle est mariée et qu'un autre homme la viole, son mari a le droit de la rejeter. Pour racheter sa faute, elle peut se marier avec le violeur (pour élargir cet exemple, on peut enquêter sur Internet sur le cas de Gulnaz, une Pakistanaise violée par son beau-frère et les sanctions dont elle a fait l'objet).

La loi israélienne indiquait que Sichem pouvait épouser Dina mais ne pouvait plus divorcer plus tard (Deutéronome 22:29). En dépit de l'avoir forcée, Sichem était tombé amoureux de Dina et la voulait en tant que femme. Son père intercéda pour lui en essayant de négocier un contrat de mariage avec Jacob et ses frères en colère. Il a promis de leur donner une compensation plus élevée que nécessaire si nécessaire (Genèse 34: 11-12).

Selon les coutumes de l'époque, le contrat de mariage établissait le prix que l'époux devait payer au père de la mariée ou à sa famille (Genèse 29:18, Exode 22:17, Deutéronome 22: 18-19). Ceci était connu comme la "récompense". Cependant, les frères de Dina pensaient plus à la vengeance qu'à la conclusion d'un accord. Ils ont prétexté que Sichem n'était pas circoncis et ne pouvait donc pas épouser leur sœur (Genèse 34:14). La circoncision était pour Israël le signe visible de l'alliance de Dieu avec eux (Genèse 17). Il a également été pratiqué par d'autres peuples du Moyen-Orient, bien que pour le malheur de Sichem, pas pour le leur.

Hamor et Sichem ont accepté d'être circoncis pour que Sichem puisse épouser Dina (vv.18- 19). Et non seulement ils seraient circoncis, mais tous les hommes de la ville! Cela représentait un grand risque pour la ville parce qu'elle la laissait sans protection pendant les jours de convalescence de la circoncision. C'était le but des frères de Dina puisqu'ils avaient mis leur cœur à venger l'affront de leur sœur. La "racine de l'amertume" qui nuit et empoisonne les gens s'est emparée d'eux (Hébreux 12:15).

Parlez avec vos élèves des questions suivantes: Quels sentiments avez-vous ressenti après avoir découvert un affront commis contre vous ou un être cher?

Quel genre de vengeance avez-vous cherché? Dans votre colère, vous êtes-vous laissé emporter par quelque chose que vous regretteriez plus tard?

3. La vengeance ou le pardon

Il est très difficile de se contrôler après une douleur aussi grande que le viol d'une sœur, le meurtre de quelqu'un, une diffamation, etc. Sachant que le coupable obtiendra son mérite qui est juste un soupçon de confort. La plupart des gens veulent que les coupables souffrent, qu'ils paient pour ce qu'ils ont fait. Et cette réaction s'applique aux chrétiens et aux non-chrétiens. Nous voulons tous "la justice"! Et il est entendu par "justice" de donner à chacun son mérite. Donc, s'il y a un coupable, il doit payer (c'est aussi ce que proclament les films et les romans actuels). Pour certains, punir les coupables est le seul moyen de ressentir un peu de tranquillité. Et quand nous ne pouvons pas exercer nous-même la vengeance, nous demandons a Dieu que le feu descende du ciel et dévore les méchants (Luc 9:54). Nous voulons que Dieu devienne notre agent vengeur et termine avec cet être qui a brisé nos illusions, mais d'autre part, nous voulons que Dieu nous montre toujours son pardon. Comment ça? "Tuez-le, mais sauvez-moi et pardonnez-moi?" La justice de Dieu ne fonctionne pas ainsi.

Dieu nous demande de renoncer à notre désir de vengeance, parce que 1) c'est une racine d'amertume qui finira par nous détruire (Hébreux 12:15); 2) La vengeance ne correspond qu'à Dieu (Romains 12:19); 3) Dieu veut restaurer même ceux que nous considérons comme indignes de tout pardon (Jean 3:16 et Jean 4). En pardonnant la façon dont nous recevions du pardon, nous sommes libérés de l'amertume et sommes libres d'aimer (Romains 12: 17-18, 20-21).

Nous devons comprendre que renoncer à la vengeance ne libère pas le coupable de la culpabilité. Le coupable n'a pas encore fait face à la justice, humaine et divine. Mais si l'agresseur se repent, il est aussi digne de pitié que tout autre (Jean 3:17, 2 Pierre 3: 9).

Révisez/Application: Demandez-leur de définir les mots suivants. (Les définitions que nous incluons proviennent du dictionnaire de l'Académie royale espagnole et ne sont qu'un guide pour l'enseignant).
- Grief: L'infraction qui est faite à quelqu'un en son honneur ou sa renommée avec un dire ou un fait.
- La vengeance: la satisfaction qui est tirée du grief ou des dommages reçus.
- Pardon: Remise de la pénalité méritée, de l'infraction reçue ou de toute dette ou obligation en souffrance.
- Miséricorde: La vertu qui incline l'esprit à être compatissant des œuvres et des misères des autres.
- L'amour: être humain intense qui, de sa propre insuffisance, les besoins et cherche la rencontre et l'union avec un autre être.

Défi: Dis à ta classe: Y a-t-il quelque chose que tu ne peux pas pardonner à quelqu'un? Est-ce que tu te sens blessé ou irrité par quelqu'un? Au cours de la semaine, pense à trois personnes qui, selon toi, t'ont fait du tort. Cela peut être une bonne occasion de renoncer à la vengeance et d'exercer son pardon. Demande des conseils et aide le Saint-Esprit à renoncer à la vengeance et offrir le pardon à ceux qui t'ont offensé. Si nécessaire, parle avec moi ou notre pasteur pendant la semaine.

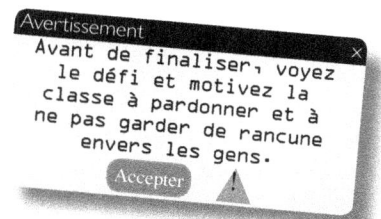

Avertissement
Avant de finaliser, voyez le défi et motivez la classe à pardonner et à ne pas garder de rancune envers les gens.
Accepter

Dieu se bat pour nous

Objectif: Que l'élève comprenne qu'il y a une sécurité en Dieu et qu'il peut l'approcher confidentiellement.

Pour mémoriser: *O Éternel! Tu es mon Dieu; Je t'exalterai, je célébrerai ton nom, Car tu as fait des choses merveilleuses; Tes desseins conçus à l'avance se sont fidèlement accomplis.* Esaïe 25: 1

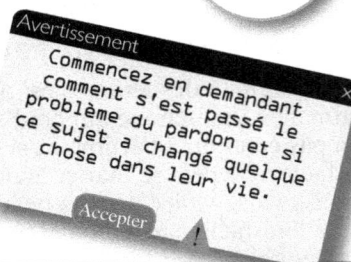

Avertissement

Commencez en demandant comment s'est passé le problème du pardon et si ce sujet a changé quelque chose dans leur vie.

Accepter

Connecter | Télécharger

Dynamique d'introduction (12 a 17 ans).

- Matériaux: Bandages pour les yeux. Certains objets qui servent d'obstacles.
- Instructions: Formez deux groupes. Préparez un parcours du combattant avec les objets que vous avez. Un volontaire de chaque groupe doit traverser le chemin les yeux bandés, guidé par un de ses amis. Le groupe adverse essaiera de le distraire ou de le confondre avec des commentaires erronés. À la fin, demandez à ceux qui ont été guidés comment ils se sont sentis. Enfin, expliquez que pour être guidé par quelqu'un, nous devons avoir confiance en cette personne et nous laisser conduire.

Dynamique d'introduction (18 a 23 ans).

- Matériaux: Bandages pour les yeux. Objets qui servent d'obstacles
- Instructions: Formez deux groupes. Vendez les yeux à un volontaire de chaque groupe. Après les tours, leurs compagnons de groupe leurs guideront à travers le chemin des obstacles indiquant un seul ordre. Par exemple, deux pas en avant ou un pas vers la gauche, etc.

  À la fin, demandez à ceux qui ont été guidés comment ils se sont sentis. Parlez de ce que la confiance signifie en quelqu'un qui nous guide quand nous ne pouvons pas voir.

Connecter | Télécharger

Le temps des rois de Juda était très varié. Certains rois ont agi selon la volonté de Dieu et nous pouvons trouver quelques versets qui disent "Il a fait ce qui est juste aux yeux du Seigneur" (2 Chroniques 14: 2; 17: 3; 24: 2; 25: 2; 26: 4; 27: 2; 29: 2; 34: 2). Mais nous trouvons aussi d'autres qui ont fait le contraire et la Bible dit "Il a fait le mal aux yeux du Seigneur" (2 Chroniques 21: 6; 22: 3; 28: 2; 33: 2; 36: 5; 9; 12). Le roi Josaphat était un roi qui essayait de suivre l'exemple du roi David, cherchait à suivre Dieu et à garder ses commandements. Pendant son règne, il s'efforça de conduire le peuple à chercher Dieu, enleva les lieux de culte des idoles et promut l'enseignement de la Parole de Dieu sur tout le territoire.

Les nations voisines craignaient de faire la guerre contre lui. Les Philistins et les Arabes lui apportèrent des présents pour mériter son amitié (2 Chroniques 17: 1-11).

1. Josaphat chercha Dieu dans sa faiblesse

En dépit de toutes les bonnes choses que Josaphat a faites pendant son règne, il a fait une erreur: il a fait des amis avec Achab, roi d'Israël (2 Chroniques 18: 1). Le roi Achab était un roi qui n'aimait ni ne craignait Dieu (1 Rois 16:30).

À une occasion, le roi Achab invita Josaphat à partir en guerre contre Ramoth de Galaad (2 Chroniques 18: 3). Josaphat lui demanda d'abord de consulter Dieu par l'intermédiaire de l'un de ses prophètes (2 Chroniques 18: 4).

Le roi Achab a rassemblé quatre cents prophètes qui ont dit ce qu'il voulait entendre et non la révélation de Dieu (v. 5). Josaphat réalisa et leur demanda de chercher un vrai prophète de Dieu (vv.5-22). Le prophète Michée a dit que cette guerre apporterait la destruction à Israël.

Bien que le prophète Michée ait prophétisé la mort d'Achab, Josaphat a décidé de l'accompagner (v.28). Cela n'a pas plu Dieu, mais il a eu pitié de Josaphat parce qu'il avait été fidèle (2 Chroniques 19: 1-4).

Après un certain temps, les nations de Moab et d'Ammon firent la guerre à Juda. L'armée de ces nations était nombreuse (2 Chroniques 20: 1-2). Josaphat était très effrayé et a décidé de chercher Dieu. Il est intéressant que la "recherche" de Dieu en faveur de Josaphat ne fut pas seulement quand la situation était contre, mais c'était une recherche constante (2 Chroniques 17: 1-4). Et même s'il avait fait quelque chose qui déplaisait à Dieu, Josaphat continuait à faire confiance à sa miséricorde.

À cette occasion, Josaphat s'est humilié et a demandé au peuple de jeûner pour la protection de Dieu (2 Chroniques 20: 3-4). L'action que le roi Josaphat a prise en prosternant son visage sur la terre signifiait qu'il était désespéré et effrayé. Bien que le roi craignît le pire, il se fiait à Jéhovah, comme il l'avait gardé tout au long de son voyage en tant que roi, cette fois il le soutiendrait. La foi en Dieu n'a pas de limites et ne pas avoir de limites indique qu'on peut croire que quelque chose de surnaturel peut arriver.

Beaucoup de gens se sont rassemblés avec Josaphat "et aussi de toutes les villes de Juda ils sont venus demander l'aide de Jéhovah" (2 Chroniques 20: 4).

Josaphat a rappelé au peuple le pouvoir de Dieu et comment, de génération en génération, Dieu les avait approuvés. Au cours de sa prière, il a reconnu la grandeur et la souveraineté de Dieu sur tous les peuples de la terre et la fourniture de la terre qu'ils possédaient maintenant. Il a également mentionné la fidélité de Dieu en leur nom. Il se souvint de la promesse de Dieu de les entendre et de les sauver quand ils criaient vers Lui depuis son temple. Finalement, Josaphat demanda l'aide de Dieu contre les nations d'Ammon et de Moab. Il a reconnu son impuissance face à une grande foule ennemie (2 Chroniques 20: 6-12). En dépit de son désespoir, Josaphat n'a pas initié la prière avec la demande de protection. D'abord, il adora Dieu et s'est reposé dans sa fidélité.

2. Le Seigneur a donné la victoire

Ce qui s'est passé le jour de la bataille était un autre exemple du grand amour de Dieu pour son peuple.

Pendant que Josaphat et le peuple priaient, l'Esprit de Dieu leur parlait par Jahaziel. Il leur a dit qu'ils ne devraient pas avoir peur ou être effrayés devant cette grande multitude de l'armée ennemie, parce que Dieu se battait pour eux. "Vous n'aurez point à combattre en cette affaire: présentez-vous, tenez-vous là, et vous verrez la délivrance que l'Éternel vous accordera. Juda et Jérusalem, ne craignez point et ne vous effrayez point, demain, sortez à leur rencontre, et l'Éternel sera avec vous! "(2 Chroniques 20:17).

Quelle belle promesse! Dieu lui-même peut prendre soin de n'importe quelle situation. Peu importe la taille du problème. Pour Dieu, rien n'est impossible. La tâche de leurs enfants est de faire confiance et d'espérer en Lui, si Dieu l'a promis, Il l'accomplira.

En entendant la promesse, Josaphat, avec le peuple, a adoré et loué Dieu. Ils croyaient à la promesse de Dieu, même si elle n'avait pas encore été accomplie. Ils ont entièrement confirmé que Dieu ferait ce qu'il a dit à travers son prophète et a loué Dieu (2 Chroniques 20:19).

Le jour suivant, Josaphat a encouragé les gens à croire et à rester dans la promesse de Dieu et leur a demandé de continuer à chanter et à louer le nom de Dieu. Josaphat commanda: "Glorifie Jéhovah, car sa miséricorde dure à toujours" (2 Chroniques 20:21). Pendant qu'ils louaient Dieu, le miracle s'est produit. Dieu fit que les armées de Moab et d'Ammon, qui étaient allées se battre contre Juda, commencèrent à se battre entre eux jusqu'à ce qu'ils soient complètement détruits (2 Chroniques 20: 22-24). Josaphat et le peuple recueillirent pendant trois jours le butin de guerre. Dieu leur a donné la victoire sans qu'ils fassent quoi que ce soit. Dieu a accompli sa promesse une fois de plus (2 Chroniques 20:25).

3. La joie dans la puissance de Dieu

Imaginez quelle a été la surprise de Josaphat de voir comment Dieu s'est battu pour eux et a laissé leurs ennemis morts. Seulement la puissance de Dieu peut le faire!

Comment ne pas ressentir de la joie si Dieu donne des réponses aux prières. À différentes occasions, Dieu a donné la victoire à des problèmes qui semblaient impossibles à résoudre. Il est important de reconnaître qu'avec l'aide de Dieu la victoire peut être obtenue.

Josaphat et l'armée revinrent avec joie à Jérusalem. Ils sont allés à la maison de Dieu pour l'adorer (2 Chroniques 20: 27-28). L'attitude de gratitude envers Dieu fait partie de l'adoration à Lui: il est souvent facile d'oublier les faveurs que Dieu nous a données. Après avoir résolu le problème, la personne oublie que c'est Dieu qui a donné la victoire. Le roi Josaphat a conduit le peuple à être reconnaissant envers Dieu. Pendant sa prière avant la bataille, il se souvint de la fidélité de Dieu avec le peuple depuis l'époque d'Abraham. Après la bataille, il a conduit les gens à le remercier pour le miracle accordé.

Au cours du développement de la vie, il y a des moments qui apportent le bonheur et d'autres moments qui semblent vides et sans espoir. Ces situations aident la personne à mûrir (Romains 8:28). C'est une raison puissante pour toujours être joyeux. Malgré les circonstances, il faut croire en Dieu, tout comme le roi Josaphat l'a fait (2 Chroniques 20:18). Il s'est prosterné, adoré, a fait confiance à Dieu et a obtenu ce qu'il attendait, le soutien de Dieu dans sa nation, sa vie et sa famille. Cela a apporté au peuple entier une grande joie et une grande bénédiction qui a duré plusieurs années. En outre, le témoignage a franchi les frontières, parce que les royaumes voisins craignaient Dieu (2 Chroniques 20:29). Nous devons apprendre à dépendre de Dieu et Il sera toujours à nos côtés, étant notre forteresse et notre ville fortifiée.

L'histoire de Josaphat enseigne qu'on peut avoir confiance en Dieu quand les problèmes surgissent. Dieu connaît chaque situation ou affliction et veut que ses enfants aient confiance en Lui, si nous mettons tout entre Ses mains, Il nous donnera la victoire. Mais pour recevoir cette victoire, nous devons croire en Lui et en ceux qui nous guident dans les enseignements. Le règne de Josaphat jouissait de la paix parce qu'ensemble ils comptaient sur la miséricorde de Dieu.

Révisez/Application: Guidez les étudiants avec les questions suivantes et parlez-en.

1. Quel est le danger de ne pas bien choisir ses amis? (Ils peuvent nous détourner de notre relation avec Dieu.)

2. Décrivez la prière de Josaphat devant la menace de Moab et d'Ammon. (Il a reconnu la grandeur de Dieu. Il a mentionné sa fidélité. Il se souvenait de ses promesses. Il a demandé une protection.)

3. Pourquoi Dieu s'est-il battu pour son peuple? (Pour montrer sa puissance et sa fidélité devant eux et devant les nations voisines.)

4. Pourquoi est-il important d'avoir une attitude de gratitude envers Dieu en tout temps? (Parce que cela aide à grandir dans la foi. Se souvenir de la bonté de Dieu renforce la foi.)

Défi: Dis à ta classe: Dans la leçon d'aujourd'hui, nous nous sommes souvenus de la bonté et de la miséricorde de Dieu envers ses enfants. Alors que Josaphat n'a pas été sage de faire une alliance avec Achab, Dieu lui a pardonné et les a délivrés de leurs ennemis quand il est arrivé dans le culte, la repentance et la foi. Durant la semaine, médite sur ton attitude de ces derniers temps et si tu as agi sans le Seigneur. Demande-lui son pardon et continue. Rappel-toi que Dieu t'aime et que sa grâce est infinie.

Libéré pour être une bénédiction

Leçon 46

Natalia Pesado • EUA

Objectif: Que l'élève comprenne les avantages de reconnaître l'œuvre de Dieu dans sa vie et comment il peut servir bénissant les autres.

Pour mémoriser: *Joas fit ce qui est droit aux yeux de l'Éternel tout le temps qu'il suivit les directions du sacrificateur Jehojada.* 2 Rois 12: 2

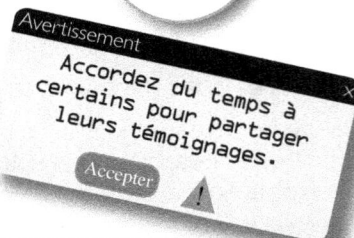

Avertissement
Accordez du temps à certains pour partager leurs témoignages.
Accepter

Connecter | Télécharger

Dynamique d'introduction (12 a 17 ans).
• Matériaux: Papier pour chaque élève et crayon.
• Instructions: Demandez-leur de dresser une liste des bénédictions reçues tout au long de leur vie (le salut, la vie et la santé, les personnes de soutien, les capacités ou les dons spéciaux, les privilèges que les autres n'ont pas, etc.). Ensemble avec toute la classe, réfléchissez aux buts possibles de Dieu en vous donnant de telles bénédictions.

Dynamique d'introduction (18 a 23 ans).
• Matériaux: Tableau et craie ou marqueurs de tableau.
• Instructions: Diviser la classe en plusieurs groupes et demandez-leur d'écrire une liste des différentes expériences et / ou des privilèges que les gens obtiennent à mesure qu'ils grandissent (aller à l'école: 5 ans, conduire: 18 ans, etc.). Demandez-leur ensuite de comparer ces niveaux de maturité requis pour chaque activité et de réfléchir sur le fait que Joas a commencé à régner à l'âge de sept ans, lorsqu'il était enfant.

Connecter | Télécharger

La vie et le règne de Joas ne sont pas bien connus. Cependant, sa vie s'est distinguée dans l'histoire par rapport à la vie et aux décisions prises par les autres rois d'Israël et de Juda. La Bible nous enseigne que, bien que jeune, Joas avait la sagesse de connaître et de suivre la volonté de Dieu. En étant obéissant, il a pris les bonnes décisions et a reçu la bénédiction de Dieu. Ceux-ci ont également été étendus aux personnes qui étaient autour de lui. Dieu a guidé la vie de Joas puisqu'il était très petit et Joas lui a répondu avec un service fidèle.

1. Le sauvetage de Joas

Pour des raisons de la politique et de cupidité, le roi d'Israël Jéhu a assassiné le roi Achazia de Juda (2 Rois 9: 27-28). Avant cette mort, la mère du roi Achazia, appelée Athalie, a décidé de s'emparer du trône du royaume de Juda (2 Rois 11: 1). En tant que femme, elle n'avait aucun droit légal d'être reconnue comme une reine. Pour atteindre son but, Athalie a donné l'ordre de tuer tous les héritiers possibles du trône, les descendants de la famille royale, y compris les enfants du roi Achazia (ses propres petits-enfants). La cupidité et l'ambition du pouvoir ont entravé son amour familial naturel.

Dans 2 Rois 11: 1-21 il raconte que Joas était l'un des petits-enfants, mais à cause de la sagesse et du courage de sa tante Josaba, il fut sauvé (v.2). Dieu était très attentif à la vie de Joas et utilisa son pouvoir infini et sa sagesse pour préparer le peuple et le plan qui serait nécessaire pour préserver sa vie et le protéger du mal.

Il est à admirer le courage avec lequel Josaba a agi, puisque pour être trouvé avec l'enfant et défier la nouvelle reine Athalie, elle aurait pu subir la peine de mort. Dieu est merveilleux et même quand Joas n'était qu'un enfant, sans utiliser la raison ou la conscience de Dieu ou de sa loi, Dieu a répandu une grande bénédiction et une grande protection sur sa vie. Le prophète Esaïe fournit un résumé de cette merveilleuse façon d'agir de Dieu dans Ésaïe 55: 8-9.

Il faut reconnaître que toute vie humaine fait partie du plan sublime de Dieu et a un but spirituel et éternel. Cette vérité s'applique même aux moments difficiles de notre vie.

2. Une nouvelle maison pour Joas

2 Rois 11: 2 dit que Josaba prit Joas pour aller vivre dans le temple avec le sacrificateur Jehojada. Josaba était probablement l'épouse de Joiada et c'est pourquoi ils vivaient dans le temple. Le chapitre ne détaille pas l'atmosphère familiale dans laquelle Joas a grandi; Cependant, en raison de sa façon d'agir pendant son adolescence et sa jeunesse adulte, on peut supposer que Josaba et Joiada fournissaient un foyer sain à Joas et un enseignement religieux fort.

2 Rois 11: 4-16 raconte comment le sacrificateur Jehojada, homme d'autorité et d'influence, conduisit les calanques et les soldats de l'armée. Sûrement ils se sentaient joyeux et pleins d'espoir quand ils virent la fin d'Athalie approcher. Les gens étaient fatigués d'elle parce qu'elle avait réalisé à quel point elle était assoiffée de sang. Le prêtre a confié les capitaines et les chefs de la garde d'Israël (verset 4) et leur a donné des instructions claires et prescientes concernant

la sécurité de Joas (v.8). C'était très important parce que si Atalia réalisait qu'un héritier de la couronne était vivant, elle trouverait un moyen de l'éxterminer

Dans 2 Rois 11: 10-21, nous lisons à propos de la cérémonie du couronnement du roi Joas, cette occasion était très importante pour les gens parce qu'ils auraient une lignée du roi de David.

Athalie n'avait pas été invitée au couronnement du nouveau roi. Quand elle a entendu le bruit, elle est allée au temple (v.13). Le prêtre Jehoiada a ordonné qu'ils l'emmenent hors du temple et sûrement quand elle est partie elle a essayé de s'échapper et c'était l'occasion pour elle d'être tuée (v.15). Bien que la décision ait été radicale, il faut comprendre que le choix d'assassiner la reine Athalie était dû au but d'empêcher tout autre soulèvement contre le roi. Cela a apporté un répit à la ville. Le roi aurait sûrement besoin d'aide puisqu'il était très jeune et meilleur que Jehojada (v.17). Ce passage montre une fois de plus la main souveraine de Dieu sur la vie de Joas, en fournissant une famille qui le protégeait et le guidait de façon idéale. Bien que Joas soit devenu orphelin à un âge précoce, nous voyons que Dieu a fourni aux gens des soins pour lui et pourvoyait à chacun de ses besoins essentiels, y compris l'amour, l'éducation, l'orientation spirituelle, protection, abri et nourriture.

3. Joas comme roi

Dans 2 Rois 12 il détaille l'histoire du règne de Joas, qui a duré quarante ans. Le règne de Joas était exemplaire, surtout comparé au règne des autres rois de l'époque, qui apportait au peuple beaucoup de conflits, de ténèbres spirituelles et de tristesse.

Le culte de Baal a régné en ce temps et est venu à Juda, les gens sont allés au temple mais ont également adoré Baal. Aujourd'hui nous voyons cela aussi, beaucoup vont à l'église le dimanche et se comportent religieusement mais dans la semaine ils vivent leur chemin sans suivre les ordonnances de la Parole et se demandent pourquoi ils ne grandissent pas dans leur vie spirituelle, bien la réponse est dans les mêmes personnes qui ne vivent pas selon les commandements de Dieu.

Dans 2 Rois 11: 18-21 nous voyons le début d'un grand réveil pour le peuple de Juda, qui a décidé de mettre fin à tout ce qui les éloignait du vrai Dieu. Cela peut aussi être le début d'un réveil dans nos vies, quand nous décidons de laisser tout ce qui ne nous permet pas de servir le Seigneur et de vivre une vie sainte.

Dans 2 Rois 12 nous voyons que Joas a régné 40 ans et a fait du bien aux yeux de Jéhovah (vv.1-2), restauré le culte divin et réparé le temple. Joas a vraiment aimé Dieu et l'a mis en premier dans sa vie. En signe que Dieu était sa priorité, Joas décréta que l'argent qui entrerait par les offrandes serait administré par les prêtres afin que les fissures dans le temple puissent être réparées. Le temple était le symbole de la présence de Dieu parmi son peuple, et investir de l'argent lui en était un merveilleux exemple d'honneur et de dévotion à Dieu.

Certes, les prêtres avaient des besoins et prenaient de l'argent pour leurs familles pour le temple (v.7) et étaient lents à commencer le travail de réparation (v.6), alors Joas les a encouragés à prendre ce travail au sérieux et une fois plus il leur a donné l'ordre de commencer la réparation (v.7).

Il est facile d'imaginer que, pendant ce temps, la ville était calme. Quand un dirigeant a les bonnes priorités, les gens peuvent jouir de la paix. Joas a utilisé les bénédictions qu'il a reçues pour bénir les autres. Bien qu'il soit devenu orphelin, Dieu donna à Joas le privilège d'être à la tête d'une grande famille, qui était son peuple et prit cette responsabilité avec sérieux et diligence. Nous ne pouvons pas nier que lorsque Dieu intervient dans une vie (même si le début peut être difficile) avec sa direction, tout fonctionne pour le bien (Psaume 91: 14-16).

Dans ce chapitre, nous voyons aussi que la Syrie a pris Gath (v.17) et Joas a payé Hazaël, roi de Syrie, afin de s'éloigner de Jérusalem (v.18). Joas est mort par une conspiration de ses serviteurs et Amatsia son fils lui a succédé (v.29).

Guidez les étudiants à refléter dans leur propre vie. Dans les circonstances qu'ils ont dû vivre depuis leur enfance, difficultés dans leur corps et / ou développement, difficultés dans l'environnement familial, problèmes à l'école ou dans le quartier. Mais il est également très sain et juste de penser aux nombreuses bénédictions que Dieu a déversées dans leur vie.

Le jeune roi Joas a pris la décision de servir et d'être une bénédiction pour les autres, maintenant c'est notre tour. Demandez: Que déciderez-vous de faire avec votre vie? Décidez, aujourd'hui, d'être la différence partout où vous allez et dans n'importe quelle position vous vous trouvez.

Révisez/Application: Demandez-leur de remplir les cases suivantes en faisant une liste des bénédictions spécifiques et personnelles qu'ils ont reçues de Dieu et comment ils les utilisent ou peuvent les utiliser pour bénir les autres.
• Les bénédictions reçues (Possibilité de jouer un instrument de musique. Affection et patience avec les enfants.)
• Les bénédictions données (Servir dans le groupe cœur d'adoration de l'église ou enseigner aux autres. Prendre soin des enfants au moment du culte.)

Défi: Dis à ta classe: Quelle perspective as-tu sur ta vie? Le défi de la leçon d'aujourd'hui est de nous efforcer à laisser le contrôle de ta vie à Dieu et développer des «yeux spirituels» qui te permettent de voir les grandes bénédictions que Dieu t'a accordées et comment tu peux les utiliser pour bénir les autres. Mission possible! Pendant cette semaine, prépare une liste des aspects que tu dois consacrer à Dieu et une liste de la manière dont tu vas les utiliser pour bénir les autres.

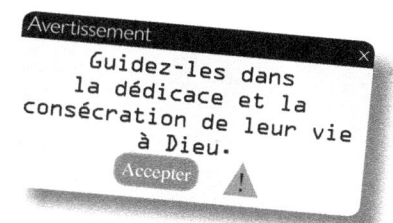

Avertissement ×
Guidez-les dans la dédicace et la consécration de leur vie à Dieu.
Accepter ⚠

Un homme de Dieu

Objectif: Que les élèves imitent des qualités présentes dans la vie de Gayo.

Pour mémoriser: *Je n'ai pas de plus grande joie que d'apprendre que mes enfants marchent dans la vérité.* 3 Jean 4

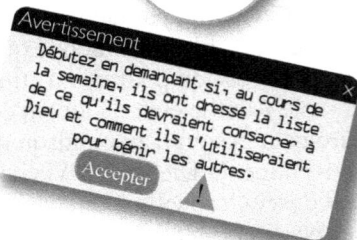

Avertissement

Débutez en demandant si, au cours de la semaine, ils ont dressé la liste de ce qu'ils devraient consacrer à Dieu et comment ils l'utiliseraient pour bénir les autres.

Accepter

Connecter | Télécharger

Dynamique d'introduction (12 a 17 ans).
- Matériaux: Ballons remplis d'air. Mettez à l'intérieur de chaque ballon un papier avec le nom de Gayo et d'autres personnages bibliques.
- Instructions: Formez deux équipes et demandez la présence d'un volontaire pour chacun. Il doit s'asseoir sur le ballon jusqu'à ce qu'il l'éclate. Le premier qui l'éclate ainsi que les autres membres du groupe devraient dire quelques qualités des personages qui se trouvent dans le ballon.

Dynamique d'introduction (18 a 23 ans).
- Matériaux: Petite boîte, figure humaine ou d'un cercle qui lui représente et de morceaux de carton dont les qualités mentionnées (bienveillance, confrères, fidèle, affectueux, etc.).
- Instructions: Écrivez sur des morceaux de qualités en carton. Placez-les dans une boîte. Demandez à chaque élève de choisir un morceau de carton, qu'il lise la qualité et donner quelques exemples de cette qualité, puis le coller sur la figure humaine ou le cercle qui est placé sur la carte. Après avoir terminé le collage de toutes les qualités, demandez dans quels personnages bibliques se trouvent ces qualités.

Connecter | Télécharger

1. La pratique de la vérité

Commencez à lire 3 Jean 1-4 puis demandez: Qu'est-ce que cela signifie marcher dans la vérité? Jean défini marcher dans la vérité dans sa première lettre. Marcher dans la vérité est:
1. Avoir la communion avec le Seigneur vivant à la lumière, se détourner du péché (1 Jean 1: 6).
2. Reconnaître que nous avons péché et nous avons besoin de son pardon (1 Jean 1: 8-9).
3. Garder et vivre dans ses commandements (1 Jean 2: 4).
4. L'amour avec actions pratiques, vraiment et sans contrainte (1 Jean 3: 18-19).

Pratiquer la vérité est synonyme d'intégrité. L'intégrité est liée à être compatible avec la conviction qu'on a et se dirige à travers elle. Gayo était un exemple. Il était un croyant, avait reçu et connu l'Evangile de Jésus-Christ, en dépit des épreuves ou la persécution, il est resté comme il l'avait pensé sans fluctuer. Le comportement fidèle de cet homme avait arrivé aux oreilles de Jean, et c'est la raison pour laquelle il lui félicita dans la lettre (3 Jean 3).

Marcher dans la vérité et le manifester à chaque instant était un style de vie assumé par Gayo, même dans les moments où être chrétien pourrait apporter des problèmes graves.

Les gens avec lesquels nous interagissons doivent savoir que nous appartenons au Christ et à le suivre et tout ce que nous faisons est de lui plaire. Même les chrétiens qui sont autour de nous doivent reconnaître, de cette manière, nous manifestons que nous marchons dans la vérité et la vérité pratique.

2. La fidélité et l'obéissance

La fidélité de Gayo envers Dieu était étroitement liée à son obéissance. Il a enseigné que le temps ou les circonstances dans lesquelles ils vivaient n'étaient pas des obstacles à être fidèle et obéissant à Dieu.

Obéir au Créateur de ce monde n'est pas un objectif impossible à atteindre, mais il représente un combat quotidien contre soi-même et contre le diable. Pour être fidèle et obéissant il est important:
- Se nourrir de la Parole de Dieu tous les jours. Pas deux minutes pour dire qu'on a accompli, nous devons en délecter! (Psaume 1: 2).
- Vivre chaque jour en relation directe avec le Saint-Esprit, rien ne sera réalisé sans lui (Jude 20; Romains 8:14).
- Ne pas céder à la tentation. On doit rester ferme et dire non à nous éloigner de Dieu (Jacques 4: 7).
- Ne pas faire ce qui va en contre de ce que l'on croit et appris dans la Parole de Dieu, malgré cela ne correspond pas au groupe d'amis (Genèse 39: 9).

- Assister à toutes les activités et services religieux dans le but de relier plus à Dieu et à partager la communion avec les frères (Hébreux 10:25, Jean 13:35).

Pour reprendre les mots de Jean à Gaïus, il y a une relation entre la fidélité et l'obéissance qui conduit à la vie quotidienne (3 Jean 5-6). La fidélité comprend le désir de faire la bonne chose. Dans l'obéissance il y a un désir ou l'intention de faire ce que nous sommes commandés. Ainsi, lorsque la personne est fidèle, elles veulent obéir. L'obéissance doit faire partie de la fidélité de Dieu.

3. Pratique d'amour et du service aux autres

L'hospitalité fait partie de la vie de service et de l'amour qu'un disciple du Christ doit montrer (Hébreux 13: 2; Romains 12:13). Les occasions de service se produisent constamment dans nos vies. Nous ne devrions pas laisser cela à d'autres, ni refuser de faire ce qui a également distingué notre Maître, qui "n'est pas venu pour être servi mais pour servir" (Matthieu 20:28).

Il est bon de souligner à Gaïus que son hospitalité, son service et son amour étaient toujours avec ces frères qu'il ne connaissait pas personnellement, 3 Jean 5-8, la NVI donne une traduction alternative au verset 5 qui dit "même s'ils vous sont étrangers".

Paul a exprimé: " Ne nous lassons pas de faire le bien; car nous moissonnerons au temps convenable, si nous ne nous relâchons pas. Ainsi donc, pendant que nous en avons l'occasion, pratiquons le bien envers tous, et surtout envers les frères en la foi" (Galates 6: 9-10).

Nous devons consacrer une partie de notre temps pour aider et servir les autres.

Il y a plusieurs façons de servir, tout simplement, il faut l'existence de l'intention et le désir de le faire.

Il y a un dicton populaire qui dit "ceux qui veulent faire quelque chose trouve des moyens, mais ceux qui ne veulent pas, trouvent que des justifications". Cette qualité de Gaïus est un exemple pour les croyants d'aujourd'hui.

Gaius avait la tâche d'accueillir et de servir les missionnaires qui ont accompli la tâche de propager l'Evangile (3 Jean 8). Ils ont quitté le confort de leur foyer pour faire en sorte que l'Évangile atteigne des endroits différents.

Gaius n'était pas appelé à être missionnaire, prédicateur de la chaire ou évangéliste, mais sa contribution à Dieu était de servir et d'accueillir ceux qui avaient cet appel. Nous devons faire cela pour ceux Dieu veut utiliser, pour accomplir son dessein dans notre vie qui est une partie importante du plan universel du salut réalisé par la trinité divine.

Faisant référence à cela, Barclay dit ce qui suit: "La vie peut vous avoir mis dans une situation où vous devez continuer le travail séculier, continuer au même endroit et avec les obligations routinières de la vie; mais où il ne peut pas aller, son argent et ses prières et son aide pratique peuvent arriver. Tout le monde ne peut pas être, pour ainsi dire, au premier rang; mais en gardant ceux qui sont là, on peut devenir un allié de la vérité. Quand nous nous souvenons de cela, tout donner pour le plus grand travail de Christ et de son église devrait être considéré non pas comme une obligation mais comme un privilège, non comme un devoir mais comme un plaisir" (Commentaire sur le Nouveau Testament, Barclay, William, Volume XV, Clie, Barcelone: 1995, p.71).

Ce que la vie de Gaïus nous montre est que nous devons faire tout ce qui est en notre pouvoir pour que le royaume de Dieu se répande dans le monde même si nous ne sommes pas ceux qui le portent directement (3 Jean 6-8; 2 Corinthiens 12:15). Demandez: Que faisons-nous pour le royaume?

Que pouvons-nous faire pour répandre l'évangile dans notre ville, notre état, notre pays ou dans le monde?

Pour servir Christ et travailler pour Lui, peu importe la condition dans laquelle on vit, les imperfections physiques ou la faible économie dans sa poche. Dieu nous a appelés à travailler sur le travail le plus merveilleux de l'histoire humaine qui soit la prédication de l'Évangile, la conversion des pécheurs et la sanctification des croyants.

Dieu nous a donné d'excellentes qualités, mais connaître les qualités des personnes qui sont enregistrées dans sa Parole, représente un stimulus digne d'imitation. Gaïus était un exemple pour l'église chrétienne du premier siècle parce qu'il savait être fidèle à Dieu et hospitalier envers ses frères. Mais que ferons-nous aujourd'hui pour Dieu et son église?

Révisez/Application: Guidez vos élèves avec les questions suivantes, puis demandez-leur de partager leurs réponses. (Ici, nous donnons les réponses à la leçon mais permettez-leur de les dire dans leurs propres mots).

1. Comment peux-tu être un jeune obéissant à Dieu?
   - Se nourrir de la Parole de Dieu quotidiennement.
   - Vivre chaque jour en relation directe avec l'Esprit Saint.
   - Ne cèdes pas aux tentations.
   - Ne pas faire ce qui va en contre de ce que l'on croit et appris dans la Parole de Dieu.
   - Assister à toutes les activités et les services de l'église avec l'intention de se rapporter davantage à Dieu.

2. Qu'as-tu appris sur la vie de Gaïus que tu ne connaissais pas et que peux-tu mettre en pratique?

Défi: Dis à ta classe: Au cours de la semaine, demande à tes parents, ton pasteur, moi ou le leader des jeunes, trois qualités qu'ils voient dans ta vie. Pense ensuite à trois actions que tu peux entreprendre pour montrer ces qualités au service des autres.

L'autorité du Christ

Jessica Nogales • Espagne

Leçon 48

Objectif: Motiver l'étudiant à avoir foi dans l'autorité et la puissance du Christ, et à démontrer cette foi avec ses œuvres.

Pour mémoriser: *En vérité, en vérité, je vous le dis, celui qui croit en moi fera aussi les oeuvres que je fais, et il en fera de plus grandes, parce que je m'en vais au Père.* Jean 14:12

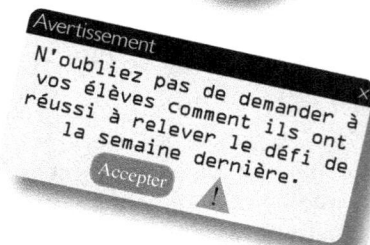

> **Avertissement**
>
> N'oubliez pas de demander à vos élèves comment ils ont réussi à relever le défi de la semaine dernière.
>
> Accepter

Connecter | Télécharger

Dynamique d'introduction (12 a 17 ans).

- Instructions: Divisez la classe en trois groupes et attribuez à chaque groupe un de ces personnages (Étienne, Actes 7:59, Actes de Pierre 3: 1-8 et Actes de Paul et Silas 16: 22-40). Chaque groupe interprétera la scène principale racontée dans les passages bibliques, en changeant les noms. Les autres groupes vont découvrir le personnage et l'histoire. Le groupe qui aura le moins de retard dans la découverte sera le gagnant.

  Etienne est mort pour sa foi (Actes 7:59), Pierre a guéri un homme boiteux par la foi (Actes 3: 1-8) et Paul et Silas ont risqué leur vie et ont été mis en prison à cause de leur foi en Dieu (Actes 3: 1-8). 16: 22-40). Laissez-les voir que la foi était et devrait être le motif des chrétiens.

Dynamique d'introduction (18 a 23 ans).

- Matériaux: Plusieurs morceaux de papier blanc, quatre morceaux de papier d'une autre couleur et une boîte.
- Instructions: Mettez les morceaux de papier blanc et trois de l'autre couleur dans la boîte. Passez la boîte pour chaque élève et demandez-lui d'observer attentivement. Lorsque la boîte est terminée, ajoutez subrepticement le quatrième papier de couleur. Demandez-leur combien de papiers couleur ils ont vu dans la boîte. La plupart diront qu'il y en avait trois, alors vous signerez et leur montrerez qu'il y en a quatre. Le but est de les encourager à défendre leurs convictions même si d'autres disent le contraire.

Connecter | **Télécharger**

Jésus entrait dans la dernière étape de sa vie. Il était venu à Jérusalem et beaucoup de gens l'acclamaient, d'autres mettaient des branches le long du chemin qu'il avait croisé. Cependant, malgré tout ce que Jésus a vécu à cette époque, son cœur n'était pas entièrement heureux. Luc 19:41 dit que Jésus a pleuré pour la ville. Il savait tout ce qui allait se passer, il savait que les gens qui l'exaltaient à ce moment-là le répudieraient plus tard. Par conséquent, il ne voulait pas que ses disciples soient de la même classe que la foule qui le suivait. Il voulait s'assurer que ses disciples apprenaient à être de vrais disciples, fidèles et fermes dans ce qu'ils croyaient. Pour cette raison, il leur donnait toujours des leçons particulières, des choses que les autres ne pouvaient entendre et profitaient de toutes les ressources disponibles pour le faire. Une de ces occasions était avec le figuier stérile et l'autre avec le défi des pharisiens à son autorité, trouvé dans le livre de Matthieu 21: 18-27.

1. Le figuier stérile

Matthieu 21: 18-22 raconte l'époque où Jésus, après avoir séjourné dans la ville de Béthanie, se rendit à Jérusalem. Sur le chemin il avait faim et quand il a vu un figuier, il s'est approché, mais quand il a vu que ça n'avait pas de fruit, Il l'a maudite et instantanément il s'est asséché. Combien de fois quelque chose de semblable nous est-il arrivé? Sûrement nous avons toujours voulu trouver quelque chose ou quelqu'un et ne le trouvant pas nous nous mettons en colère et peut-être nous discutons même. Dans le cas de Jésus, c'était différent. Jésus n'a pas seulement agi par colère pour ne pas trouver ce qu'il voulait. Jésus a toujours fait les choses avec un but et jamais par hasard et il a tout utilisé pour enseigner quelque chose de nouveau. A cette occasion, Jésus a profité de ce fait pour enseigner deux choses importantes à ses disciples.

Premièrement, quand Jésus a vu que le figuier était stérile, c'est-à-dire qu'il ne portait pas de fruit, il l'a maudit et le figuier s'est desséché. C'est une représentation graphique de ce qui peut arriver à ceux qui le suivent maintenant mais ne portent pas de fruits. Dieu a doté ses disciples de dons et de talents pour les utiliser en son nom, pour l'extension de son Royaume et l'édification de son peuple (Matthieu 28:19, 1 Corinthiens 14:12, Éphésiens 4: 11-12). Ces fruits doivent être liés à Dieu dans la disposition absolue de le servir dans tout ce qui est nécessaire et avec son prochain parlant et démontrant l'amour du Christ.

Jésus reviendra et demandera des comptes de tout ce qui a été fait et non fait en son nom et pour lui''. Matthieu 3:10 enseigne que si Dieu ne trouve pas de fruit dans ses disciples, il les jettera dans le feu.

Deuxièmement, dans Matthieu 21: 21-22, Jésus a donné à ses disciples une leçon de foi et d'autorité. Jésus ne voulait pas que de simples auditeurs le suivent par émotion. Il voulait et désirait que ses disciples soient des gens de foi convaincus de qui est Dieu et qu'ils restent fermes malgré tout. Demandez: Qu'est-ce que la foi? Hébreux 11: 1 donne la réponse. Conviction signifie: "Idée religieuse, éthique ou politique à laquelle on est fortement attaché". Et l'espérance signifie: "Une connaissance claire et sûre de quelque chose; L'adhésion ferme de l'esprit à quelque chose de connaissable, sans crainte d'erreur "[http: // www.rae.es]. Autrement dit, avoir la foi, c'est avoir la sécurité de quelque chose ou de quelqu'un. La foi est démontrée à travers les œuvres (Jacques 2:17). La même foi conduit la personne à agir quand elle est convaincue de quelque chose. Rien ne peut changer cette conviction, nous vivons et agissons autour d'elle. Quand la personne est convaincue que Christ est le Sauveur et a autorité sur toutes choses, alors la puissance de Dieu agira à travers elle. La personne qui a la foi et se laisse guider par Dieu sera capable de faire des choses qu'il n'a jamais imaginées selon le plan de Dieu pour sa vie. Pierre n'a jamais imaginé que Dieu guérirait à travers lui comme son maître, Paul a même pris l'Évangile du Christ à plus d'endroits que Jésus lui-même; mais cela a déjà été dit auparavant par le grand Maître dans Jean 14:12 "En vérité, je vous le dis, celui qui croit en moi, les œuvres que je fais, il le fera aussi; et il fera plus, parce que je vais au Père".

On peut dire qu'à travers la figure du figuier stérile, Jésus a enseigné qu'il faut avoir foi en son pouvoir et en son autorité et qu'ayant cette foi, le service à Lui portera beaucoup de fruits.

2. L'autorité du Christ

Pour comprendre cette partie du livre de Matthieu, nous devons nous souvenir des événements antérieurs de Jésus en entrant dans la ville de Jérusalem. Dans Matthieu 21: 12-17, la Bible raconte que Jésus a purifié le temple. Jésus a trouvé que les gens qui vendaient, et n'agissaient pas correctement, il les appelait même des voleurs. Jésus a placé l'ordre dans le temple qui était la maison de son Père. Cet acte a rendu les prêtres et les anciens de la ville très mal à l'aise, alors quand Jésus est revenu au temple, ils l'ont approché et lui ont posé une question très spéciale: "Avec quelle autorité fais-tu ces choses? Qui vous a donné cette autorité?" Matthieu 21: 23b. Auparavant, Jésus a enseigné à ses disciples qu'ils devraient avoir foi en lui, en son pouvoir et en son autorité; Puis vinrent ces hommes, interrogeant l'autorité avec laquelle il faisait toutes ces choses.

La première chose qui se voit chez ces hommes est l'orgueil et l'arrogance. En passant, ils ont formulé la question à Jésus, ils ont laissé entendre qu'ils se sentaient supérieurs ou avec plus d'autorité que Jésus lui-même. Peut-être que ce sentiment est apparu parce qu'ils connaissaient les Écritures ou parce qu'ils étaient les leaders d'un mouvement religieux.

La deuxième chose est qu'ils ne savaient pas à qui ils s'adressaient, au milieu de tant de connaissances il y avait une grande ignorance concernant les promesses de Dieu.

C'est un avertissement pour le présent, le chrétien peut tomber dans la fierté en croyant qu'il connaît beaucoup de choses sur Dieu, mais il ne veut pas vraiment s'abandonner complètement à Lui. Ces hommes croyaient connaître Dieu, mais ils l'avaient avant eux et ils ne le reconnaissaient pas. Ce n'est pas la même chose de connaître Dieu que de le connaître: la première chose est une simple connaissance par quelqu'un; la seconde est de connaître Jésus personnellement.

Jésus a dit que tous ceux qui le connaissaient le Père (Jean 14: 9). Méfiez-vous de la vanité et de la fierté spirituelle, qui peut aveugler pour susciter la méfiance à l'égard de l'autorité de Dieu. Demandez: Combien connaissez-vous Dieu? Plus nous connaissons Dieu, plus nous lui faisons confiance.

Poursuivant l'histoire, Jésus a répondu à cette question par une autre question: "Le baptême de Jean, d'où vient-il? Du ciel ou des hommes?" (Matthieu 21:25). Cette autre question avait une intention. Jésus savait qu'il mettrait les prêtres et les anciens du temple en difficulté parce que Jean-Baptiste était connu comme un prophète de Dieu et beaucoup le suivirent (Matthieu 14: 5, Luc 3: 1-18). Évidemment, Jésus savait que Jean faisait tout au nom de Dieu et ne leur posait pas cette question par ignorance, mais pour leur faire comprendre qu'il faisait aussi des choses au nom de son Père. Les principaux prêtres et les anciens de la ville préféraient dire qu'ils ne savaient pas pour ne pas admettre que Jésus était le fils de Dieu. Une fois de plus, l'orgueil qui était dans leurs cœurs est apparu. Jésus ne leur a pas répondu car ils ne lui ont pas répondu, mais il est clair que la réponse était dans sa question (Matthieu 21: 26-27). Jésus a promis qu'il reviendra. Quand il revient, il veut trouver une foule de gens qui le félicitent du fond du cœur. Jésus a enseigné à ses disciples et à travers eux son église d'avoir foi en Lui et de vivre des manifestations en apportant cette foi. "Parce que nous sommes membres l'un de l'autre."

Encouragez la classe à examiner ses attitudes et à faire confiance à la grâce de Dieu. Guider la conversation avec ces questions: Est-ce que je déteste la moindre tromperie dans mon discours et mon comportement? Est-ce que dire la vérité est une vertu hautement souhaitable pour moi? Ai-je envie d'être comme Jésus-Christ, qui n'a jamais menti, pas une fois, pas même sous les plus grandes menaces contre son corps et son âme?

Révisez/Application: Demandez-leur de répondre aux questions suivantes.

1. Qu'est-ce que Jésus attend de nous quand il reviendra? (Il espère nous trouver travaillant pour Lui et lui présenter les fruits que nous avons obtenus.)

2. Selon Matthieu 3:10, que se passera-t-il si Jésus ne trouve pas de fruit en nous? (Il nous jettera dans le feu.)

3. Selon Hébreux 11: 1, quelle est la foi dans vos propres mots.

4. Comment puis-je démontrer l'autorité du Christ dans ma vie? (Être obéissant et remplir les commandements.)

5. D'après ce que nous étudions, qu'est-ce qui empêche certaines personnes de croire dans l'autorité du Christ? (L'orgueil et l'arrogance spirituelle.)

Défi: Dis à ta classe: le Christ te défie d'être un disciple qui a la foi véritable en son pouvoir et de l'autorité, un fidèle serviteur qui, sans doute soit ton Dieu et de travailler avec le désir d'apporter des fruits qui lui plaisent. Es-tu prêt à cela? Où préfères-tu être de la bande? Je t'encourage à engager devant Dieu à vivre désormais avec plus de foi montrant dans ta vie quotidienne, à l'école, à la maison, avec des amis. Essaie cette semaine et partage ce qui s'est passé.

Le bonheur dans la résurrection

Yeri Nieto • Mexique

Objectif: Que les jeunes affirment leur foi en Jésus-Christ au milieu des peurs et des doutes.

Pour mémoriser: *Heureux ceux qui n'ont pas vu et qui ont cru.* Jean 20: 29b

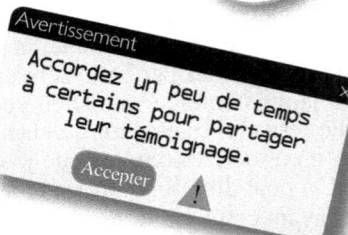

Avertissement
Accordez un peu de temps à certains pour partager leur témoignage.
Accepter

Connecter | Télécharger

Dynamique d'introduction (12 a 17 ans).
- Matériel: Deux boîtes et 12 cartes (dans six, écrivez les questions bibliques et dans les six autres quelques punitions).
- Instructions: Placez les cartes avec des questions dans une case et les punitions dans l'autre. Chaque étudiant doit choisir une carte et répondre à la question ou effectuer la punition. Ils peuvent seulement répondre à la question biblique ou, s'ils préfèrent réaliser une punition (remarquez que cela peut être une question difficile ou une punition facile, ou vice versa). Mais il n'y a qu'une seule des deux options.
- Il y aura toujours des doutes et des craintes dans le processus de la prise de décision; l'important est que nous agissions et ne soyons pas plongés dans ces peurs ou ces doutes.

Dynamique d'introduction (18 a 23 ans).
- Matériaux: Feuilles blanches et crayons.
- Instructions: Demandez-leur de représenter, à travers un dessin, quelque chose qui leur fait peur (araignées, chiens, chambre fermée, ténèbres, hauteurs, etc.). Si quelqu'un ne craint pas quelque chose de spécifique, il peut représenter la peur d'une situation (chômage, tromperie de la part du couple, décès d'un membre de la famille, etc.). Puis demandez-leur de le montrer à la classe afin qu'ils découvrent de quoi il s'agit. Si vous avez une anecdote au respect et avez le temps, vous pouvez demander de le partager. Beaucoup de peurs font que la personne doute de lui-même mais cela peut changer dans le Seigneur.

Connecter | Télécharger

Jean 20: 11-18 raconte ce qui est arrivé à Marie-Magdala, elle-même que Jésus ressuscité lui a appelé par son nom et lui a dit de dire à ses disciples qu'il allait rencontrer le Père.

Certaines des réactions des disciples à la nouvelle de Marie Magdala ont pu être: "Est-ce tout ce que Marie-Magdala dit vrai? - Peut-être qu'elle a eu une hallucination à cause de l'énorme tristesse qu'elle ressent.

Comment peut-on voir Jésus, si nous savons tous qu'il est mort? - Peut-être qu'elle a vu un ange?

1. Une parole pour les poltrons

Dans la nuit de ce même dimanche de la résurrection, les disciples se trouvaient dans des terribles doutes: les autorités romaines les accuseraient-ils d'avoir volé le corps de Jésus? Les dirigeants juifs commenceraient-ils à exercer des représailles contre ceux qui prononceraient même le nom de Jésus, ou les persécuteraient-ils alors qu'ils persécutaient leur chef jusqu'à ce qu'ils le crucifient? Quelles décisions prendraient-ils à partir de ce moment, alors que la personne qui les dirigeait depuis trois ans avait déjà disparu?

Et si ce que disait Marie-Magdala était vrai, que se passerait-il? Cette nuit-là, Jésus a fait irruption dans l'endroit où ils étaient rassemblés.

La Bible dit que les portes de la maison étaient fermées (Jean 20:19), et c'est une expression évidente de la peur. Pour de nombreuses personnes, les endroits fermés offrent une sécurité, c'est la raison pour laquelle, à ce jour, beaucoup mettent un cadenas aux portes de la maison, ou un double verrou aux entrées dans la nuit pour se sentir en sécurité. Les disciples avaient peur et se sont enfermés pour se sentir en sécurité. Mais Jésus a fait une irruption.

Avec son corps ressuscité, Jésus a traversé les murs et les portes et s'est tenu au milieu d'eux! Et, avant de leur montrer les blessures et de leur donner certaines instructions, il leur dit cinq mots qui apporteraient aux disciples ce dont ils avaient besoin: "La paix soit avec vous!" (Jean 20:19, NVI).

Jésus Christ, qui leur a toujours dit qu'Il était le chemin, la vérité et la vie (Jean 14: 6), qui leur a toujours répété qu'il était l'eau pour étancher leur soif (Jean 7: 37-38), qui les faisait constamment pour voir qu'Il était le pain de vie descendu du ciel (Jean 6:35) et leur avait dit qu'Il leur avait donné la paix au milieu des tragédies (Jean 14:27; 16:33), maintenant il leur dit encore: "La paix soit avec vous!"

Et ceci est le premier enseignement du Christ ressuscité pour aujourd'hui: parmi les peurs, (ne pas être accepté, rester célibataire, perdre un examen, partager l'évangile, etc.) Il éclate et dit: " La paix soit avec toi!". La peur est naturelle, mais le Christ fait que ces craintes soient satisfaites dans sa paix. Et sa paix abonde (Philippiens 4: 7).

2. La nouvelle pour les incrédules

- Il a traversé les murs, comme ça, rien d'autre? Demanda Thomas. Ce qui est comme dire, dans un ton moqueur,
- "Maintenant raconte-moi une histoire de fantôme!"

Thomas était un disciple que Jésus a appelé à le suivre. Il faisait partie des douze qu'il n'était pas enfermé dans la maison quand Jésus est arrivé. Et évidemment, il doutait de ce que ses collègues avaient dit.

Mais il ne devrait pas être jugé sévèrement. Beaucoup ont aussi leurs propres doutes et laissent souvent le chemin de Dieu à cause d'eux. Et Thomas n'a pas abandonné Christ, seulement il a douté de ce qui s'est passé (Jean 20: 25-26). Le doute est une chose naturelle chez l'être humain. Le dictionnaire de l'Académie royale espagnole définit le doute comme une hésitation de l'esprit. C'est-à-dire, un problème intrinsèque, quelque chose qui appartient à l'âme. Et cela signifie que le doute n'apparaît pas chez les gens comme une chose à laquelle ils ont pensé, mais comme une réponse naturelle à une situation qui ne correspond pas à la réalité. Par conséquent, il est normal que Thomas doutait: Jésus était vivant? Et il est apparu à ses compagnons et leur a parlé? Probablement Thomas a demandé encore et encore, - "Mais ils l'ont touché?" Et les autres ont répondu "-Non. - Ce n'était pas nécessaire, Thomas! ... bien que le Maître nous ait montré ses blessures ". -"Et les ont-ils touché?", Puis Thomas a exprimé qu'il voulait voir et toucher le Maître et alors seulement il le croirait. Jésus a fait irruption dans la scène à nouveau.

Il n'est pas commun pour une personne morte d'être ressuscitée, et encore moins d'apparaître soudainement. Mais Jésus ressuscité visita les disciples une semaine plus tard dans la maison, et à cette occasion, Thomas était déjà parmi eux. Une semaine de doutes pour Thomas! Une semaine d'hésitation! Une semaine souhaitant que Jésus, s'il vivait vraiment, apparaisse une fois pour toutes! Et Jésus Christ rentra en scène et après les avoir accueillis avec paix, il se tourna vers Thomas (Jean 20:28). Les Écritures soulignent que les paroles de Jésus suffisaient pour que Thomas s'écrie immédiatement: "Mon Seigneur et mon Dieu!" (Jean 20:28).

En fin de compte, Jésus-Christ a exprimé une phrase qui est la meilleure nouvelle pour les gens crédules: "Heureux ceux qui n'ont pas vu et pourtant croient" (20:29).

La foi, montrée en croyant en Jésus même s'il n'a pas été vu ou touché, est la meilleure formule pour être heureux.

3. Un appel pour affirmer notre foi

L'événement du Christ ressuscité appelle à confronter les peurs et les doutes.

Beaucoup de gens ont peur de penser à la mort, mais la résurrection de Jésus est une parole d'espoir pour eux: si Dieu le Père a ressuscité Jésus d'entre les morts, Lui-même lèvera aussi ses enfants (2).

Corinthiens 4:14. Il n'y aura pas de mort éternelle! La mort ne finira pas avec les enfants de Dieu (1 Corinthiens 15:55).

La mort est un événement de transition, un pas vers l'éternité. Il ne faut pas craindre ce qui peut arriver: ni rien, ni personne ne peut nous nous séparer de l'amour de Dieu (Romains 8: 28-39).

Il est également naturel de ressentir des doutes. Les doutes ne sont pas mauvais, ils sont même nécessaires pour aller de l'avant, définir plus précisément les décisions, faire mieux. De même, la résurrection est un message pour les non-croyants. Les doutes ne sont pas mauvais, mais si vous vivez submergé en eux, la personne deviendra incrédule. Les gens qui ne croient en personne ou quoi que ce soit. Des êtres incapables de vivre une foi (nier Dieu, nier l'espoir ou un avenir meilleur), incapables d'être fidèles à une personne (un couple, un ami) ou à une institution (l'école, l'église). Le Christ ressuscité aujourd'hui dit encore: "Béni si tu crois même si tu as vu"; en d'autres termes: "Vous êtes heureux si vous vivez par la foi."

La foi peut se référer à beaucoup de choses, mais dans la perspective chrétienne, la foi se réfère au Christ. Nous croyons que, tout comme Christ a été ressuscité, nous serons ressuscités avec Lui, afin que nous puissions vivre avec Lui la vie éternelle. Et ce jour est le jour pour célébrer la vie ressuscitée en Jésus-Christ.

Révisez/Application: Demandez-leur de répondre honnêtement aux questions suivantes. Ce sont des réponses personnelles mais elles peuvent les aider selon la leçon.

1. Qu'est-ce que la résurrection signifie pour moi, en plus d'être une histoire biblique et une référence historique?

2. Comment puis-je vivre la résurrection de Jésus chaque jour?

3. Comment la résurrection du Christ affecte les peurs et les doutes qui viennent à ma vie?

4. Comment puis-je partager la résurrection avec les autres afin qu'ils puissent vivre sans doutes ou sans craintes?

Avertissement

Avant de terminer, incitez chaque jeune à faire face à ses craintes et à ses doutes.

Défi: Dis à ta classe: Cette semaine, nous ferons des prières spécifiques pour nos craintes et nos doutes. Au cours de cette semaine, nous prions Jésus pour que sa résurrection soit un événement qui aille au-delà de l'histoire, qui nous permet de vivre une vie de résurrection.

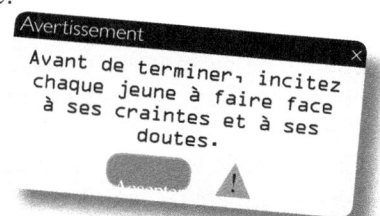

Un jour différent

Objectif: Que l'élève connaisse les circonstances des moments précédants du dimanche de la Pentecôte et qu'il prenne des leçons valables pour sa vie.

Pour mémoriser: *Tous d'un commun accord persévéraient dans la prière, avec les femmes, et Marie, mère de Jésus, et avec les frères de Jésus.* Actes 1:14

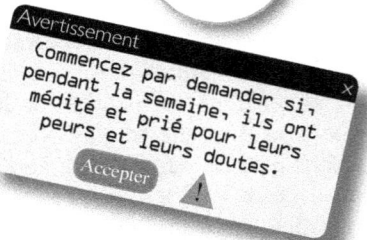

> **Avertissement**
> Commencez par demander si, pendant la semaine, ils ont médité et prié pour leurs peurs et leurs doutes.
> Accepter

Connecter | Télécharger

Dynamique d'introduction (12 a 17 ans).
- Matériaux: Papier.
- Instructions: Écrivez chaque mot du message suivant sur différents morceaux de papier et divisez-les en syllabes:

  TOUS D'UN COM-MUN ACCORD PERSÉ-VÉ-RAIENT DANS LA PRIÈ-RE ACTES 1:14. Cachez-les dans le salon. Demandez à vos élèves de les rechercher et de déchiffrer le message.

  C'est une tâche d'équipe, souligner l'importance de rester ensemble dans le même but.

Dynamique d'introduction (18 a 23 ans).
- Matériaux: Une grande carte avec le texte de Actes 1:14.
- Instructions: Coupez la carte avec le texte d'Actes 1:14 en petits morceaux. Formez des groupes de deux ou trois personnes et donnez à chaque groupe quelques morceaux du même texte. Demandez à chaque groupe de mettre le puzzle ensemble. Après l'avoir essayé et ne pas être capable de former le texte faute de pièces, demandez-leur d'essayer toute la classe en joignant toutes les pièces.

  Nous devons tous travailler ensemble pour atteindre un objectif commun.

Connecter | Télécharger

Le Seigneur Jésus-Christ est parti! Que se passerait-il maintenant avec ses disciples? Seraient-ils vraiment près à continuer à obéir maintenant que leur ami et enseignant n'était pas présent? Comment savoir ce qui leur arriverait désormais? Seraient-ils disposés à continuer à être témoins de tout ce qu'ils avaient vécu jusqu'à présent? Ils devraient se demander plus d'une fois: "Suis-je de lui et il accomplit son œuvre en moi?" Jésus-Christ a laissé des instructions claires à ses disciples. Si claires que tout ce que vous aviez à faire était de les suivre au pied de la lettre.

1. Un groupe ayant un but défini.

Lisez Actes 1: 12-14. Demandez: Avez-vous déjà marché un kilomètre dans le cadre d'un mouvement chrétien? Peut-être ils l'ont fait dans certaines activités du camp ou en distribuant des tracts quelque part ou lors d'un voyage dans un endroit spécial ou pour assister à un événement dans une église éloignée. Le passage dans Actes 1:12 indique que les disciples marchaient pour se rendre à Jérusalem. C'était un jour de repos des juifs. Selon leurs coutumes, ils ne devraient pas travailler le samedi et la distance à parcourir était relativement courte. Environ 1,08 kilomètre était la distance considérée comme légale pour marcher sans enfreindre la loi. Les Juifs étaient très prudents et respectueux de leurs coutumes et parmi eux du sabbat. À cette occasion, les disciples étaient sur le mont des Oliviers un jour de sabbat et devaient se rendre à Jérusalem. On estime que la distance entre le mont des Oliviers et Jérusalem était d'un peu plus d'un kilomètre ou proche du kilomètre. Mont des Oliviers ou Olive était un endroit qui apparaît plusieurs fois dans la Bible. Dans 2 Samuel 15: 30-32. on dit que David monta à la montagne en pleurant, lorsque son propre fils Absalon le persécutait. Sur cette montagne, Ézéchiel contempla la gloire du Seigneur (Ézéchiel 11:23). Et c'était aussi le lieu où le Seigneur Jésus-Christ passait la nuit et où il avait son agonie de prière avant d'être fait prisonnier pour être crucifié (Luc 22:39).

De là, les disciples arrivèrent à Jérusalem. Et ils sont allés dans une maison très spéciale. L'endroit où ils allaient avait la caractéristique d'être une chambre haute. Les maisons hébraïques avaient dans la partie supérieure une pièce habituellement construite sur le toit et communiquée généralement par un escalier privé avec le reste des chambres. Dans certains livres de la Bible, cette expression est traduite par "chambre d'été", "investiture", "salle" ou "grenier". Ils étaient, en général, les pièces les plus ventilées et les plus confortables de la maison et étaient utilisés surtout en été, considérés comme dignes d'être des invités respectés ou distingués.

A qui était cette maison? Peut-être est-ce la même grande salle où ils avaient célébré la dernière Pâque et la première Cène avec le Seigneur (Luc 22:12). Il a également été suggéré que la "chambre haute" se trouvait dans la maison de Marie, la mère de Jean Marc, un lieu de rencontre pour les chrétiens à Jérusalem.

2. Un groupe constant et passionné dans la prière

Parmi ce groupe qui s'est réuni dans la chambre haute, Simon le Zélote (Actes 1:13). Ce dernier terme attire l'attention. Avec ce nom était aussi connu Simon le Cananéen ou "le Cananéen". Un "zélote" peut vouloir dire n'importe quel jaloux de la loi juive. Ou peut-être que cela signifiait que Simon était un partisan d'un groupe politique connu sous le nom des Zélotes.

Demandez: Faites-vous partie d'un groupe uni qui travaille avec des instructions définies?

Demandez aux élèves de lire Actes 1: 13-14 et de noter les noms des personnes qui ont formé ce groupe de marcheurs. Les personnes mentionnées étaient les 11 disciples (Judas Iscariote était déjà mort) ainsi que certaines femmes dont la mère de Jésus.

Dans Actes 1:14, les frères de Jésus sont aussi nommés, avec les disciples. Au cours de la vie de Jésus, ils ne croyaient pas qu'il était le Messie (Jean 7: 5), mais sa résurrection a dû les convaincre. L'apparition spéciale de Jacob, un de ses frères, devait avoir une signification spéciale qui influença sa conversion (1 Corinthiens 15: 7). Certains suggèrent que le terme "femmes" peut se référer aux épouses des disciples. Ensuite, il y avait un groupe qui avait un but défini d'action: obéir aux instructions que Jésus les a quittés avant de partir.

Dans Actes 1: 4 Jésus leur a dit de Défiurner à Jérusalem et attendre l'accomplissement de la promesse du Père de la venue du Consolateur, l'Esprit Saint (Jean 14: 15-26).

Ce groupe entier attend avec impatience la réalisation de la promesse qu'ils savaient qu'il était nécessaire d'être à Jérusalem témoins, la Judée, la Samarie et jusqu'aux extrémités de la terre (Actes 1: 8). Pour cette raison, ils ont persévéré à l'unanimité dans la prière (Actes 1:14). Le terme unanime indique que tous étaient avec le même sentiment, dans le même esprit. Ils n'étaient pas seulement ensemble mais ils étaient dans l'unité de but.

Il dit aussi qu'ils ont persévéré, c'est-à-dire qu'ils ont persisté, que c'était une attention constante et continue, qu'ils se sont accrochés à la prière, jusqu'à ce que la réponse vienne.

Les chrétiens doivent être conscients que lorsqu'il y a des situations qui nécessitent de l'aide, il est préférable de prier. Quand il y a des soucis, rien de mieux que de prier. Les disciples ont dû faire un grand travail et avant de le commencer, ils ont prié avec ferveur à Dieu. Ils étaient conscients de la nécessité de l'accomplissement de la promesse du Père dans leurs vies.

Bien que petit nombre, ils étaient 120 personnes (Actes 1:15), ce groupe comprenait que ceux qui priaient étaient ceux qui étaient dans la meilleure position pour recevoir des bénédictions spirituelles. Ils étaient unis par un lien très fort, qui leur a permis de persévérer à l'unanimité dans la communion et la prière. Surtout, à cette époque, c'était très spécial pour les disciples du Christ.

Ils se préparaient pour la Pentecôte! Cette célébration était importante pour le peuple juif et les disciples qui attendaient l'effusion de l'Esprit que le Christ avait promis.

Demandez: faites-vous partie d'un groupe de prière persévérant? C'est très bien d'appartenir à un groupe conscient de l'importance de la prière fervente.

Si oui, considérez ceux qui font partie de votre groupe personnel.

Demandez: Combien de fois avez-vous rencontré vos partenaires ou amis personnels, pour prier, espérant avoir un moment privilégié avec le Seigneur Jésus? Face à une tâche difficile, une décision importante, la première étape devrait être de prier pour la direction du Saint-Esprit. Quelles choses devrions-nous résoudre avant que Dieu nous envoie la puissance de son Esprit? Y a-t-il quelque chose qui n'a pas été achevé ou complété dans le groupe, ou dans l'église, ou dans notre vie particulière? Y at-il quelque chose que nous avons commencé, que savons-nous est la volonté de Dieu et nous ne le finissons pas? Encouragez la classe à chercher Dieu dans la prière, en attendant sa direction en tout temps. C'est aussi important.

Expliquez clairement l'importance de prévoir du temps pour prier pour chaque membre du groupe. Vous pouvez commencer aujourd'hui.

Révisez/Application:

1. Guider les élèves à écrire une liste de choses qui doivent être arrangées dans leur vie comme des décisions sur les amitiés, les habitudes, etc.

2. Encouragez vos élèves à écrire un engagement avec Dieu pour prier pour les dossiers en irrésolus.

3. Demandez que les groupes de prière soient formés et écrivez les demandes de chacun et engagez-vous à prier seul et en groupe jusqu'à ce qu'ils sentent que le Seigneur leur ait répondu.

Défi: Dis à ta classe: Imagine que tu fais partie des 120 qui ont prié dans la "chambre haute" Qu'est-ce que tu dois résoudre avant que Dieu envoie la puissance de son Esprit? Y a-t-il quelque chose qui t'empêche d'accomplir la volonté de Dieu? Es-tu prêt à corriger certaines de ces situations? Pendant cette semaine, prie avec ferveur pour ces questions. Demande à Dieu d'envoyer son Saint-Esprit dans ta vie, comme il l'a fait avec les disciples.

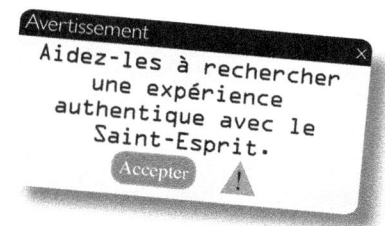

Avertissement
Aidez-les à rechercher une expérience authentique avec le Saint-Esprit.
Accepter

Un homme spécial

Objectif: Que les élèves reconnaissent les caractéristiques de Joseph et souhaitent les intégrer dans leur vie.

Pour mémoriser: *... Joseph, fils de David, ne crains pas de prendre avec toi Marie, ta femme, car l'enfant qu'elle a conçu vient du Saint Esprit.* Matthieu 1: 20b

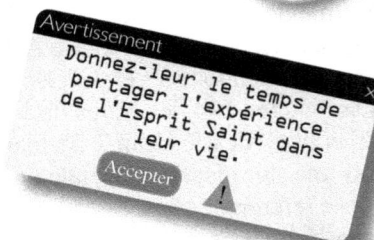

Avertissement
Donnez-leur le temps de partager l'expérience de l'Esprit Saint dans leur vie.
Accepter

Connecter | Télécharger

Dynamique d'introduction (12 a 17 ans).
- Matériaux: Papier et crayon pour chaque groupe.
- Instructions: Divisez les élèves en groupes de trois ou quatre. Prévoyez du temps pour que chaque groupe écrive une liste des caractéristiques d'un parent idéal. Après trois minutes, demandez-leur de partager leurs réponses et de faire une seule liste au tableau.

Dynamique d'introduction (18 a 23 ans).
- Matériaux: Papier et crayon pour chaque élève.
- Instructions: Posez la question suivante: Comment répondrais-tu à la trahison de quelqu'un de très aimé en tant qu'ami ou petit copain (ine)? Ils devraient écrire leurs réponses en une phrase. Ensuite, ils vont coller les papiers sur le tableau et parler à son sujet.

Connecter | Télécharger

Lorsque l'histoire de Noël est racontée, Marie reçoit souvent plus d'attention. C'est normal car c'est elle qui a reçu la visite de l'ange Gabriel, qui avait dans son ventre le fils de Dieu et qui a donné naissance dans une étable. L'attention que nous portons à Marie est telle que nous voyons parfois Joseph comme un personnage mineur dans l'histoire et nous le reléguons seulement au rang de "mari de Marie".

En revanche, Matthieu a accordé presque toute son attention à l'expérience de Joseph. Nous pourrions dire que cet Evangile raconte l'histoire de la naissance de Jésus du point de vue de Joseph.

1. Joseph était juste et miséricordieux

Il ne faut pas beaucoup d'imagination pour savoir que lorsque Joseph a découvert la grossesse de Marie, c'était une situation très difficile. Joseph se sentait probablement trahi par sa petite copine et même déçu par ses parents qui l'avaient en charge. Peut-être qu'ils passaient à travers ses pensées comme l'esprit: "Pourquoi ne pas se soucier de plus?" Ou "Qui me tromper?" Pour confondre les choses, son épouse désespérément nié avoir été avec un autre homme, prétendant avoir conçu par l'Esprit de Dieu.

La loi a donné à Joseph le droit au divorce Marie et la condamner à mort, être lapidé (Deutéronome 22: 20-24). Dieu prend l'adultère au sérieux! Cependant, la Bible dit que Joseph, "être un homme juste et ne voulait pas la diffamer répudier en secret" (Matthieu 01:19). De cette façon, Joseph libérerait Marie de la punition prescrite pour une femme adultère.

Parfois, nous réduisons la justice à "œil pour œil et dent pour dent" (Deutéronome 19:21), mais la justice Joseph est allé beaucoup plus loin. Il a décidé qu'il ne serait pas contaminé par une femme adultère et abandonnerait son droit de vengeance en pardonnant a Marie. Avoir une preuve normale d'infidélité (une grossesse), Joseph a choisi la miséricorde et la discrétion.

Sa décision était très semblable à ce que Jésus a dit des années plus tard: "Vous avez appris qu'il a été dit: oeil pour oeil, et dent pour dent. Mais moi, je vous dis de ne pas résister au méchant. Si quelqu'un te frappe sur la joue droite, présente-lui aussi l'autre. Si quelqu'un veut plaider contre toi, et prendre ta tunique, laisse-lui encore ton manteau. Si quelqu'un te force à faire un mille, fais-en deux avec lui" (Matthieu 5: 38-41). De sa perception limitée, Joseph avait reçu une gifle, mais il avait mis l'autre joue à Marie. La trahison qu'il ressentait était le premier mille, mais pardonner à Marie sans comprendre ce qui se passait était la seconde.

A l'église, il doit avoir le même fruit de la justice: Sur la détermination d'une part de ne pas se livrer à l'immoralité et d'autre part, donner aux gens le bénéfice de la miséricorde et de la discrétion. Au lieu de regarder exposer que l'injustice et la vengeance doit agir avec miséricorde, donc nous ne courons pas le risque de condamner les innocents. Dans le cas de Joseph, le Seigneur était fidèle et a envoyé son ange pour clarifier la situation.

Demandez: Avez-vous déjà vécu une trahison? Avez-vous déjà vécu une trahison apparente? Comment l'avez-vous répondu? Discutez des moyens de gérer les situations difficiles avec la même disposition que Joseph a montrée.

2. Joseph a reçu des révélations de Dieu

Matthieu 1:22 indique qu'au moment de la visite de l'ange, Joseph méditait profondément sur tout ce qui se passait. Joseph n'allait pas prendre une décision hâtive et se concentrait sur la douleur qu'il ressentait et sur une réponse juste.

Au milieu de cette angoisse, Dieu l'interrompit: ... voici, un ange du Seigneur lui apparut en songe, et dit: Joseph, fils de David, ne crains pas de prendre avec toi Marie, ta femme, car l'enfant qu'elle a conçu vient du Saint Esprit (v.20). Tandis que Joseph traitait humblement et méticuleusement sa décision miséricordieuse et apparemment juste, Dieu intervint soudainement. Abandonner à Marie serait une erreur dévastatrice. La légitimité de la conception du fils de Dieu serait mise en doute, Dieu ne laisserait pas cela se tromper.

Plusieurs fois, vous voulez un mot de Dieu ou de son adresse, mais vous ne voyez pas le problème avec la même humilité et la pureté de Joseph. Lorsque la recherche d'une réponse juste n'est pas soutenue par de pures intentions, aucune révélation ne peut être reçue de Dieu. C'était la justice de Joseph qui le rendait apte à recevoir la révélation de Dieu. Et quel message il a reçu de l'ange! Il a reçu un nouveau nom, fils de David. Ce n'était pas seulement le fils de Jacob ou le mari de Marie (Matthieu 1:16). En tant que descendant de David, la race choisie d'Israël, Dieu voulait que Joseph se marie avec Marie et garantir la lignée davidique de Jésus-Christ.

L'ange lui a aussi fait connaître l'origine de l'Enfant, le bébé avait été engendré par l'Esprit et sa promesse avait été son destin. En outre, l'ange a chargé Joseph de nommer le Messie, c'est Joseph qui a donné le nom au Sauveur qui allait naître. Finalement, l'ange honora Joseph, lui faisant savoir à l'avance la mission du Messie. Quand beaucoup avaient pensé que la mission du Sauveur serait quelque chose politique ou raciale, Joseph savait que le but du Christ était spirituel, sauver son peuple de ses péchés.

Joseph a reçu des révélations du Seigneur encore et encore pendant l'enfance de Jésus (Matthieu 2: 13-23). Ces révélations ont conduit Joseph à prendre des décisions qui ont assuré la sécurité du fils de Dieu et était une étape importante dans l'accomplissement des prophéties sur le Messie à venir (Matthieu 2: 6, 15 et 23).

3. Joseph était un homme de conviction

Matthieu 1:24 dit que quand Joseph s'est réveillé, il a immédiatement agi, faisant ce que le Seigneur lui a dit de faire. Cette obéissance était le résultat direct de sa conviction. En croyant au message du Seigneur, Joseph a cessé de craindre, il a pris des mesures et aidé à réaliser le plan de Dieu.

La conviction de Joseph était caractérisée par l'obéissance immédiate. Joseph ne pouvait pas expliquer comment son épouse avait conçu par le Saint-Esprit, cependant, il a pris Marie comme son épouse aussi, dans Matthieu 1:25 Joseph donna au petit garçon le nom de "Jésus", exactement comme l'ange lui avait dit.

Cette obéissance immédiate est observée plusieurs fois chez Joseph. Quand le Seigneur l'a averti des intentions d'Hérode de tuer l'enfant, il a fui la nuit avec le bébé et sa mère (Matthieu 2:14). Quand l'ange lui a dit de Défiurner en Israël, il est revenu. Quand il a été révélé sa stabilité en Galilée, il a emmené sa famille à vivre à Nazareth (Matthieu 2: 21-23). Joseph obéit totalement en fonction des informations reçues de l'ange.

Pour garantir qu'il n'y aurait aucun doute sur la conception de Jésus par une vierge, Joseph ne toucha pas à Marie qu'après la naissance. Sans cet événement, il n'y aurait pas de preuve qu'une vierge ait conçu. Joseph a laissé sa conviction surmonter tout désir personnel.

Guidez vos étudiants à réfléchir sur leurs convictions et leurs actions quotidiennes.

Pour voir Dieu faire grandes choses à travers de soi, il faut agir immédiatement en prenant des décisions difficiles peut-être que d'autres ne comprendront pas. Rappel-toi que Dieu a toutes les informations et si nous obéissons, Il accomplira le bon travail qu'Il a commencé (Philippiens 1: 6). Y a-t-il quelque chose dans ta vie que le Seigneur te dit de faire? N'aie pas peur! Agis conformément à tes convictions.

Révisez/Application: Vous pouvez utiliser ces questions pendant le développement de la leçon ou à la fin de celle-ci. (Les réponses ne sont qu'un guide).

1. Comment répondrais-tu si tu découvrirais que ton meilleur ami t'a trahi?
2. Quels sont les deux aspects de la réponse juste de Joseph en apprenant de la grossesse de Marie? (Un: la détermination de ne pas se contaminer une adultère. Deux: la décision de ne pas infâmer Marie publiquement, en divorçant secrètement.)
3. D'accord avec ce que nous avons étudié, comment devrait être la réponse d'une personne vraiment juste pour faire face à une trahison ou d'injustice? (Contempler rigoureusement une réponse qui confirme des condamnations contre le péché et en même temps qui montrent la miséricorde et la protection de l'offenseur apparent visiblement. Confier que Dieu sait tout ce qui est arrivé. Abandonner de chercher la vengeance. Pardonner.)
4. Qu'est-ce qui a permis à Joseph de recevoir des révélations de Dieu? (Sa justice. Sa recherche serait pour une réponse correcte à sa situation. Ses intentions pures.)
5. Quels sont les deux aspects de la conviction que nous avons vus dans la vie de Joseph? (Obéissance immédiate et détermination lors de la prise des décisions difficiles.)

Défi: Dis à ta classe: Durant la semaine, pense aux personnes qui, selon toi, t'ont trahi et décide de leur pardonner. Si tu as la possibilité de parler avec eux, fais-le pour clarifier la situation. C'est une attitude digne d'admiration.

Défi pour la nouvelle année

Objectif: Que les étudiants suivent Jésus comme le modèle qu'ils devraient imiter dans le temps d'aujourd'hui.

Pour mémoriser: *Nous donc aussi, puisque nous sommes environnés d'une si grande nuée de témoins, rejetons tout fardeau, et le péché qui nous enveloppe si facilement, et courons avec persévérance dans la carrière qui nous est ouverte.* Hébreux 12: 1.

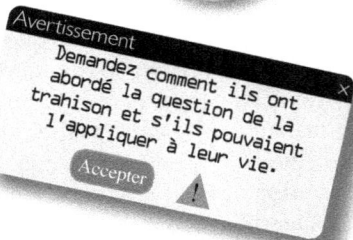

Avertissement

Demandez comment ils ont abordé la question de la trahison et s'ils pouvaient l'appliquer à leur vie.

Accepter

Connecter | Télécharger

Dynamique d'introduction (12 a 17 ans).
- Matériaux: Une corde, un tableau et des marqueurs ou craie.
- Instructions: Attachez les chevilles de deux élèves avec une corde. Puis, demandez-leur de courir à un endroit dans la salle de classe ou à l'extérieur. Sûrement ils ne peuvent pas, ou sera très difficile pour eux. Puis, demandez: Que devrions-nous faire pour qu'ils puissent courir librement? Détachez ses pieds et demandez-leur de courir à nouveau. Encouragez les élèves et la classe à écrire au tableau comment ils peuvent associer cela à la vie spirituelle.

Nous devons voir la vie comme une course et quand moins de choses nous retiennent dans le monde meilleur que nous pouvons gérer.

Dynamique d'introduction (18 a 23 ans).
- Matériaux: Les obstacles (chaises, tables, etc.), des choses pour charger (livres, sacs à main, manteaux, etc.), tableau, craie ou marqueurs.
- Instructions: Organisez une course. Entre la ligne de départ et le but, placez des chaises, des tables ou d'autres obstacles. Demandez aux participants de porter des livres, des manteaux ou des sacs. Essayez de mettre beaucoup de choses dessus pour qu'il soit difficile à exécuter. Laissez un coureur avec très peu de charge. Réalisez la course. Demandez au reste de la classe qu'il donne son opinion sur la course en quoi cela ressemble à la vie chrétienne. Écrivez les réponses dans le tableau.

Nous devons voir la vie comme une carrière et que lorsque nous apportons moins charges de péché, nous pourrons la courir mieux.

Connecter | Télécharger

Les objectifs sont importants pour la vie. Nous en avons besoin pour chaque projet que nous entreprenons, que ce soit en matière spirituelle ou personnelle. Toutes nos actions et décisions doivent converger vers l'objectif d'atteindre d'être un bon disciple de Jésus-Christ. Cela fera de nous un bon élève, un bon fils, un bon professionnel, un bon citoyen, etc.

En lisant Hébreux 12: 1-3, nous voyons que l'écrivain a estimé que les croyants à qui il s'adressait avaient un temps d'épreuve et ont été tentés d'abandonner. Ils avaient un certain degré de conformisme et de découragement, parce qu'ils n'avaient aucun désir de courir ou d'avancer dans leur vie spirituelle.

1. Un défi pour le jeune homme d'aujourd'hui

L'auteur de l'épître a exhorté les chrétiens hébreux à regarder en arrière, dans le passé. Il a fait un tour de l'histoire (Hébreux 11) en mentionnant les gens qu'ils connaissaient qui avaient été fidèles au Seigneur. À travers cette liste que l'apôtre leur a présentée, ils pourraient trouver beaucoup de héros de la foi. Les gens qui, à cause de leur fidélité à Dieu, pourraient être une source d'inspiration pour leur vie. Demandez-leur de lire Hébreux 11: 24-25. Demandez: Qu'est-ce que ces champions de la foi ont choisi? Ils ont choisi d'être maltraités avec le peuple de Dieu plutôt que de profiter des délices temporaires du péché. Ils ont tout risqué pour maintenir leur foi en Dieu. Demandez: Selon Hébreux 11: 29-34 Quelles situations ces gens ont-ils vécu? Ils traversèrent la mer Rouge, les murs de Jéricho ont été écroulés, Rahab ne périssait pas, "ils occupaient des royaumes, ils firent justice, ils obtinrent des promesses, fermèrent la gueule des lions. Ils sont passés par des situations miraculeuses où ils ont vérifié la fidélité de Dieu dans leur vie.

Demandez: Selon Hébreux 11: 36-37, qu'ont vécu ces gens avant eux? "D'autres ont connu la vitupération et la flagellation et plus de prisons et maltraités. Ils ont été lapidés, sciés, mis à l'épreuve, tués par l'épée ..."

Ces héros courageux ont traversé diverses épreuves et ont été victorieux pour la foi qu'ils ont professée. De la même manière, les chrétiens d'aujourd'hui ont les mêmes challenges, défis et opportunités pour la nouvelle année.

Les héros de la foi mentionnés au chapitre 11 des Hébreux sont des exemples dignes d'être imités.

Lisez Hébreux 12: 1-2 et demandez: Qu'est-ce que l'écrivain voulait enseigner avec ce passage? En relation avec la dynamique du début, que nous enseigne-t-elle aujourd'hui? La vie est comme une carrière qui avance et le péché devient un obstacle qui empêche le progrès. Pour cette raison, avant de courir, nous devons nous débarrasser du péché pour avancer plus facilement. Pour être victorieux et gagner la course, nous devons nous dépouiller du poids total du péché. Dans certains cas, le poids et le péché peuvent se référer à la mauvaise compagnie ou les mauvaises habitudes comme la pornographie, le sexe illicite, la drogue, ou tout ce qui affecte notre relation avec Dieu.

Comment serons-nous capables de nous débarrasser du poids du péché? Demandez-leur de lire Hébreux 4: 14-16 et répondez aux questions suivantes: Qui agit comme un grand prêtre? Jésus, le Fils de Dieu. Jésus a-t-il péché? Jésus a été tenté, mais il n'a jamais cédé à la tentation. Était-ce semblable à nous? Oui, en toute similitude. Jésus peut-il nous aider aujourd'hui? Oui, parce qu'Il s'est aussi battu contre le péché et à gagner.

Il est important de nous éloigner du péché et de regarder vers le Christ. Le péché produit un poids énorme qui ne nous permet pas d'avancer dans la vie chrétienne. Par conséquent, nous devons vivre loin du péché dans la sainteté par la foi en Christ et endurer avec patience ce que nous vivons.

2. Le modèle pour la nouvelle année

Après avoir regardé dans le passé, et voir les héros de la foi, il y a un challenge de se tourner vers le présent et l'avenir avec nos yeux sur Jésus, demandez-leur de lire Philippiens 3: 10-13. Paul, à cause du Seigneur, a connu beaucoup de souffrances parce qu'il voulait être semblable à Jésus dans sa mort et sa résurrection. Il a également fixé son objectif dans le prix de l'appel suprême de Dieu. En tant qu'enfants de Dieu, nous devons être prêts à souffrir beaucoup pour l'amour de la foi, mais nous devons aussi être prêts à recevoir l'Esprit Saint, ses bénédictions et compassions.

Le défi pour cette nouvelle année dès le premier jour devrait être de ne se confier qu'à Jésus et de ne pas regarder les autres, alors la foi sera renouvelée et l'espoir sera renforcé.

Il est important de voir le chrétien comme un bon athlète, qui prend soin de sa vie dans une vie disciplinée dans la pureté et la foi dans le Seigneur Jésus, pour être prêt à éviter, surmonter et franchir tous les obstacles jusqu'à la fin de ses jours. Mais il est important de commencer à le faire un an à la fois, une semaine à la fois, un jour à la fois, une heure à la fois, une minute à la fois ou mieux encore une seconde à la fois.

A la lumière de la Parole de Dieu, en Christ, nous sommes déjà victorieux, si nous disons non au péché et courons avec nos yeux sur Lui.

Quand nous pensons aux objectifs de la nouvelle année, n'oublions pas de mettre Christ comme modèle, comme le champion et l'exemple suprême à imiter. Jésus a déjà couru cette carrière et l'a conquis pour nous et pour tous ceux qui le reçoivent en tant que Seigneur et Sauveur personnel. C'est pourquoi seulement en Christ il est plus que vainqueur (Romains 8:37).

3. Être vainqueurs

Pour être vainqueurs, il est important de persévérer et d'être prêts à vivre pour le Seigneur et pour Lui aujourd'hui et tous les jours de la nouvelle année. Lorsque les circonstances à l'école, au bureau ou à l'université sont difficiles, il faut regarder Jésus, c'est le secret du succès (Hébreux 12: 3).

En cette nouvelle année, il est important de prendre en compte les éléments suivants:

A. Évaluer. Avant de commencer la nouvelle année, il est bon d'évaluer comment il fallait agir et marcher avec le Seigneur dans l'année qui se termine. Pour cela, il est bon de demander: Quelle a été ma performance à l'université ou à l'école? Combien de témoignages de Christ à l'école ou à l'université? Est-ce que cette année le disciple et entraineur de disciple de quelqu'un? Ai-je eu un ministère dans mon église locale? Ai-je rempli le ministère assigné efficacement? Étais-je responsable de mes horaires de travail? Ces questions à la fin de l'année vous aideront à méditer pour changer ce qui a mal tourné et demander de l'aide au Seigneur avant de vous fixer des objectifs.

B. Modifier. Dieu est un Dieu d'opportunités, alors nous pouvons commencer la nouvelle année en nous posant les questions suivantes: Que veux-je accomplir cette nouvelle année par ordre de priorité? Cela nous aidera à fixer des objectifs. Bien sûr, cela implique un engagement, une tâche ardue consistant à mener une forte bataille contre le découragement, contre le péché et contre la mauvaise compagnie.

C. Avoir un objectif défini. Commencer l'année avec un objectif clair dans chaque domaine de la vie (études, famille, relations, etc.).

D. Avoir un esprit de victoire. Il est important de vivre les 365 jours comme un enfant de Dieu qui veut l'honorer. Vivre une journée à la fois avec un auto-examen nous aidera à voir jusqu'où nous allons dans la prochaine fin de l'année.

Jésus est vrai et est le vainqueur fidèle de la mort et du péché. Mais, atteindre cette position n'était pas facile, la bataille contre le péché l'a conduit à la croix, il est mort là, le troisième jour il est ressuscité pour nous sauver et nous donner la vie éternelle.

Révisez/Application: Divisez les jeunes en groupes et demandez-leur de répondre aux questions suivantes.
1. Pour courir la course que nous avons par devant nous. (Qui devrait être la source d'inspiration et de motivation? Jésus)
2. Jésus a vécu selon notre ressemblance, mais quelle était la différence suprême? (Hébreux 4:15). (Il n'a jamais péché.)
3. Que dois-je faire pour renouveler la foi et mon espérance?
4. Selon Hébreux 4:16, quand pouvons-nous chercher Jésus? (En cas de besoin.) Comment devons-nous approcher? (Avec confiance.) Qu'allons-nous obtenir? (Miséricorde et grâce.)
5. Avec combien de personnes as-tu partagé ce message cette année? Combien de personnes as-tu enseigné comme disciples?

Avertissement
Avant de terminer la dernière leçon de l'année, prenez le temps pour motiver chaque jeune à rédiger des objectifs pour la nouvelle année et à s'efforcer de les atteindre.

Accepter

Défi: Dis à ta classe: Cette semaine, pense à certains objectifs pour la nouvelle année et écris-les par ordre de priorité. Prie pour eux et laisse que Dieu t'indique s'ils sont corrects. Partage-les lors de la prochaine réunion avec tes camarades de classe, cela te donnera un plus grand défi à relever.

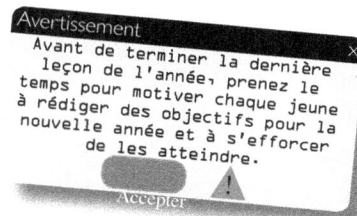

Sur de nombreuses pages d'Internet, nous trouvons l'invitation ''cliquez ici'', c'est comme une porte pour se connecter avec de nouvelles informations. C'est pourquoi ce matériel s'appelle Cliquez, car le but est de connecter les adolescents et les jeunes avec la Parole de Dieu. Ce matériel est basé sur la Bible et spécialement conçu pour la jeune génération de nos églises.

Le présent livre contient sept unités comprenant des études sur les dix commandements, les enseignements de Jésus tels que les paraboles et les béatitudes, les crises sociales, entre autres.

Nous espérons que ce matériel vous aidera à guider les adolescents et les jeunes dans le cheminement chrétien et à les connecter à la Parole de Dieu.

Cliquez et commencez une nouvelle aventure!

www.ingramcontent.com/pod-product-compliance
Lightning Source LLC
Chambersburg PA
CBHW081149040426

42445CB00015B/1807